U0613903

大国工匠

样式雷

Daguo Gongjiang Yangshi Lei

白鸿叶 著

国家图书馆出版社

图书在版编目(CIP)数据

大国工匠——样式雷 / 白鸿叶著. — 北京 : 国家图书馆出版社, 2021.1（2024.8 重印）

ISBN 978-7-5013-7046-7

Ⅰ.①大… Ⅱ.①白… Ⅲ.①建筑师—家族—介绍—中国—清代 Ⅳ.①K826.16

中国版本图书馆 CIP 数据核字(2020)第162651号

书　　名　大国工匠——样式雷

著　　者　白鸿叶　著

责任编辑　景　晶

装帧设计　一瓢文化 · 邱特聪

出版发行　国家图书馆出版社（北京市西城区文津街7号　100034）

（原书目文献出版社　北京图书馆出版社）

010-66114536　63802249　nlcpress@nlc.cn（邮购）

网　　址　http://www.nlcpress.com

经　　销　新华书店

印　　装　北京武英文博科技有限公司

版次印次　2021年1月第1版　2024年8月第4次印刷

开　　本　710×1000　1/16

印　　张　19

字　　数　250千字

书　　号　ISBN 978-7-5013-7046-7

定　　价　90.00元

国家图书馆古籍特藏中有一类非常重要的专藏，被称为样式雷图档。

自清康熙中叶到清末，曾有雷姓家族八代传人作为“样子匠”，供职于皇家建筑设计机构“样式房”，长期担当“掌案”统领设计事务，贡献卓杰，被世人誉为“样式雷”。样式雷为皇家设计修建了大量建筑。现存作品中被列为世界文化遗产的有故宫、天坛、颐和园、承德避暑山庄、清代东西陵等。现存的清代皇家建筑大多留下了样式雷不可磨灭的印记。样式雷图档便是雷氏家族设计绘制的这些建筑图样及相关档案的称谓。

中国的建筑技艺一直以口传心授和手把手传授技艺的方式继承和发展，有关中国古代建筑设计理念、方法和传承的文献记载寥若晨星，不为世界建筑史关注和认可，样式雷图档的出现，为研究中国传统建筑提供了宝贵而丰富的资料。作为现存唯一的中国古代建筑工程图文件，清代样式雷图档以其系统性、完整性、传统性以及手稿性质，成为世界上独一无二的关于中国古代建筑设计理念和方法的珍贵史料。它在为中国古代建筑史提供重要史料的同时，也终结了世界建筑史中国古代建筑设计理念和方法空缺一说。

然而，1860年，英法联军入侵北京，原存清宫的样式雷图档罹劫。辛亥革命后，样式雷后裔家道败落，变卖家藏图档，又被外国人及燕京大学、中法大学等机构购藏。均致使样式雷图档流散。

现存于世的两万余件样式雷图档，收藏在中国国家图书馆、中国第一历史档案馆和故宫博物院、中国国家博物馆、清华大学建筑学院、日本东京大学、美国康奈尔大学、法国吉美东方艺术博物馆等机构。中国国家图书馆的藏量占了四分之三。

国家图书馆所藏样式雷图档最先是1930年雷氏后裔因穷困出售其先辈所藏图档。时任中国营造学社社长的朱启钤先生得知后，建议中华教育文化基金会购存。基金会采纳了朱先生的建议，拨款给北平图书馆（即今国家图书馆）购回图档，于是第一批样式雷图档从东观音寺胡同雷宅全数入藏国家图书馆。其后图档陆续入藏国家图书馆，终于形成今天约15000件的规模。

与样式雷图档收集同时，朱启钤先生开始了样式雷的研究。他访问大木匠师、著名匠师及清朝工部的老吏、样房、算房专家，获得了大量的第一手资料加之雷氏家族的族谱和有关营造施工的信函、文件。朱启钤先生写成《样式雷考》，对雷氏家族的起源、延续作了详细介绍，描述了雷氏事迹，是为样式雷研究的滥觞。

国家图书馆整理研究样式雷图档的第一人当属金勋先生。金勋（1882—1976），字旭九，满族人，熟悉西郊园林建筑，精于绘事。其父金书田清末在北京天利木厂任事，曾参加同治、光绪年间修缮圆明园、颐和园等皇家园林的工程，负责设计和丈量工作。

1932年6月起，金勋任北平图书馆舆图部馆员，主要从事样式雷图档的整理编目和圆明园的研究工作，他整理了入藏国家图书馆的第一批样式雷图档——主要是关于圆明园的图档。1933年

8月，金勋在《国立北平图书馆馆刊——圆明园专号》发表了《北平图书馆藏样式雷制圆明园及其他各处烫样目录》和《北平图书馆藏样式雷藏圆明园及内廷陵寝府第图籍总目》两篇文章，成为第一份公开发表的国家图书馆藏样式雷图档目录。

其后，国家图书馆样式雷图档整理与研究沉寂了半个世纪。直到1987年，国家图书馆善本特藏部与天津大学建筑学院王其亨教授开始了新一轮的研究。国家图书馆的样式雷图档新的论文发表、馆级课题“清代样式雷图档整理专题研究”完成，馆级课题产生了12篇约10万字的专题论述，分别对样式雷图档的定名通则、类型名称、建筑名称、人物称谓、衔署著者、木厂、店铺、图向、废底、多音字、别字以及设计图与文字档关系进行了深入考辨。

2003年，样式雷图档入选第二批《中国档案文献遗产名录》，2007年入选《世界记忆名录》。国内外对样式雷图档的关注自此升温。天津大学王其亨教授团队、清华大学郭黛姮教授团队的研究，瑞晶信息技术（北京）有限公司的5D技术还原圆明园等工作，让更多人对样式雷有了更深入的认知。

或许是上天铸就的缘分，恰在样式雷图档申报《世界记忆名录》这一年，白鸿叶从北京师范大学硕士研究生毕业，进入国家图书馆善本特藏部舆图组工作。记得那年白鸿叶来参加国家图书馆面试的时候，略带懵懂地问面试的前辈，什么样的人才能有机会进国家图书馆工作呀？什么样的人才能研究地图？一脸纯真和向往。或许这就是对图书馆职业发自内心的尊重。弹指间，当年那个青涩的女孩儿，一步一个脚印，认真工作、踏实做人、严谨开展研究，职称从见习到助理馆员、馆员、副研究馆员，现在成为研究馆员，职务也从舆图组的组长助理、副组长成为舆图组的掌门人。十几年转瞬而过，样式雷图档的研究、刊布、宣传在她的带领下也出现了井喷式的发展。

2013年5月至11月，园林博物馆召开第九届中国（北京）国际园林博览会，其中开设了样式雷专题展厅，国家图书馆提供了部分样式雷图档，同时复制了其中一部分用于展出。

2014年，国家典籍博物馆专题展出样式雷图档，引起更多关注。

2014年，北京市天坛公园管理处为开展“天坛系列规划编制和历史文化研究”申请复制样式雷图文件中的《天坛全图》等数据；北京市紫竹院公园管理处为筹备“福荫紫竹院历史文化展”申请复制样式雷图文件中的《紫竹院天修门罩码头图样》。其后的几年，圆明园、北海、颐和园、故宫博物院、恭王府、香山、玉泉山、南苑、避暑山庄等机构不断来查阅、咨询、复制、研究图档，用于复建、维修，图档发挥着越来越重要的作用。实现了让古籍里的文字活起来，在现实工作生活中发挥了作用。

2016年起，经过几年辛勤耕耘编纂而成的《国家图书馆藏样式雷图档》开始在国家图书馆出版社以分卷出版的方式逐年推出。先是完成“圆明园卷”，其后陆续推出“颐和园卷”“香山玉泉山卷”等，不断吸收学界的研究成果，出版质量得到保障。白鸿叶在撰稿、编辑、校稿中发挥了巨大作用，自己的水平也得到了极大的提升，与专家合作越来越密切，而且以她出色的组织能力，舆图组多人参加出版编纂，样式雷研究拥有了一支兴趣浓厚、学科涵盖丰富、科研水平高的团队，把国家图书馆的样式雷图档研究推向了一个更高的层次。这是更令人欣慰的事。

尽管近年样式雷的研究产生了不少科研成果，也有了不少普及型的展览、书籍，然而对样式雷图档的全面解读还不足。白鸿叶在她当年向往的职场——国家图书馆，在繁忙的工作之余，撰写出《大国工匠——样式雷》，从样式雷的基本概念、样式雷家族、样式雷图档及所涉及建筑、样式雷的流散收藏、利用研究情况等进行全面的梳理，让更多的人能更加全面了解样式雷，这既是对样式雷的致敬、对中国古代建筑设计及实践的礼赞，也是对曾经保护、收集、研究样式雷领域付出了大量心血的朱启钤、刘敦桢、单士元、梁思成、金勋、冯建逵、王其亨、郭黛姮等前辈学者的感恩，更是对国家图书馆样式雷收藏研究历史的记录。

《大国工匠——样式雷》的出版，国家图书馆给予了经费支持和鼓励。相信有馆里的重视，有宽松的科研环境，假以时日，在以白鸿叶为代表的青年学者的共同努力下，不仅国家图书馆的样式雷研究，其他古籍特藏文献揭示刊布等也将结出更丰硕的成果。

传承文明、服务社会。让书写在古籍里的文字活起来，一代青年学者在行动着。

国家图书馆古籍馆副馆长　研究馆员　陈红彦

2020 年 5 月

目录

前　言 ………………………………………………………… 1

第一章　概念阐释

一、样式雷 ………………………………………………… 2
二、样式雷图档 …………………………………………… 2
三、样式房 ………………………………………………… 4
四、样式房掌案 …………………………………………… 5
五、档房 …………………………………………………… 6
　1. 京档房 ………………………………………………… 6
　2. 工次档房 ……………………………………………… 8
六、中国档案文献遗产名录 ……………………………… 9
七、世界记忆名录 ………………………………………… 9
八、样式雷图档的特点 …………………………………… 11
九、样式雷图档的价值 …………………………………… 13

第二章　样式雷家族

雷家世系表 ………………………………………………… 18
第一代：雷发达 …………………………………………… 20
第二代：雷金玉 …………………………………………… 22
第三代：雷声澂 …………………………………………… 26
第四代：雷家玮、雷家玺、雷家瑞 ……………………… 28
第五代：雷景修 …………………………………………… 35
第六代：雷思起 …………………………………………… 43
第七代：雷廷昌 …………………………………………… 46
第八代：雷献彩 …………………………………………… 50
雷氏后人现状 ……………………………………………… 55
雷氏祖宅和祖茔 …………………………………………… 58

第三章　样式雷图档

一、“样式雷”图档类型名称 …… 64
1. 图样 …… 64
2. 烫样 …… 75
3. 文字档 …… 77
二、“样式雷”图档中的名称 …… 93
1. 宫殿园林建筑 …… 94
2. 陵寝建筑 …… 116
3. 城池建筑 …… 126
4. 装修 …… 130
5. 室内家具 …… 145

第四章　样式雷相关建筑

一、世界文化遗产 …… 152
1. 故宫 …… 152
2. 颐和园 …… 156
3. 天坛 …… 164
4. 清东陵 …… 172
5. 清西陵 …… 183
二、其他建筑 …… 190
1. 圆明园 …… 190
2. 香山静宜园 …… 198
3. 玉泉山静明园 …… 202
4. 畅春园 …… 206
5. 三海 …… 210
6. 行宫 …… 215
7. 王府 …… 227

8. 庆典点景 …… 234

第五章　流传与收藏

一、国家图书馆 …… 240
1. 发现与购藏 …… 240
2. 整理与研究 …… 242
3. 清点与编目 …… 244
4. 保护与修复 …… 246
5. 对外服务与合作 …… 249
6. 展览与宣传 …… 251
7. 数字化与出版 …… 254
8. 数字复原 …… 255
二、其他单位和机构 …… 259
1. 故宫博物院 …… 259
2. 清华大学 …… 261
3. 中国文化遗产研究院 …… 262
4. 中国人民大学 …… 263
5. 其他机构 …… 264

附　录

样式雷图档入藏国家图书馆大事记 …… 267

结　语 …… 283
参考文献 …… 289

第一章 概念阐释

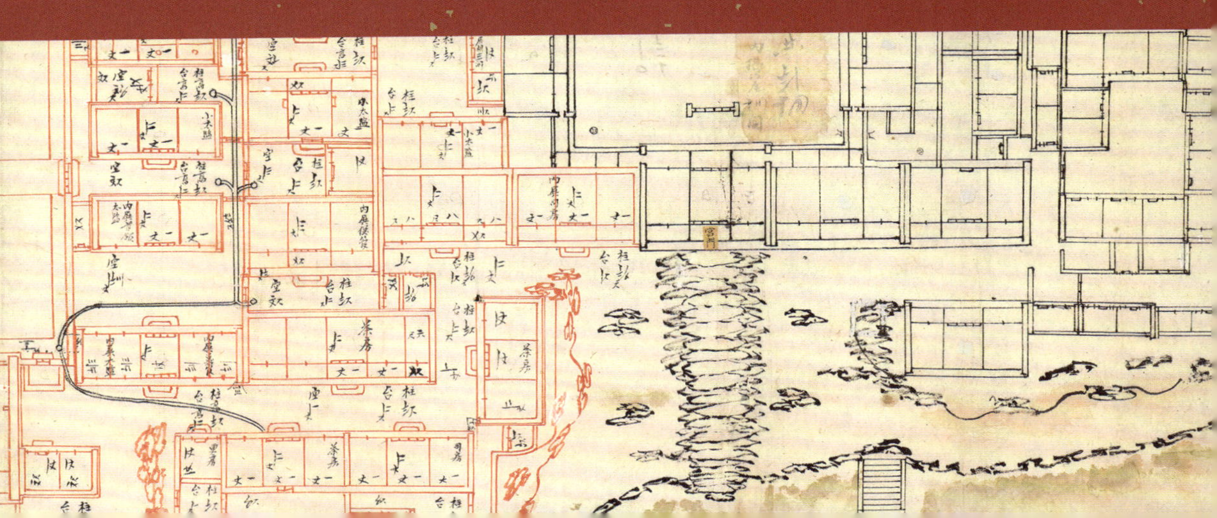

中国古代建筑自成体系，无论从表现形式还是设计理念上看，均与西方建筑有所不同。明清是中国古代建筑的集大成时期。这一时期的建筑师在充分实现居住功能、合理设计空间布局之外，更将中国传统中的丰富文化内涵注入设计，从方方面面传达出价值观念、哲学精神和人文追求。除此之外，清代的宫室营造制度完善，形成了系统的、严谨的工程管理制度和建筑设计程序。享誉中外的样式雷家族就是在这样的环境中成长起来的。

一、样式雷

“样式雷”是清代雷氏建筑世家的誉称。雷氏家族自清康熙年间到民国初年的二百余年里，共有八代十几人主持皇家的各类建筑工程，负责建筑设计和图样绘制等工作。由于供职于皇家建筑机构“样式房”，故称“样式雷”。故宫、天坛、颐和园、承德避暑山庄、清东陵、清西陵等世界文化遗产的设计建造或重建修缮均有样式雷家族参与其中。样式雷家族为中国传统建筑艺术、工艺美术的发展做出了突出贡献，现在留存下来的样式雷建筑图档就是记录清代皇家建筑的珍贵史料。

二、样式雷图档

样式雷图档在2006年申报世界记忆遗产的申报书中的定义为: 中国清代(1644—1911)雷氏家族绘制的建筑图样、建筑模型、工程做法及相关文献。2007 年 6 月，“清代样式雷图档”（The Qing Dynasty Yangshi Lei Archives）被联合国教科文组织列入《世界记忆名录》。至此，样式雷图档作为中国古建文化的书面载体，成为世界记忆的一部分。

现存样式雷图档主要保存在国内外多家机构。其中图档主体藏于国家图书馆，烫样主体收藏在故宫博物院。国家图书馆的样式雷图档藏量约占总存量的四分之三，近 1.5 万件。故宫博物院收藏的样式雷图档主要来源于原中法大学，计 3000 余件，此外又有陆续购藏。北京图书馆（即今国家图书馆）原藏 76 具样式雷烫样，后亦转交故宫博物院。中国第一历史档案馆所藏样式雷图档，除包括《工程做法》在内的大量文档外，还有相关画样约 1000 件（不含附于题本奏折中的众多画样）。此外，清华大学、中国文化遗产研究院、中国科学院文献情报中心、中国国家博物馆、首都博物馆、日本东京大学、美国康奈尔大学、法国吉美东方艺术博物馆等单位也有少量收藏。

样式雷图档绘制时间涵盖 18 世纪中叶至 20 世纪初期；地域覆盖北京、天津、河北、辽宁、山西等清代皇家建筑所建之处；内容包括宫殿、园林、坛庙、陵寝、府邸等。图档详细记录了传统建筑行业的方方面面，包括机构设置、选址勘测、规划设计、工程施工以及建筑技艺等，反映了清代建筑的设计水平和营造制度。此外，样式雷图档中还包括日记、信函、账单等在内的非工程类图档，记录了样式雷家族的生活细节和具体事务，对探究清代社会情况颇有史料价值。

由于中国传统建筑技艺一直以“传帮带”方式继承和发展，有关中国古代建筑设计理念、方法和传承的文献记载寥若晨星，几成失语状态。样式雷图档的出现打破了这一局面，成为研究中国传统建筑的资料宝库。

三、样式房

自20世纪30年代样式雷图档面世以来，随着相关研究工作的展开，朱启钤先生等前辈学者对样式房机构的认识不断深化。如《样式雷考》发表后，朱先生及学社同仁的相关论著，均用“样式房”取代了此前“样房”“样子房”等语；通过梳理样式雷图档中保留的《旨意档》《堂司谕档》《随工日记》以及雷氏上禀管工官员的各式《禀文》和雷氏祖茔碑记等文献，凡涉及雷氏供役机构均称“样式房”，并无“样房”或“样子房”之语。

根据样式雷图档中《随工日记》《旨意档》及《堂司谕档》等原始文献，结合清代建筑工官制度，清代相关皇家建筑工程中的画样、烫样制作及其收存管理，可以探索出样式房的隶属情况，正如何蓓洁、王其亨在《华夏意匠的世界记忆——传世清代样式雷建筑图档源流纪略》一文中所提出的，一般朝廷重大工程会成立工程处，工程处和内务府共同负责相应建筑工程的管理，具体办公则由其下设立的在京档房和工次档房负责，在京档房下设银库、印库、样式房、算房，工次档房下设样式房、算房。

样式房由钦派工程处下辖，专司建筑规划设计，是工程处最核心的技术部门之一。该机构由数名经过严格专业训练的样子匠组成，其负责人称为掌案，由钦派管工王大臣选派。样式雷延续八代均在钦工处样式房供职，或执掌样式房掌案，或以样子匠供役其间，参与了众多皇家建筑工程的设计施工及添改修缮，留下了大量的图纸、模型、日记等珍贵档案。

根据国家图书馆藏雷思起禀文向内务府堂提交样式房画样人名单，我们可以了解样式房的大致规模："谨禀烫画样人现在数目。掌案头目人雷思起、雷廷昌，散众当差人郭成名、白廷堃、李文升、雷思森、郭成治、雷思跃、沈钧、雷廷芳、李英、（雷）廷栋、白耀恒、白耀璞、李俊、罗荣以上共十六名。"

四、样式房掌案

关于样式雷家族的执掌情况，目前学术界一般将其认定为"样式房掌案"一职，为样式房总领掌事的官职。

不过，从诸种文献记载来看，关于样式雷职掌有掌案、掌班、掌总等多种说法。清同治四年（1865）《雷金玉墓碑》碑文提到："（雷金玉）蒙钦赐内务府总理钦工处掌□，赏七品官，食七品俸。"此处"掌"后文字模糊不清，难以辨认。清同治六年（1867）《雷景修墓碑》碑文提到："公年始十六，即在圆明园样式房学习世传差务，奋力勤勉，不辞劳瘁。忽于道光乙酉年正月十五日，公之先考仙游。谨遵遗言，差务慎重，惟恐办理失当。因公年幼，事出万难，随将掌案名目移于他人承办。公仍竭尽心力，不分朝夕，兢兢业业二十余载，辛苦备尝。复于道光己酉年，旋将世传掌总差事正回。"这里面出现了两处名目，一为"掌案名目"，一为"掌总差事"。又雷思起《精选择善而从》中载："又蒙皇恩，钦赐内务府七品职衔，赐圆明园之工程处，长各作之掌班爵，办理楠木作事务。”此处则将其差事称为“掌班”。

从上文所引文献资料来看，以样式雷家族长期担任样式房总领掌事一职应有较充足的文献支撑。但是关于样式雷家族在样式房中的头衔，实有掌案、掌班、掌总等多种记载，并非“掌案”二字可以囊括。

而“掌案”之所以成为主流看法，主要源自朱启钤先生《样式雷考》中言“（雷金玉）供役圆明园，楠木作、样式房掌案。以内廷营造功，钦赐内务府七品官，并食七品俸”。这一判断应融合了诸种材料后得出。

五、档房

档房亦称档案房、档子房，是清代中央、地方衙署及八旗营房中办理文书和管理档案的机构的统称。档房的主要职责是缮写文书，保管各官署定期缮修和汇抄的档册、收发文登记簿、公文底簿及有关文书等。

1. 京档房

通常由皇帝钦派亲王及内阁重臣组建的工程处叫钦工处，专设办公机构称为档房，工程处通常要在京师和工地分别设置办公机构，在京师专设的办事机构，称为京档房；在建筑工地设立的办事机构，称为工次档房或住工档房。京档房分别设有样式房、算房以及银库等机构，并派兵负责守卫。

京档房负责对工程画样、奏销黄册的查验审核。查验审核过程是先对上呈图样进行核准，对于不符合要求的图样，或是直接通知样式房的图样设计人员进行议事，或是选派勘估大臣进行核查。因为京档房远离工地，所以需要进行书面通知，因此京档房所涉文档主要为议事帖、通知单之类。

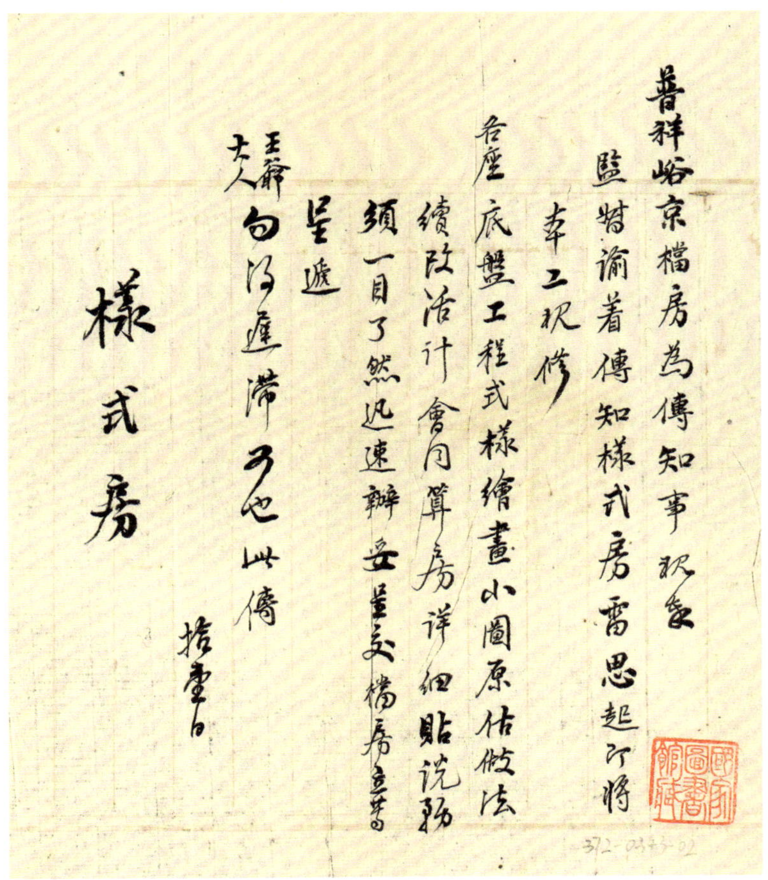

普祥峪京檔房為傳知事衹奉
監督諭着傳知樣式房雷思起將
本工衹修
各座底盤工程式樣繪畫小圖原估做法
續改活計會同算房詳細貼說務
須一目了然迅速辦妥呈交檔房立等
呈遞
王爺大人勿得遲滯可也此傳
樣式房

372-0343-02　［普祥峪京档房传知单］

1 张，单色，25×21cm。此图为普祥峪京档房传知单，命雷思起将普祥峪各座底盘工程式样绘画小图、原估做法续改活计，会同算房详细贴说，迅速办妥呈交档房。

2. 工次档房

工次档房为设在建筑工地的档房，也分别设有样式房、算房、银库等下属机构。工次档房多修建在工地附近，人员现场办公，随工程进展密切对图样进行更改，及时回馈并呈报京档房，以保证流程进度。工次档房所涉文档也多是议事帖、知会单之类。

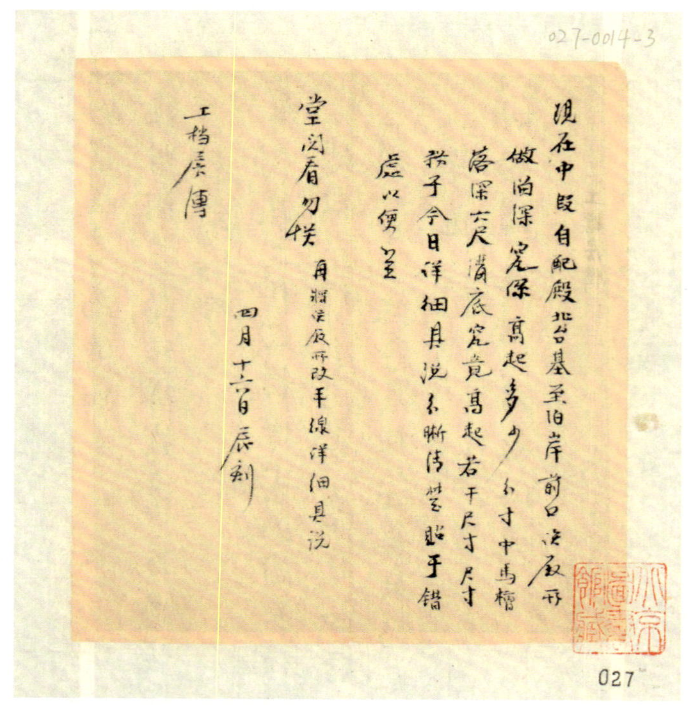
027-0014-3

現在中段自配殿北台基至泊岸前口該廠所
做溜深究係高起多少分寸中馬槽
落深六尺溝底究竟高起若干尺寸尺寸
務于今日詳細具說分晰清楚貼于錯
處以便呈
堂閱看勿悮
再將該廠所改平線詳細具說
四月十六日辰刻
工檔房傳

027

027-0014-03　*工次档房传帖*

1张，单色，17×15.5cm。此图为工次档房传帖，记录工程中对图样的更改商议过程。这张传帖要求测绘人员测量尺寸，修改错误。工次档房传帖是工程测绘、施工过程中上传下达的重要沟通方式。传帖文字著录如下：“现在中段自配殿北台基至泊岸前口，该厂所做溜深究系高起多少分寸，中马槽落深六尺，沟底究竟高起若干尺寸，尺寸务于今日详细具说，分晰清楚贴于错处，以便呈堂阅看，勿误。再将该厂所改平线详细具说。四月十六日辰刻，工档房传。”

六、中国档案文献遗产名录

《中国档案文献遗产名录》是中国的国家级名录，由“中国档案文献遗产工程”国家咨询委员会评审会负责评审，按照“中国档案文献遗产”入选标准执行。

为唤醒和加强全社会的档案文献保护意识，有计划、有步骤地开展抢救、保护中国档案文献遗产相关工作，国家档案局于2000年正式启动了“中国档案文献遗产工程”。

工作机构由“中国档案文献遗产工程”领导小组、国家咨询委员会和办公室组成。“国家咨询委员会”委员均是国内文献、档案、图书界著名的学者、专家。著名学者季羡林先生、戴逸先生分别出任国家咨询委员会的名誉主任委员和副主任委员。

继2002年3月首批档案文献入选《中国档案文献遗产名录》后，国家档案局又组织了第二批中国档案文献遗产的申报工作。2003年10月10日，“中国档案文献遗产工程”国家咨询委员会评审会在京召开，35件（组）档案文献入选《中国档案文献遗产名录》。国家图书馆申报的《焉耆——龟兹文文献》《永乐大典》《清代样式雷图档》成功入选。

七、世界记忆名录

据联合国教科文组织（UNESCO）2002年2月颁布的新版《世界记忆：档案文献遗产保护指南》，“世界记忆”是记录全人类共有记忆的档案文献遗产，代表了世界大部分文化遗产，是人类思想演变及人类社会所做出的探索与取得的成就的真实记录，是历史留给今天及未来世界的丰厚遗产。UNESCO在1992年创立“世界记忆工程”，旨在实施其《宪章》规定的保护和保管世界文化遗产的任务，对世界范围内正逐渐老化、损毁、消失的文献记录，通过国际合作与使用最佳技术手段进行抢救，提高人们对文献遗产重要性和保管的必要性的认识。1995年创建的《世界记忆名录》，收编符合世界意义入选标准的文献遗产，由“世界记忆工程”秘书处保管，登录标准包括真实性、独特和不可替代性、重要性，通过联机方式在网上公布。

2003年2月，世界记忆工程中国委员会召开会议，联合国教科文组织全国委员会、文化部、国家档案局、国家图书馆、国家信息研究所作为成员单位参加了会议。会议明确将从《中国档案文献遗产名录》中选取精品申报《世界记忆名录》。

样式雷图档于2003年入选《中国档案文献遗产名录》。随后由国家档案局推荐申报《世界记忆名录》。2006年3月底，中国国家图书馆向联合国教科文组织世界记忆工程秘书处提交申报材料。联合国教科文组织世界记忆工程秘书处将样式雷图档的申报书及相关图片转交国际咨询委员会，并上传到该组织的网站供全世界浏览。2006年底，咨询委员们提出初步意见，供大家讨论。2007年6月11—15日，国际咨询委员会在南非召开会议，讨论通过样式雷图档进入《世界记忆名录》。2007年8月7日，世界记忆工程秘书处向申请单位中国国家图书馆发出入选通知函和证书。2007年9月，为庆祝清代样式雷图档入选《世界记忆名录》和首个国家图书馆日，国家图书馆和故宫博物院等多家单位主办了“大匠天工——清代‘样式雷’建筑图档荣登《世界记忆名录》特展”，共展出153件样式雷图档。

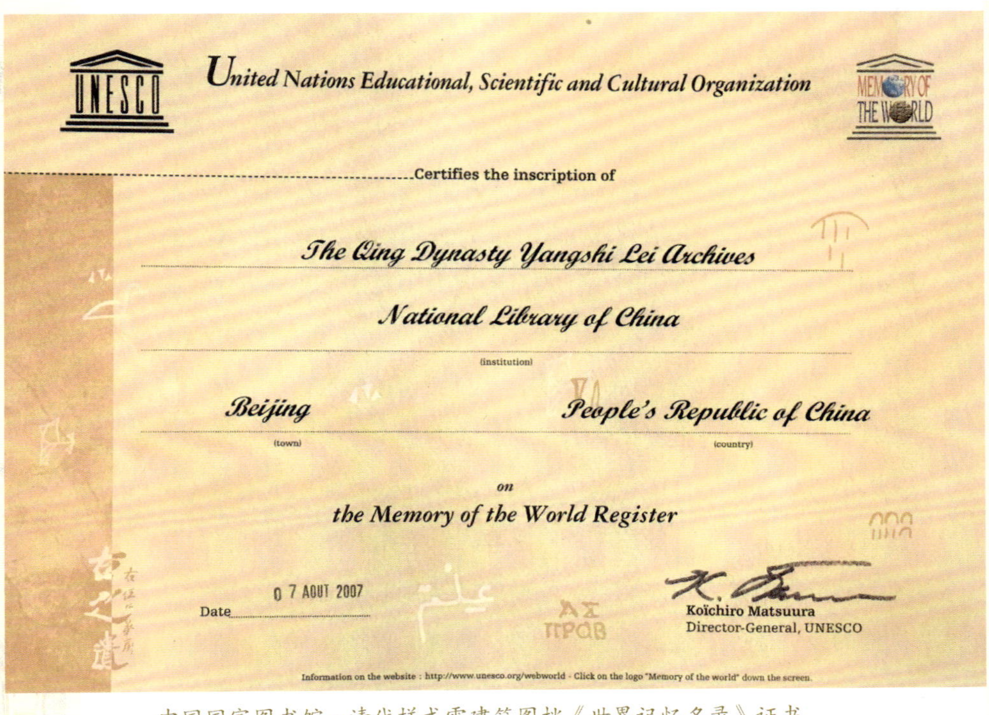
United Nations Educational, Scientific and Cultural Organization
Certifies the inscription of
The Qing Dynasty Yangshi Lei Archives
National Library of China
(institution)
Beijing
(town)
People's Republic of China
(country)
on
the Memory of the World Register
Date 0 7 AOUT 2007
Koïchiro Matsuura
Director-General, UNESCO
Information on the website : http://www.unesco.org/webworld - Click on the logo "Memory of the world" down the screen.

中国国家图书馆·清代样式雷建筑图档《世界记忆名录》证书

八、样式雷图档的特点

由于雷氏家族从事样房工作延续百余年，加之雷景修等雷氏族人的精心收藏，所存图档数量庞大，内容丰富。尽管历经沧桑，现今仍有2万余件清代样式雷图档存世，是世界建筑档案存世最多的一种，这也是样式雷图档入选《世界记忆名录》重要原因之一。这些样式雷图档具备家族性、系统性和稀有性的特点。

家族性：雷氏家族自清康熙年间供职宫廷建筑工程，自雷发达供职皇家建筑，至20世纪初，先后有八代几十人主持或参与了皇家建筑的设计、施工，为清代建筑业、为中国多项世界文化遗产的留存做出了巨大贡献，是中国古代杰出的建筑设计大师，也是世界三大建筑家族之一。像这样一个延续二百余年、主创了众多经典作品、影响了一个朝代的建筑世家，在世界历史上是罕见的。样式雷家族为清代建筑做出了巨大贡献，为我们留下了众多的世界文化遗产，同时，样式雷图档为研究这个建筑世家也提供了直接的档案依据。

系统性：2007 年 6 月“中国清代样式雷建筑图档”被联合国教科文组织列入《世界记忆名录》，成为其中规模最大、内容最丰富的古代建筑设计图像资源。如民国年间刘敦桢先生撰写《同治重修圆明园史料》的相关资料来源，首推国家图书馆藏样式雷《旨意档》和《堂司谕档》。凡勘察设计施工，工官制度即管理机构的设置运作，包括材料、工费、勘估与监修等细节，前所未有地得到系统揭示。如今天津大学王其亨教授团队利用样式雷图档对清代皇家园林、清代皇家陵寝等建筑的研究，更是证明样式雷图档无论在规模上，还是在图档的系统性和完整性方面，都是世界范围内现存古代建筑档案中的重要实物标本。

稀有性：样式雷图档几乎全部绘制、书写在中国传统手工纸张上，书写工具主要是中国的毛笔和炭条，绘制工具主要有界尺、圆规和烙铁等，使用颜料主要为传统中国国画颜料。可见，样式雷图档是带有浓郁中国传统特色和风格的古代手稿，无疑成为了世界独一无二的珍贵史料。

九、样式雷图档的价值

样式雷图档是中国古代建筑史上最丰富翔实、最直观形象，而且大多能与遗存的建筑实物对应的珍贵史料，对于中国古代建筑史，传统建筑图学，传统建筑设计思想、理论和方法，建筑施工技术和工官制度，以及相关文物建筑保护和复原等多方面的研究，均具有其他文献无法替代的价值。同时，样式雷图档还承载了大量清代社会、政治、经济、文化等信息，蕴含着中国古代建筑理念、建筑美学、建筑哲学等思想，因此，图档不仅体现了很高的建筑学成就，也为研究清代历史文化提供了参考。

清代样式雷图档的独特价值具体表现在以下方面：

第一，清代样式雷图档因其手稿性质而成为世界独一无二的珍贵史料。样式雷图档中很多图纸绘制精细，书写工整，布局美观，风格独特，具有较高的艺术价值。

第二，清代样式雷图档的系统性、完整性及其规模之大，都是世界现存古代建筑档案中少有的。现存清代样式雷图档20000余件，包含了从建筑选址到设计、施工、修缮、改建等建筑图样和相关档案，可以说，样式雷档案是人类记忆的重要实物标本。

第三，清代样式雷图档是唯一幸存至今、成体系的中国古代建筑工程图档，是研究、修缮、复原中国古代建筑的第一手资料。具有五千年灿烂文明的中国，在建筑技艺上也有着同样辉煌的历史，被列为世界文化遗产的建筑有20余处，但与其对应的建筑图档仅存清代样式雷图档。诚然，现在保存完好的清代建筑是研究中国建筑的最好实例。但是，建筑物本身是历史瞬间的凝固物，而样式雷图档则生动地反映了某个建筑物的选址、建筑设计草案、反复修改过程、最终实施方案、施工过程以及各时期修建、改建方案等等，记录了建筑物的形成、演变历史，是建筑实物和其他文献不可替代的唯一原始建筑档案，对于诸如圆明园这样已经消失的经典建筑尤其如此。因此，清代样式雷图档是研究、修缮、复原中国古代建筑最直接、最可靠的第一手资料。

第四，清代样式雷图档是书写世界建筑史的实物佐证。中国建筑是世界建筑史上的一朵奇葩，是世界建筑史的重要组成部分。清代样式雷图档在为撰写中国古代建筑史提供重要史料的同时，也为书写世界建筑史提供了重要佐证。比如，在样式雷图档中大量存在的模数网格足以证明模数网技术至少在二百多年前就被中国人熟练应用，它是中国对世界建筑的贡献，而不是以往建筑界所认为的是日本对世界建筑的贡献。样式雷图档为澄清历史、改写历史提供了有力的佐证。

第五，清代样式雷图档是研究世界杰出建筑世家样式雷不可多得的珍贵史料。雷氏家族在二百余年间为中国清代皇室设计修建、改建了大量建筑，如被列为世界文化遗产的故宫、天坛、颐和园、承德避暑山庄、清东陵、清西陵等建筑。这些文化遗产，或从始至终由雷氏设计施工，或由雷氏统率部分改扩建工程，其中都凝结了以雷氏家族为主的几代哲匠的卓绝智慧。一个建筑世家与这样多的世界文化遗产密切相关，这在世界建筑史上也是罕见的。同时，样式雷图档所反映出建筑师的高超技艺和先进的图学成就，足以证明雷氏世家是当之无愧的世界杰出建筑大师，是值得大力研究的古代哲匠。研究一个建筑师如同研究文学家、艺术家一样，其作品应该是最直接、最可靠的研究资料。因此，对样式雷家族的研究，图档无疑是最好的、也是最直接的第一手研究资料。

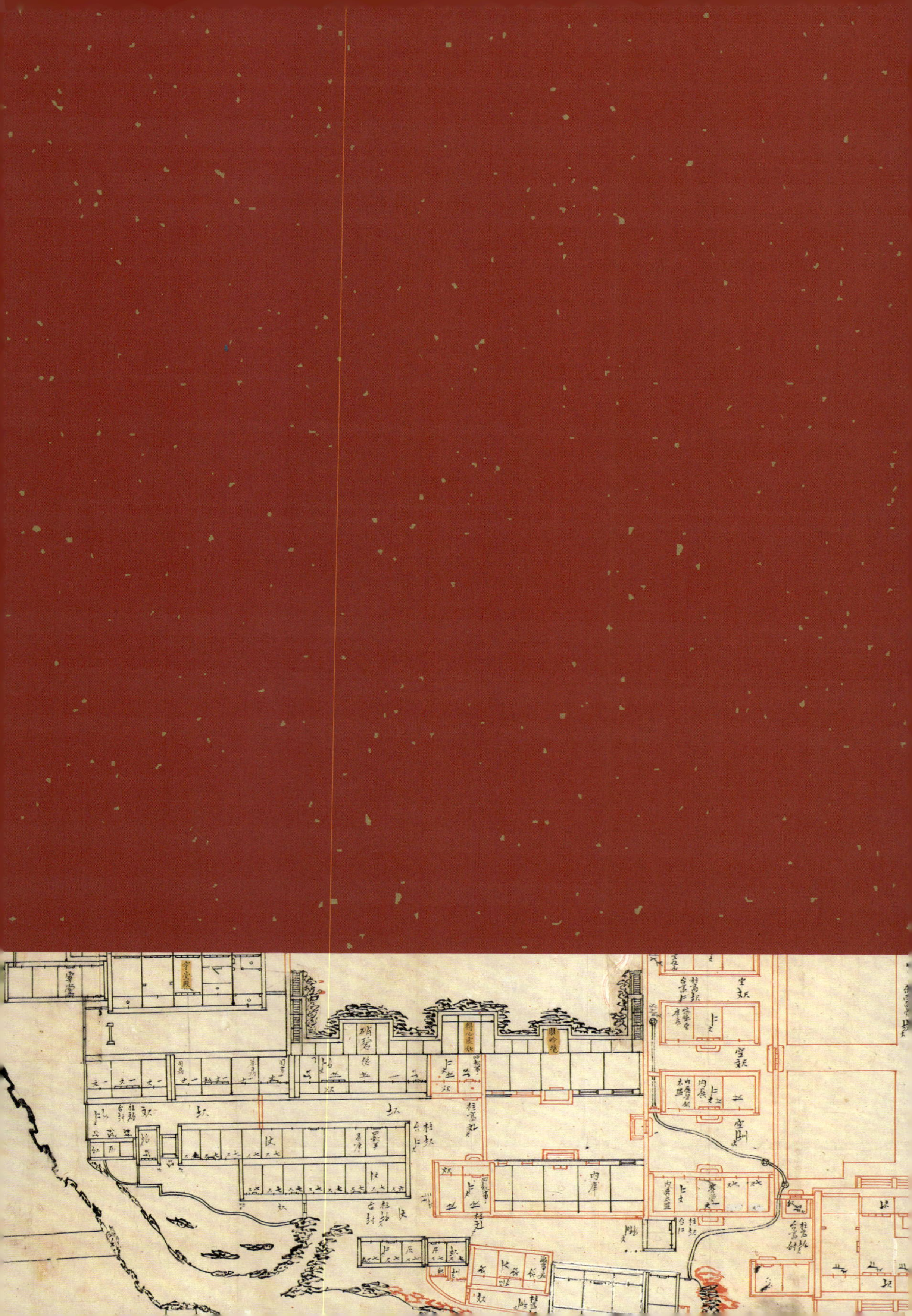

第二章 样式雷家族

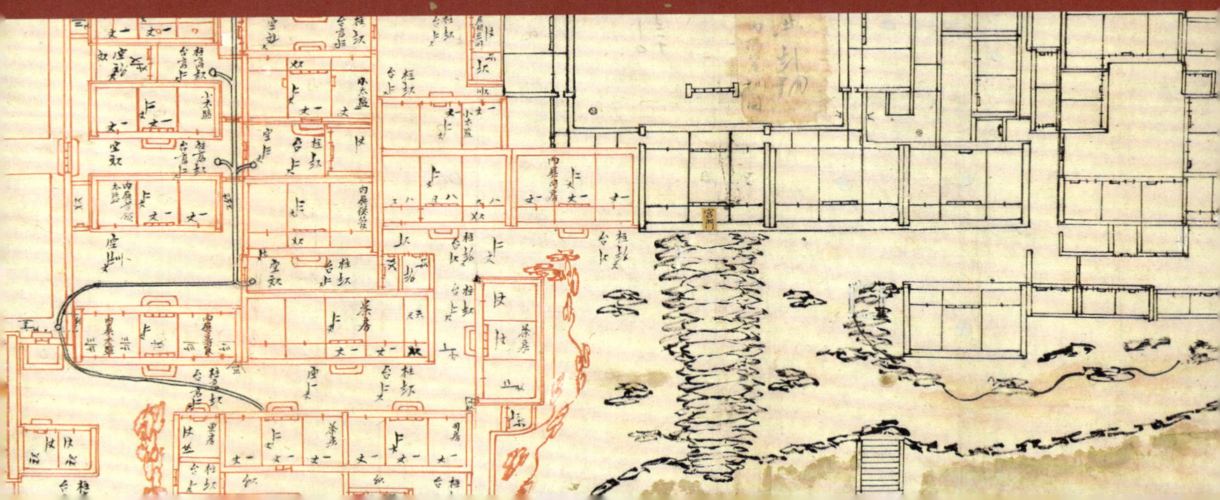

雷　家　世　系　表

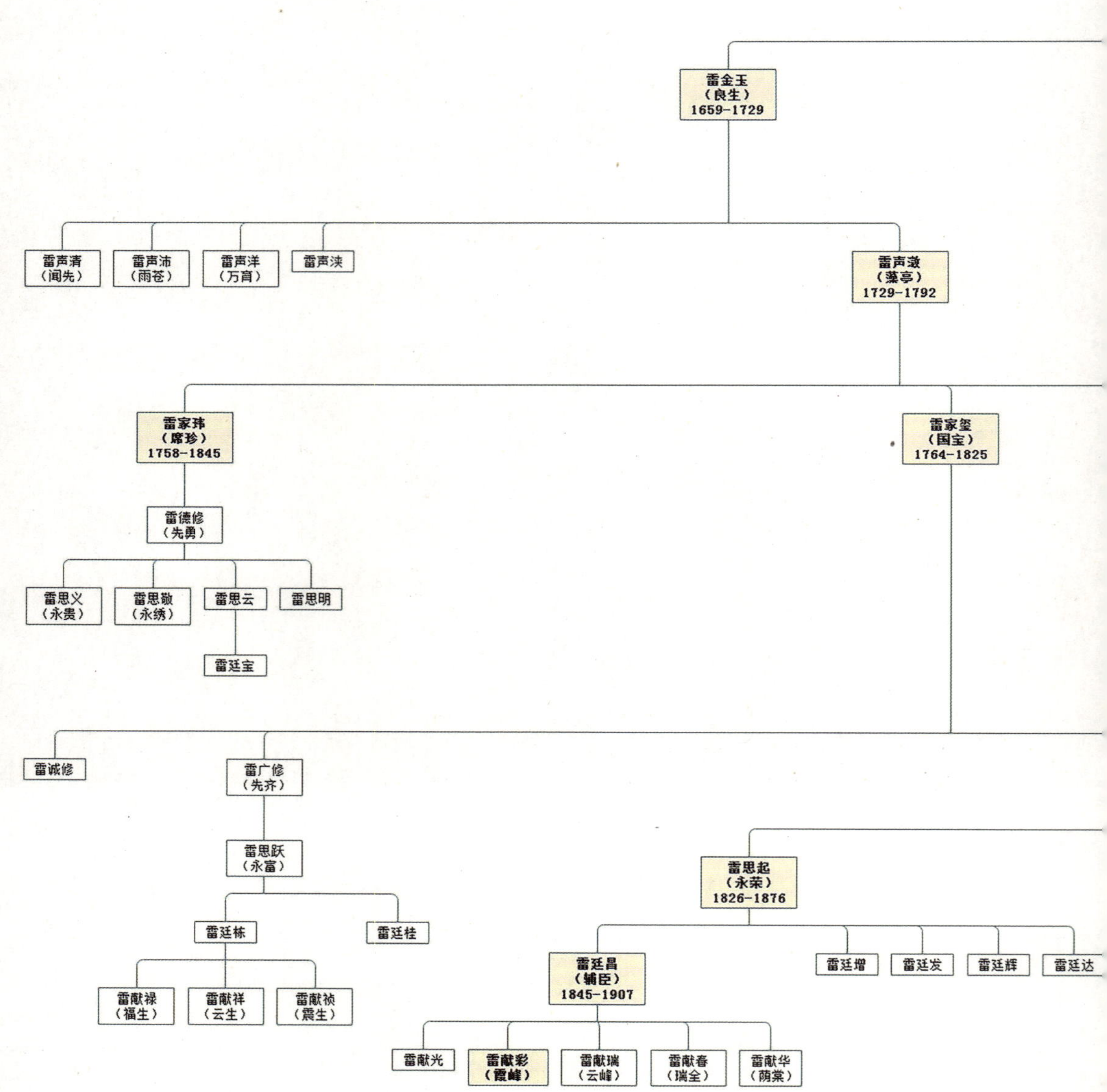
雷金玉
（良生）
1659-1729
雷声清
（闻先）
雷声沛
（雨苍）
雷声洋
（万言）
雷声浃
雷声澂
（藻亭）
1729-1792
雷家玮
（席珍）
1758-1845
雷家玺
（国宝）
1764-1825
雷德修
（先勇）
雷思义
（永贵）
雷思敬
（永绣）
雷思云
雷思明
雷廷宝
雷诚修
雷广修
（先齐）
雷思跃
（永富）
雷廷栋
雷廷桂
雷献禄
（福生）
雷献祥
（云生）
雷献祯
（震生）
雷思起
（永荣）
1826-1876
雷廷昌
（辅臣）
1845-1907
雷廷增
雷廷发
雷廷辉
雷廷达
雷献光
雷献彩
（霞峰）
雷献瑞
（云峰）
雷献春
（瑞全）
雷献华
（荫棠）

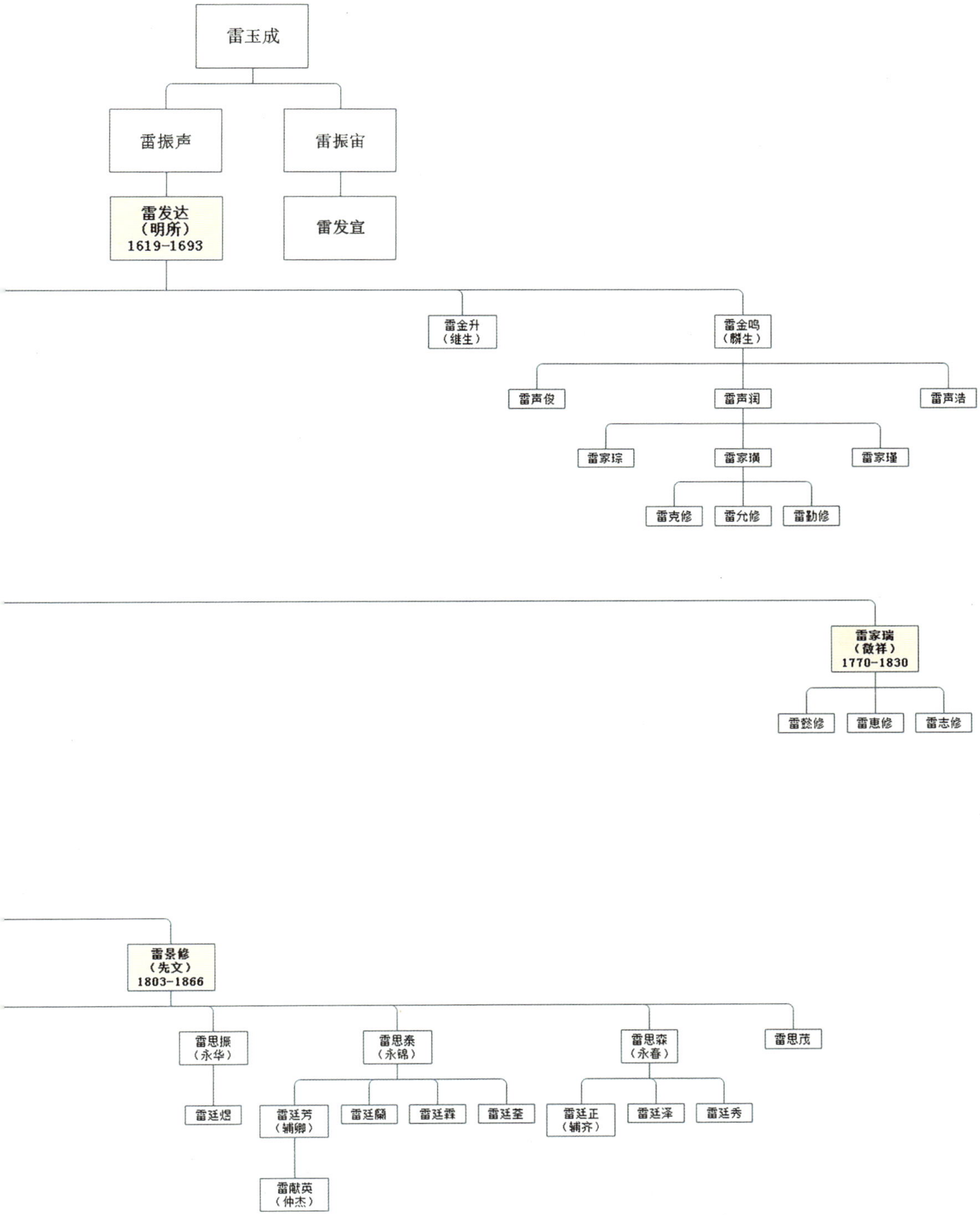

雷玉成
雷振声
雷振宙
雷发达
（明所）
1619-1693
雷发宣
雷金升
（继生）
雷金鸣
（麟生）
雷声俊
雷声润
雷声浩
雷家琮
雷家璜
雷家瑾
雷克修
雷允修
雷勤修
雷家瑞
（徵祥）
1770-1830
雷懿修
雷惠修
雷志修
雷景修
（先文）
1803-1866
雷思振
（永华）
雷思泰
（永锦）
雷思森
（永春）
雷思茂
雷廷煜
雷廷芳
（辅卿）
雷廷藺
雷廷霖
雷廷荃
雷廷正
（辅齐）
雷廷泽
雷廷秀
雷献英
（仲杰）

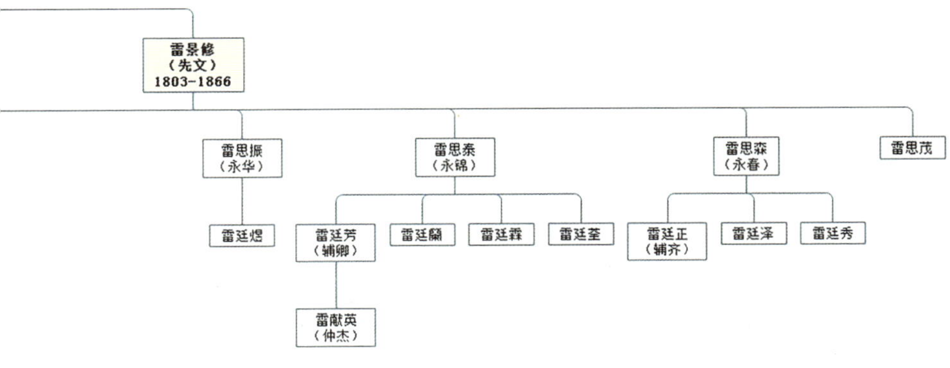

目前学术界一般认为，雷氏家族共有八代人供职于清廷样式房。样式雷家族的命运是清朝运势的缩影，八代几十人演绎了两百多年的家国春秋。这一时期正值清王朝由盛转衰，样式雷家族也在时代变迁中经历了巅峰与低谷。民国年间中国营造学社的创始人朱启钤先生是样式雷家族研究的先驱。他收录在《哲匠录》中的《样式雷考》一文，是研究样式雷家族的开山之作，影响重大且深远，至今仍被学界广泛引用。从现有资料来看，朱先生的研究几乎网罗了当时所能获取的所有相关史料。在此之后新的资料似乎只有20世纪50年代发现的雷氏祖茔碑记和雷氏先祖画像等。

第一代：雷发达

北上谋生　从“南漂”到吃皇粮

雷发达，字明所，江西南康府建昌县（今永修县）人，出生于明万历四十七年（1619）。据《雷氏族谱》记载，雷氏始祖为万雷公。万雷公曾经辅佐黄帝在擒拿蚩尤战斗中立功，因受封于方山，又称方雷公。万雷公精通医理，有《药性炮制法》传世。《族谱》又载，江南雷氏第一始祖为雷焕公（242—303）。雷焕公，字孔章，是西晋天文、气象学家。雷氏是江西大族，族支众多，分散居住于今江西南昌等地。根据《族谱》记载，雷发达是雷焕次子雷叶的后代，雷焕公第四十六世孙。明末战乱不断，社会动荡，各地流寇四出，而政府赋税日重，直接导致百姓离散、土地荒芜。为了家庭生计，雷发达的父亲雷振声和叔叔雷振宙“弃儒南来贸易”，举家迁往金陵石城。石城在昔日金陵安德门内，又称江宁邑小山之阳，即今南京市江宁区西善桥镇所在地。

朱启钤先生《样式雷考》一文记载，雷发达“清初与其堂兄”“以艺应募”，奔赴北京。王其亨先生认为这个时间是康熙二十二年（1683）冬。“艺”即建筑技艺，雷氏兄弟赴京是为了参加皇家宫苑的营建。到京后，雷发达一直供役于内务府营造司。直到康熙二十八年（1689），雷发达年届七十，解役退休，返回金陵。康熙三十二年（1693），雷发达去世，安葬于金陵安德门外顶宝石。

《样式雷考》还记录了一则传闻。传说紫禁城太和殿上梁时，康熙皇帝亲临现场。上梁是古代建房过程中最重要的一环，“犹如人之加冠”。然而，金梁卯榫不合，迟迟无法落下。情急之下，工部官员让雷发达穿上官员服装，揣着斧头上房操作。雷发达三两下就完成了上梁的任务。康熙皇帝龙颜大悦，当面授予雷发达工部营造所长班的官衔。时人称颂他“上有鲁般，下有长班，紫微照命，金殿封官”。基于这则记录，雷发达被奉为第一代样式雷。

不过，目前学术界对这一传闻颇有争议。据有关学者考证，朱先生《样式雷考》底稿中有“（雷发达）又为‘样式雷’家发祥之始祖。康熙中叶，营建三殿大工，发达以南匠供役其间”一句。“康熙中叶”处另有批注：“究竟是顺治、康熙存疑。”其《样式雷考引证》中又有“修太和殿在顺治二年，见《会典》；又康熙卅六年重建一次”一句。不管是顺治二年（1645）的紫禁城三大殿重修工程，还是康熙三十六年（1697）的再次重建工程，都与雷发达的在京活动时间不相符合。因此也有学者猜测，雷发达的这一传闻是张冠李戴，这一故事真正的主人公很可能是他的儿子雷金玉，但这一猜测并无实据支撑。尽管真相不明，这一传闻倒是促成了诸多学者的争相研究。

第二代：雷金玉

开创名声　首位样式房掌案

雷金玉，字良生，生于顺治十六年（1659），是雷发达的长子。雷金玉随父亲一同进京后，起先作为国学生在国子监攻读，随后顺利通过考试取得“州同”衔，听候补缺。不久之后，他同父亲一道参加了皇家宫苑的建造。雷发达解役后，雷金玉接替父亲领取了楠木作工程。所谓楠木作，通俗地说，就是利用楠木、紫檀、红木等名贵木材设计和制作建筑装修物件和家具。这是样式雷进京立足的根基，也是八代相传的技艺。

康熙中叶，社会稳定、经济繁荣。康熙皇帝勤政爱民，六度下江南巡视，了解社会民情。在南巡中，康熙惊叹于江南优美的景致，动了移景入京的念头。于是，他下令在明代“李园”旧址上建造一座皇家园林，这就是后来的畅春园，也是清代第一座规模宏大的皇家园林。

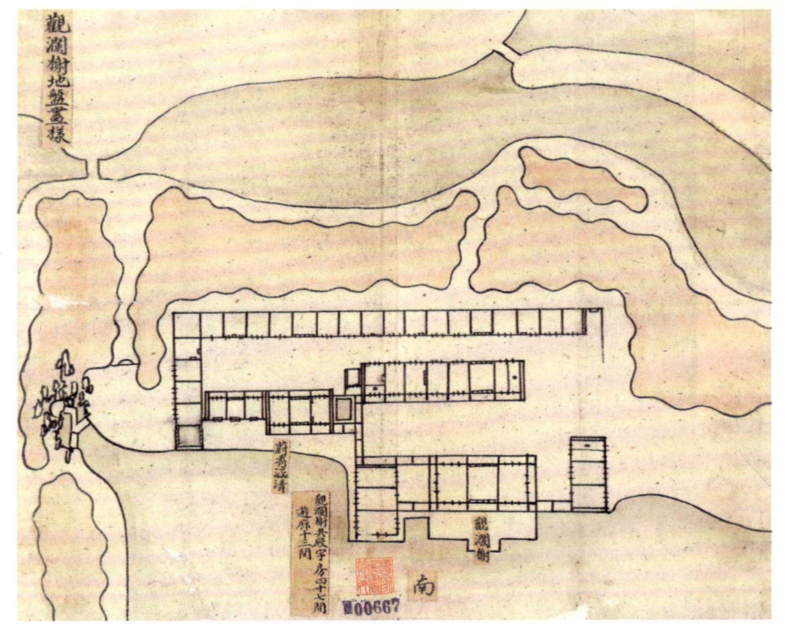

343-0667 观澜榭地盘画样

1张，多色，26.9×32.3cm。

国家图书馆收藏有《雷金玉墓碑》拓片一种，当中提及的“海淀园庭”即畅春园，“正殿”即畅春园九经三事殿。“九经”出自《中庸》：“凡为天下国家有九经，曰：修身也，尊贤也，亲亲也，敬大臣也，体群臣也，子庶民也，来百工也，柔远人也，怀诸侯也。”“三事”是指《尚书》中所说的“立政：任人、准夫、牧，作三事”。正殿以此为名，既彰显了它的重要地位，也隐含了循经守礼、治国理政的寓意。因此，康熙皇帝亲临上梁典礼。在上梁仪式上，雷金玉身手不凡、技艺超群，使得上梁顺利完成，因此得到皇帝的亲自召见和问询。雷金玉在奏对之间，更是赢得皇帝器重，被钦赐内务府总理钦工处要职，赏七品官、食七品俸。这在《雷氏族谱》中也有明确记载。

圣旨（碑额）

皇清敕封□赠奉政大夫，由国学生考授州同，我曾祖考讳金玉字良生，行大，享年七十一寿，生顺治己亥年，卒雍正己酉年。恭遇康熙年间修建海淀园庭工程，我曾祖考领楠木作工程。因正殿上梁，得蒙皇恩召见奏对，蒙钦赐内务府总理钦工处掌□（案），赏七品官，食七品俸。又因曾祖考七旬正寿，又得蒙皇恩钦赐，命皇太子书“古稀”二字匾额。此匾供奉原籍大堂。我曾祖考于七十一岁寿终。由内□(务)府传，仰蒙皇恩，赏盘费壹百余金；奉旨驰驿归葬原籍江苏江宁府江宁县安德门外西善桥，坤山艮向。查谱牒所载，立有碑志。今因重修祖茔，敬立此碑，是为记也。

诰授奉政大夫元孙景修敬书立。

雷金玉墓碑拓片

1 张，128×52+22×15（额）cm。北京市海淀区四季青巨山村，清同治四年（1865）二月一日。

康熙皇帝在《御制畅春园记》中提到，“亦有朴斫，予尚念兹”。“朴斫”出自《尚书·梓材》中的“若作梓材，既勤朴斫”，原意为勤谨而精良地朴治斫削佳木以成器。康熙在诗文中引喻治木之术的“朴斫”，实指一位使他“予尚念兹”的梓匠。这位工匠是谁，他并未说明。不过，这位工匠必定具备杰出的技艺，并且在畅春园的营建中建树非凡，我们可以猜测，这极有可能就是上梁成功的雷金玉。

雷金玉在康熙盛世经历了众多重大的皇家建筑营造活动之后，又于雍正初年投身圆明园等处的建设。他技艺纯熟，继康熙皇帝之后又受到雍正皇帝的器重。雷金玉七十大寿时，雍正皇帝让一位皇子书写了“古稀”二字匾额相赠。皇帝随后还赏赐了一件油碌蟒袍。蟒袍是官员袍服，绣蟒纹，以服色及蟒的多少区分等级，皇上、皇子用黄色，其他人员则用蓝及石青诸色。皇帝钦赐蟒袍，足见其对雷金玉的器重。

雍正七年（1729）末，雷金玉寿终正寝。雍正皇帝给予了特殊照顾，不仅恩赏了“百余金”路费，还专门下旨命令各驿站沿途照料，让雷金玉的四位儿子侍奉灵柩，回其原籍江苏江宁府江宁县安德门外西善桥下葬，覃恩追封为奉政大夫。这对当时的工匠而言，已是极高的礼遇。皇帝赏赐的“古稀”匾额也一同回归江宁县，供奉在雷氏故宅大堂。雷金玉一生共娶了六房太太，其中有四位与他合葬在江宁。同治四年（1865），雷景修在北京重修雷氏祖茔时，为其曾祖雷金玉修建了一座衣冠冢，并立起墓碑，修筑了如意石围屏。碑文概述了雷金玉的生平事迹，成为研究雷氏家族的重要史料之一。

雷金玉是雷家世代执掌样式房、主持皇家建筑设计事务的真正开创者。在后来的雷氏宗谱世系录中，雷金玉也被尊奉为雷氏家族迁居北京的支祖。雷金玉的安葬处西善桥，位于如今的江苏省南京市江宁区西善桥街道所在地。西善桥几经拆迁，早已不复存在。据说这一带曾有一个叫做样式雷村的地方，可惜后来被铲平为商业开发区用地，被成片的现代楼房掩盖得无影无踪。

第三代：雷声澂

襁褓丧父　艰难过渡

雷声澂，字藻亭，出生于雍正七年（1729），是雷金玉和第六房太太张氏所生的儿子。雷金玉去世时，雷声澂尚在襁褓。因此，雷金玉遵旨归葬金陵、诸位夫人与儿子扶柩南行时，只有三个月大的雷声澂和他的生母张氏留居京城。

张氏年轻丧夫，抚育幼子长大成人的艰辛可想而知。朱启钤先生《样式雷考》一文记载了雷氏子孙的传述。据说雷金玉去世后，样式房掌案一职被外人所夺，张氏怀抱幼子去工部申诉，工部恩准雷声澂成年后继承父业。后来，雷声澂在张氏的谆谆训诲下，果然维持了雷氏家业。张氏也因此受到样式雷后裔的极大尊重。如果没有张氏对雷声澂的教诲，如果没有张氏的据理力争，这个家族的皇室营生可能就此中断，也未必会有后来的声名显赫。因此，雷景修在同治年间重修祖茔时，亲自撰写了德政碑，郑重称颂张氏的贡献。

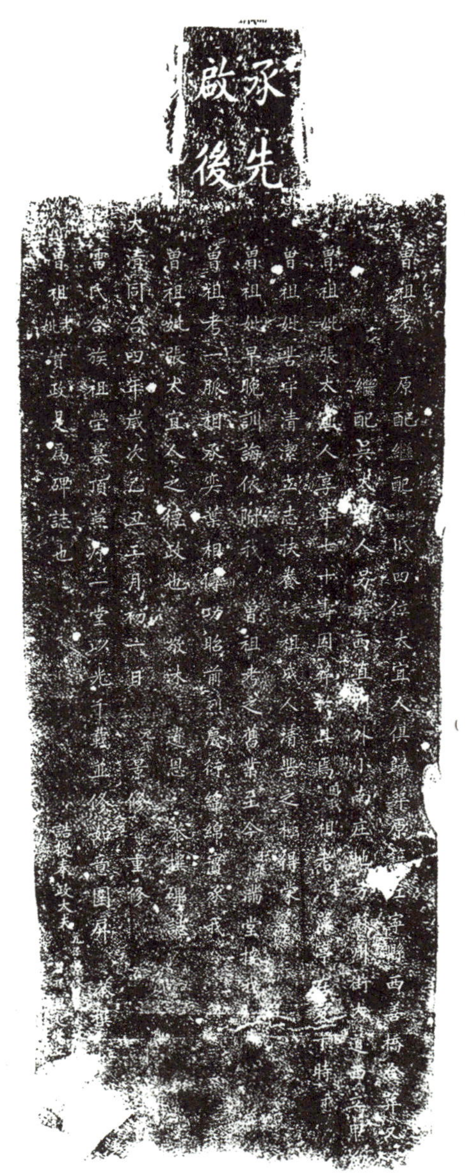

承先启后（碑额）

曾祖考原配继配潘、刘、柏、钮氏四位太宜人俱归葬原籍江宁县西善桥合葬，又继配吴太□（宜）人另葬西直门外小南庄地方苏州街大道西立甲。曾祖妣张太宜人，享年七十寿，因葬于此焉。因我祖考字藻亭在及丁时，我曾祖妣苦守清洁，立志抚养我祖成人，清苦之极。得蒙曾祖妣早晚训诲，依附我曾祖考之旧业至今。子孙满堂，接我曾祖考一脉相承。奕叶相传，功昭前烈，庆衍绵绵，实承我曾祖妣张太宜人之德政也。敬沐遗恩，恭撰碑志。大清同治四年岁次己丑二月初一日，元孙景修重修雷氏合族祖茔墓顶，燕序一堂，以光千载，并修如意围屏。恭撰曾祖考妣实政。是为碑志也。

诰授奉政大夫元孙景修熏沐敬书，曾孙思起敬立。

雷金玉及妻张氏德政碑拓片

1张，127×50+22×14（额）cm。北京市海淀区四季青巨山村，清同治四年（1865）二月一日。刻于《雷金玉墓碑》之阴。

雷声澂子承父业时，正值乾隆盛世。他兢兢业业地投身于空前繁荣的皇家建筑工程当中。遗憾的是，有关雷声澂职业活动的明确记录较少。据学者研究，中国文化遗产研究院藏雷思起道光三十年(1850)所著《精选择善而从》是目前仅见的相关文字记载。当中写道，“曾祖呈当掌班楠木作事务，即样式房差，后因官差外出，卒于外”。雷声澂于乾隆五十七年（1792）去世，葬在北京香山东南隅聚善村旁的雷氏祖茔。

第四代：雷家玮、雷家玺、雷家瑞

最强阵容　宏业三兄弟

如果说雷声澂尚在勉力维系祖业、独木艰难支撑的话，那么他的儿子们已经成了气候、蔚为成林。雷声澂长子雷家玮，字席珍，出生于乾隆二十三年（1758）；次子雷家玺，字国宝，出生于乾隆二十九年（1764）；三子雷家瑞，字徵祥，出生于乾隆三十五年（1770）。三兄弟生活的年代，正值乾嘉盛世。乾隆皇帝大兴土木，修建皇宫别苑，京西海淀园林、承德避暑山庄等相继扩建，一些工程还延续到嘉庆时期。深得皇家信任的样式雷，得以在各项工程中大展拳脚。兄弟三人都在样式房当差，彼此协助，各施才华，完成了大量工程。

兄弟三人之中，又以雷家玺最为出色。据学者研究，雷家玺在紫禁城宁寿宫花园、乾隆八旬万寿庆典以及嘉庆皇帝的昌陵设计和营造中均有出色表现。在宁寿宫花园修建工程中，雷家玺按照乾隆的旨意对花园进行了整体规划设计。尽管这一地块先天不足，四周宫殿林立、空间狭窄，但是经过雷家玺的巧妙构思和精心安排之后，古华轩、旭辉亭、养性殿佛堂等建筑错落有致，游廊曲折、山石逶迤，整体清幽舒适。此园深得乾隆喜爱，被后世称为乾隆花园。雷家玺主持设计的乾隆八旬万寿庆典工程，涉及圆明园至紫禁城沿路点景，包括亭台殿阁、西洋楼房、假山石洞、小桥流水、演剧戏台、万寿经棚、药栏花架、宝塔牌楼等，各种新奇精美的景观多达数百处。

乾隆皇帝退位后，为嘉庆皇帝选定了万年吉地，即后来的昌陵。他钦派和珅为承修大臣，委任雷家玺担纲设计并指导施工。自此之后，设计承办帝后陵寝工程，成为样式雷的一项新业务。随着清王朝由盛至衰，园林工程盛况不再，皇家极为看重的陵寝工程甚至成了样式雷的主要任务。

据相关学者研究，雷家玺作为样式房掌案，承担了万寿山清漪园、玉泉山静明园、香山静宜园、圆明园、承德避暑山庄等皇家园林的设计和建修工作。此外，从乾隆晚期到道光初年，京城和御苑中每年灯节张挂各式彩灯、燃放焰火及演戏布景等，也由雷家玺承办。

所谓能者多劳，差事繁杂导致雷家玺积劳成疾，于道光五年（1825）去世。雷家玺死后葬入海淀聚善村雷氏祖茔，诰封荣禄大夫。同治元年（1862），皇帝追封雷家玺为奉直大夫，其妻张氏为奉直宜人。同治四年（1865），雷景修建修雷氏祖茔时，敬立诰封奉直大夫石碑一统，碑阳为《雷家玺及妻张氏墓碑》，碑阴为《雷家玺及妻张氏德政碑》。

雷家玺画像（首都博物馆藏）

雷声澂次子，清乾隆二十九年（1764）生，乾隆末至道光初继承祖业，曾承办万寿山、玉泉山、香山、避暑山庄和昌陵等工程及宫中年例灯彩焰火、乾隆万寿点景楼台等，道光五年（1825）卒，葬北京。

遗训常昭（碑额）

皇清同治元年□月十九日，恭遇覃恩，貤赠奉直大夫先考讳家玺字国宝雷府君、奉直宜人先妣雷母张氏太宜人之墓。

大清同治四年二月初一日钦加五品职衔诰授奉政大夫孝男景修奉祀敬立。

雷家玺及妻张氏墓碑拓片

1张，100×44+18×15（额）cm。北京市海淀区四季青巨山村，清同治四年（1865）二月一日。

祖德宗功（碑额）

公平生雅量，品正清纯，忠厚处世，惠爱存心。一生仗义疏财，利物济人，光前裕后，和睦宗亲乡里。志行高洁，韵宇宏深，敦行孝悌，同气连枝，子孙茂盛。诚知积德之深，实行堪赞，永远可欣。贤哉德配，淑性慈贞，宽明素位，惠信与人。孝悌为先，勤操自任，闺范最长，恭和敏慎。

大清同治六年正月初七日吉旦，钦赏五品职衔盐场大使孝孙思起、孝孙思振、九品职衔孝孙思泰、孝孙思森报恩敬撰。

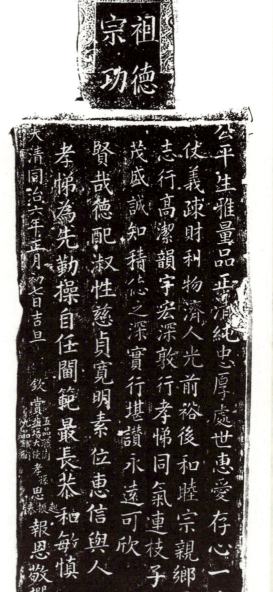

雷家玺及妻张氏德政碑拓片

1张，105×44+24×18（额）cm。北京市海淀区四季青巨山村，清同治六年（1867）一月七日。刻于《雷家玺及妻张氏墓碑》之阴。

乾隆皇帝曾六次南下江南地区，意在省方问政、体恤江南民生、巡视河工海防、眺览佳秀河山等。南巡沿途各地的官员和名绅富商们为了讨好皇帝，纷纷出巨资修建皇帝行宫。为了满足皇帝的出巡需求，雷家玮被频频派往外省，负责各路行宫乃至一些河堤石坝工程的设计指导。雷家玮对为数众多的各地皇家行宫建设付出了巨大心血，这也使得包括园林艺术在内的皇家建筑设计和营造技艺传播开来。朱启钤先生在《样式雷考》中指出：“李斗《扬州画舫录》之《工段营造录》，师承出于内廷工程作家，可为斯时确证也。”道光二十五年（1845），雷家玮以 87 岁高龄谢世，安葬在海淀聚善村雷氏祖茔。

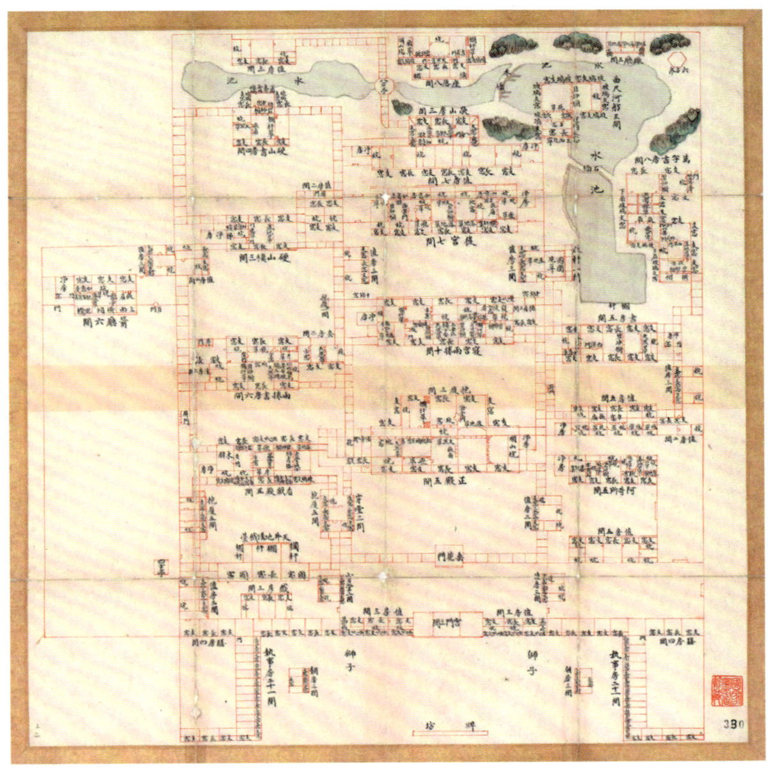

330-0047-11　嘉庆十五年（1810）五台山台怀行宫内檐装修地盘样

在雷家玺奔赴易县主持设计昌陵工程期间，在样式房主持日常工作的是他的弟弟雷家瑞。雷思起在《精选择善而从》中记载："嘉庆皇帝大修南园工程，三祖父（雷家瑞）呈办楠木作内檐硬木装修，至南京采办紫檀、红木、檀香等料，及开雕于南京。"据相关学者最新研究，此"南园"极有可能是含晖园。嘉庆十六年（1811），庄敬和硕公主病逝，其赐园含晖园重归绮春园西路，改称"南园"。根据《雷氏族谱》记载，雷家瑞曾担任《雷氏大成总谱》副修，"除丁费谱价外，捐银五十两"。嘉庆十九年（1814），雷家瑞撰文《雷氏迁居北京新序》一篇，记录了参与修谱的始末。早在乾隆四十三年（1778），雷家瑞的堂叔雷声科让他另一位叔叔雷声凰赴京递送族谱，雷家瑞由此知道了自家本源。嘉庆九年（1804），雷声科又让人送来族谱，希望在京族人能够修谱，但是依然未能修成。雷家瑞颇感愧悔，铭刻难忘。到嘉庆十八年（1813），雷声科跋山涉水亲自赴京，终于成功修谱。有意思的是，雷家瑞时年四十四岁，此前始终未能拥有子嗣，这一年终于一举得子。得偿所愿的雷家瑞十分开心，认为是先祖有灵庇佑自己。

据朱启钤先生《样式雷考》手稿记载："家瑞退休主办家务后，兴祖业置办海甸等处一二十处，又置办京西庄田七顷，自耕自种，并将槐树街祖宅本族各房典钱，各予房价，尽行重新修盖。此道光以后事也。家瑞子懿修于道光廿一年分居，今为水车胡同一房所自出也。"雷家瑞过世后并未葬在聚善村雷氏祖茔，他在世时就在西直门外小煤厂自立了茔地，也就是如今的海淀区四季青镇小煤厂村。

第五代：雷景修

筑屋藏图 修宗谱建祖坟

雷景修，字先文，号白壁，又号鸣远，出生于嘉庆八年(1803)，是雷家玺的第三子。从十五岁开始，雷景修就跟随身为样式房掌案的父亲雷家玺在圆明园样式房学习世传差务。为了继承祖业，他虚心好学，处处留心，奋力勤勉。道光五年（1825），雷家玺因病辞世，此时的雷景修才二十出头。去世前，雷家玺担心雷景修缺乏经验，难以胜任样式房掌案的工作，于是留下遗言，将样式房掌案一职交由同僚郭九承担。雷景修继续在样式房学习、工作，接受郭九指派，直至道光二十九年（1849）郭九去世，才又重新挣回了样式房掌案一职。

道光、咸丰年间国事衰微，皇帝无力开展大规模的宫殿和园林建设。因此，雷景修虽然技艺高超，却无法像先辈一样在皇家园林中施展才华，多数只是小规模地改建、装修或修缮宫苑；惟有在一个接一个的陵寝工程方面，才略有用武之地。雷景修参与或主持了慕陵、昌西陵、慕东陵等陵寝工程。同治时期，慈禧太后曾打算重建被焚毁的圆明园，样式房为此制作了大量图样。在这一工作中，雷景修做出了重大贡献。

咸丰八年（1858），雷景修报捐从九品职，请封奉政大夫。咸丰十年（1860），英法联军焚毁并劫掠了圆明园，样式房差务因此奉旨停止。祸不单行，雷家的海淀故宅也被连带焚烧。劫难过后，因为样式房园林相关差务停止，雷景修在继续调教儿孙学习掌握设计和建筑技艺、为弘扬雷家的世守工作默默耕耘的同时，有更多时间投身家族事务。

雷景修画像（首都博物馆藏）

雷家玺三子，清嘉庆八年（1803）生，少习祖业，父逝后勉力廿四年争回掌案；曾承办慕陵、慕东陵、昌西陵、定陵等。家中搜集画样烫样甚丰，弘扬世守之工。同治五年（1866）卒，葬北京。

雷景修对样式雷家族的贡献主要有两方面。一是悉心裒集祖上开始积攒的众多画样、烫样，专门修建三间房屋予以珍藏。这为样式雷图档在后世的重现奠定了基础，国家图书馆现藏的绝大部分样式雷图档就来自这些家藏图档。二是苦心经营家业，置办新宅、续修谱录、规划祖茔。据族谱记载，雷景修于同治四年（1865）春开始修缮雷氏祖茔，向前沿修了泊岸，周围修建了如意围屏，四周栽种了门槐和松树，十八座墓均修改为宝顶，并将原先藏在东直门北新仓的二十七亩祖茔地契红契尊藏到此处的祠堂。在雷景修这一代，从道光二十一年（1841）至同治五年（1866），雷家将雷氏历代族谱并世系图及合族支谱手抄成谱。

同治五年，雷景修去世，葬于聚善村雷氏祖茔，诰封荣禄大夫。据《雷氏族谱》记载，由于生前人缘极好，雷景修出殡时，同乡和亲友们纷纷来到村道旁边进行路祭，以示崇敬。雷思起撰文写道："追念先考一生，苦志创成家业，开立生理三座，置产五十余处，共数十万金。家道整齐，皆先考苦志所成。"

同光年间，雷景修的儿子雷思起和孙子雷廷昌因陵寝工程得到清廷赏识，因此，同治皇帝和光绪皇帝分别于同治二年（1863）和光绪元年（1875）颁发诏书，敕封雷景修为奉直大夫、通奉大夫，为二品封典，诰封其妻尹氏为二品夫人。光绪皇帝诰书称赞雷景修，"业可开先式榖，乃宣猷之本；泽堪启后贻谋，裕作牧之方"。当然，清末实行捐官制度，尽管有皇帝的赏识，雷家的诸多官衔也不是平白得来，仍然付出了白花花的银子，这些情况在《雷氏族谱》中有详细记载。雷景修的子孙为其修建了墓碑及诰封碑，立于聚善村雷氏祖茔。

遗恩永慕（碑额）

诰授奉政大夫晋封朝议大夫先□（父）雷府君碑记。赞曰：公之一生，品行端方，勤和处世，和睦宗族，乡里所仰。出言端正，存心敦厚，教子义方，德惠于人，无不诚敬。公年始十六，即在圆明园样式房学习世传差务，奋力勤勉，不辞劳瘁。忽于道光乙酉年正月十五日，公之先考仙游。谨遵遗言，差务慎重，惟恐办理失当。因公年幼，事出万难，随将掌案名目移于他人承办。公仍竭尽心力，不分朝夕，兢兢业业二十余载，辛苦备尝。复于道光己酉年，旋将世传掌总差事正回。足见公志高远大，移而不遗。光宗耀祖，启裕子孙，皆公之德也。咸丰八年，遵旨筹饷例报捐，恩赏九品职衔。又因同治二年七月初八日，诰授奉政大夫之职。公之一生德政，同乡亲友公絇路祭。赞曰：仁德永念，忠厚可风，福备齐荣。

钦命赏戴花翎诰授兵部职方司员外郎加二级子婿王多龄，诰授武翼都尉原任京营西便汎（汛）守备、前选湖南长沙同知现任都察院后厅都事功服侄雷思立、雷思曾恭撰碑志同赞。

大清同治六年岁次丁卯正月初七日吉旦，钦赏五品职衔盐场大使孝男思起、孝男思振、九品职衔孝男思泰、孝男思森、布政司理问衔孝长孙廷昌敬立。

雷景修墓碑拓片

1 张，125×63+22×16（额）cm。北京市海淀区四季青巨山村，清同治六年（1867）一月七日。刻于同治二年（1863）《雷景修及妻尹氏诰封碑》之阴。

奉天诰命（碑额）

奉政大夫讳景修字先文号白璧雷公之碑记。奉天承运，皇帝制曰：考绩报循良之最，用奖臣劳；推恩溯积累之遗，载扬祖泽。尔雷景修乃布政司理问衔加二级雷廷昌之祖父，锡光有庆，树德务滋。嗣清白之芳声，泽留再世；衍弓裘之令绪，笃祜一堂。兹以覃恩，貤封尔为奉政大夫之职，锡之诰命。于戏！聿修念祖，膺茂典而益励新猷；有穀贻孙，荷殊恩而式彰旧德。奉天承运，皇帝制曰：册府酬庸，聿著人臣之懋绩；德门辑庆，式昭大母之芳徽。尔尹氏以布政司理问衔加二级雷廷昌之祖母，箴诫扬芬，珩璜表德。职勤内助，宜家久著其贤声；泽裕后昆，锡类式承乎嘉命。兹以覃恩，貤封尔为奉政宜人。播徽音于彤管，壸范弥光；膺异数于紫泥，母仪益懋。

大清同治二年七月初八日敕书。

雷景修及妻尹氏诰封碑拓片

1 张，127×50+24×17（额）cm。北京市海淀区四季青巨山村，清同治二年（1863）七月八日。

奉天诰命（碑额）

奉政大夫讳景修字白璧号先文雷公之碑记。奉天承运，皇帝制曰：考绩报循良之最，用奖臣劳；推恩溯积累之遗，载扬祖泽。雷景修乃布政司理问衔加二级雷廷昌之祖父，锡光有庆，树德务滋。嗣清白之芳声，泽留再世；衍弓裘之令绪，笃祜一堂。兹以覃恩，貤封尔为奉政大夫之职，锡之诰命。于戏！聿修念祖，膺茂典而益励新猷；有穀贻孙，荷殊恩而式彰旧德。奉天承运，皇帝制曰：册府酬庸，聿著人臣之懋绩；德门辑庆，式昭大母之芳徽。尔尹氏乃布政司理问衔加二级雷廷昌之祖母，箴诫扬芬，珩璜表德。职勤内助，宜家久著其贤声；泽裕后昆，锡类式承乎嘉命。兹以覃恩，貤封尔奉政宜人。于戏！播徽音于彤管，壶范弥光；膺异数于紫泥，母仪益懋。

大清同治二年七月初八日敕书。

大清同治七年三月初三日清明节前，孝男思泰、思起、思振、思森，长孙廷昌、廷芳熏沐敬立。

雷景修及妻尹氏诰封碑拓片

1张，133×82+28×22（额）cm。北京市海淀区四季青巨山村，清同治七年（1868）三月三日。此系翻刻同治二年（1863）本。

奉天诰命（碑额）

通奉大夫讳景修字白璧号先文雷公、二品夫人雷母尹氏太君之碑记。奉天承运，皇帝制曰：求治在亲民之吏，端重循良；教忠励资敬之忱，聿隆褒奖。尔雷景修乃候选同知加五级雷思起之父，禔躬淳厚，垂训端严。业可开先式穀，乃宣猷之本；泽堪启后贻谋，裕作牧之方。兹以覃恩，赠尔为通奉大夫，锡之诰命。于戏！克承清白之风，嘉兹报政；用慰显扬之志，昭乃遗谟。奉天承运，皇帝制曰：朝廷重民社之司，功推循吏；臣子凛水渊之操，教本慈闱。尔尹氏乃候选同知加五级雷思起之母，淑慎其仪，柔嘉维则。宣训词于朝夕，不忘育子之勤；集庆泽于门闾，式被自天之宠。兹以覃恩，封尔为夫人，锡之诰命。于戏！仰酬顾复之恩，勉思抚字；载焕丝纶之色，用慰劬劳。

大清光绪元年七月十九日敕书。

大清光绪七年四月十九日立夏节后，孝男思泰、思起、思振、思森，孙廷煜、廷芳、廷昌、廷霖、廷秀，曾孙献彩、献英熏沐敬立。

雷景修及妻尹氏诰封碑拓片

1张，137×85+28×27（额）cm。北京市海淀区四季青巨山村，清光绪七年（1881）四月十九日。刻于同治七年（1868）三月三日《雷景修及妻尹氏诰封碑》之阴，录光绪元年（1875）七月十九日诰封。

第六代：雷思起

劫后中兴 呕心沥血修皇陵

雷思起，字永荣，号禹门，出生于道光六年（1826），是雷景修的长子。雷思起从小受到父亲的严格训练，他精于建筑设计，通晓传统风水，同时还在承包皇家建筑施工的天合局、三义局等私营厂商经商多年，谙熟施工技术、组织管理及相关会计业务，可谓全才。雷思起顺利继承了祖业，成为样式房掌案。在他担任掌案期间，样式雷的建筑生涯达到了顶峰。据相关学者研究，样式房烫画人共有 16 名，其中雷家就占了 5 名，分别是雷思起和雷廷昌父子、雷思起侄子雷廷芳以及雷思起族兄雷思跃和侄子雷廷栋。

雷思起先是跟随父亲参与昌西陵、慕东陵等工程建设，后来自己独立主持设计了一系列重大工程，尤其是在同治、光绪时期扩建三海，重修颐和园，重建太和门，建设定陵、定东陵、惠陵等皇家陵寝，修缮辽宁永陵等。雷思起还参与设计了许多王公、贵胄、勋臣的府邸、园林、园寝等，因此不仅被光绪皇帝、慈禧太后青眼相加，也被许多亲王看重。

据相关学者研究，咸丰皇帝即位后，委派重臣组织钦天监堪舆人员与样式房雷思起等人，到遵化东陵地区卜选陵寝吉地。在确定平安峪为万年吉地后，样式雷设计了大量陵寝图样。由于地形陡峭，所以从神路到石像生、神道碑亭、三孔桥直达隆恩门，里程短，布局紧，层层叠落在一条直线上。俯瞰全貌，层次分明。雷思起因建陵有功，以监生钦赏盐场大使，为五品职衔。同治十二年（1873），为慈安、慈禧两太后在普祥峪、菩陀峪勘察万

雷思起画像（首都博物馆藏）

雷景修长子，清道光六年（1826）生，少随父参役定陵，后主持定东陵、惠陵及西苑等设计。因重修圆明园与子廷昌被皇帝、太后五次召见。光绪二年（1876）卒，葬祖茔。

年吉地时，雷思起也应召随同前往。雷思起在设计修建定东陵的过程中，劳累过度、积劳成疾。光绪二年（1876）末，雷思起从定东陵、惠陵工地扶病返京后，不久辞世。据《菩陀峪万年吉地工程备要》卷六记载，工程处特赏银二百两以示敬重。

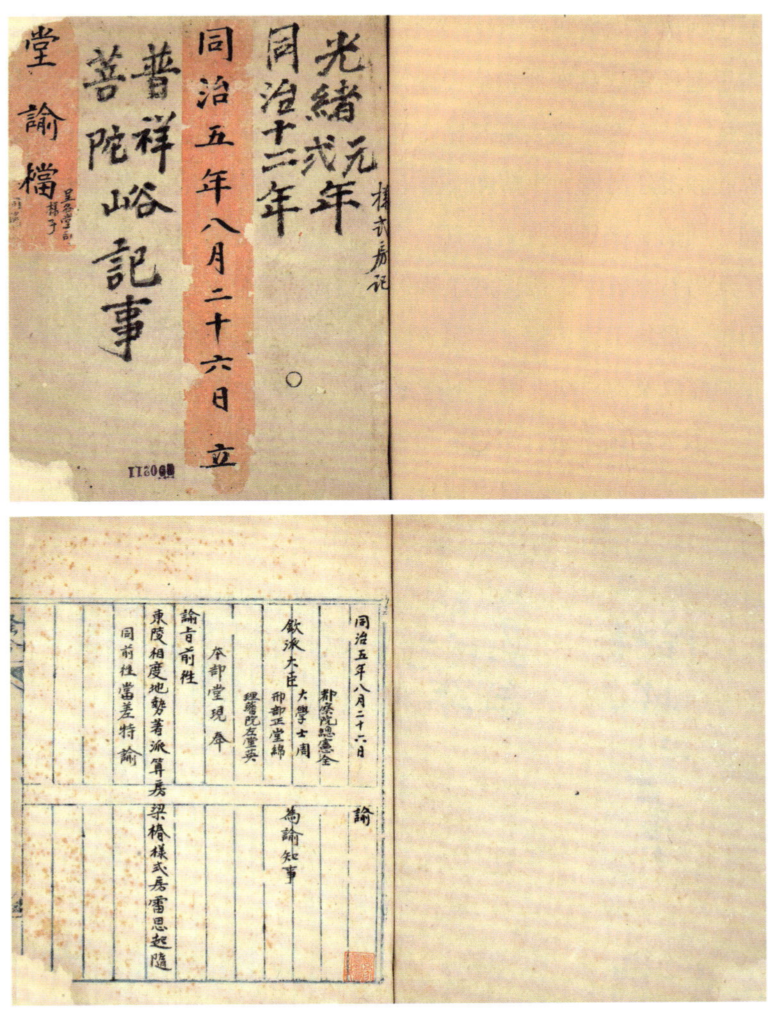
光緒元年
同治十二年
同治五年八月二十六日立
普祥峪菩陀峪記事
堂諭檔
樣式房記

同治五年八月二十六日
諭
都察院總憲全
大學士周
刑部正堂綿
理藩院左堂英
欽派大臣
為諭知事
本部堂現奉
諭旨前往
東陵相度地勢著派算房梁樁樣式房雷思起隨
同前往當差特諭

366-0211-01　普祥峪菩陀峪记事堂谕档

1 册，27×23cm。文中记录了雷思起从同治五年（1866）八月接到相度定东陵地势的谕旨起，直到光绪二年（1876）带病回京，十一年间在定东陵的工作情况。

同治十二年（1873），皇帝亲政，结束了太后垂帘听政的局面。为了迎接慈禧太后四十寿辰，同治皇帝决定重修圆明园。雷思起为此献上了全盛时期的《圆明园、绮春园、长春园全图》。据相关学者研究，慈禧太后要求雷思起在一个月内做出所有宫殿的画样和烫样。她还对自己的寝宫天地一家春的烫样进行了仔细审查，亲手画出了内檐装修图样，令雷思起照此进行修改，并抓紧建造。雷思起与雷廷昌奉命担纲设计，夜以继日地制作了数千件画样和烫样，被皇帝、皇太后频频召见，乃至论功行赏，例如每月为雷思起和雷廷昌增加津贴和饭银十两。《雷氏族谱》中也有相关记载，如“同治十三年四月十八日，奉旨召见一次，五月初六、八日同子廷昌召见五次，因园庭工程”。然而，重修圆明园遇到极大的困难，最终不得不停工。园子修得半途而废，样式雷制作的数千张画样以及烫样却保留了下来，成为后人研究圆明园的宝贵资料。

因为功绩卓著，雷思起和雷廷昌父子俩屡屡获得朝廷褒奖。同治二年（1863）蒙覃恩诰封雷思起及其父母为五品奉政大夫。同治四年（1865）雷思起本人又蒙赏盐大使衔。光绪元年（1875）再蒙覃恩诰封雷思起及其父母、祖父母为二品通奉大夫等，据《雷氏族谱》记载，“覃恩封典，诰命四轴，现银八百八十八两，捐米一百七十七石六斗，由户部换给执照收讫”。

第七代：雷廷昌

上阵父子兵　同获御赐顶戴

雷廷昌，字辅臣，又字恩绶，出生于道光二十五年（1845），是雷思起的长子。雷廷昌未满十三岁就开始跟随父亲雷思起学习样式房事务，熟练掌握了画样、烫样以及其他建筑技艺，并在众多皇家建筑工程实践中经受历练。

成年以后，雷廷昌协助父亲承担定陵、定东陵、惠陵和北海、中海、南海等大型工程的设计，以及重修圆明园的方案设计。同治六年（1867），雷廷昌被赏赐布政司理问衔。同治十二年（1873），为了嘉许雷思起、雷廷昌父子在重修圆明园工程中的突出贡献，慈禧太后和同治皇帝恩赏雷思起二品顶戴、雷廷昌三品顶戴。雷思起去世后，雷廷昌接替他担任样式房掌案，开始独立主持相关工程，例如重建天坛祈年殿及紫禁城太和门、办理慈禧太后万寿庆典的点景楼台等。重修圆明园被迫停止以后，慈禧依旧不死心，在光绪二十二年（1896）又开始修建圆明园的课农轩等工程。据相关学者研究，光绪二十四年（1898）五月，慈禧又"著传知样式房雷廷昌，务于三十日辰刻携带天地一家春全分图样至档房预备。莫误"。圆明园的局部整修活动，直到慈禧太后去世为止才结束。

光绪二十六年（1900），八国联军入侵，北京城和城内外各类皇家建筑再度罹劫。在后来相应的大规模修复乃至重建工程中，如北京正阳门及箭楼等城楼、大高玄殿、中南海，特别是颐和园的重建等，雷廷昌及其子雷献彩不辞辛劳，为重整国都风貌作出了巨大贡献。光绪二十七年（1901），在慈禧太后的默许之下，清廷开始进行改革，力图在军事、官制、法律、商业、教育等方面进行系统性的革新，史称庚子新政。与之对应，一系列仿效西方的建筑也开始动工，例如海军部、中海海晏堂、乐善园畅观楼等。新式洋楼拔地而起，雷廷昌和雷献彩父子也在相关设计中展现出

雷廷昌画像（首都博物馆藏）

雷思起长子，清道光二十五年（1845）生，同光朝随父参与定陵、定东陵、惠陵及三海等工程，父殁后继任掌案，曾主持万寿山庆典及颐和园重修设计。光绪三年（1877）以候选大理寺丞保赏加员外郎。

非凡的创作才能。

不过，囿于时局和国家经济状况，雷廷昌负责的最主要的样式房工程仍然是设计和修建皇帝与后妃的陵寝。在国家内忧外患、国库吃紧的情况下，朝廷却在同时兴建多座陵寝。同治皇帝十九岁驾崩，其母慈禧为他选定遵化双山峪为万年吉地，而且亲自指挥惠陵的建设。目前留存的样式雷图档陵寝相关内容中，以惠陵居多。究其原因，一是由于惠陵是慈禧为亲生儿子修建的，特别上心，每隔一段时间样式房就要向慈禧进呈已完成工程的图纸；二是由于工程反复次数较多，所以留下的图纸也多。光绪三年（1877），雷廷昌因惠陵金券合龙和隆恩殿上梁有功，以候选大理寺丞、列保赏加员外郎衔。

同治十二年（1873）为慈安、慈禧两太后在普祥峪、菩陀峪勘察万年吉地时，雷廷昌年近半百的父亲雷思起尽管也随召前往，但是雷廷昌显然已经成为主力。他和堪舆人员一起踏勘，选定并设计了建在普祥峪的慈安太后陵寝和建在菩陀峪的慈禧太后陵寝。两墓并排建立，规制大小相同，中间只隔一条马槽沟；因坐落在咸丰皇帝定陵之东，故称定东陵。但是，慈禧不愿与慈安平起平坐，于是事后降懿旨将已建好的隆恩殿及东西配殿全部拆除重建，修建成明清时期最为豪华的后陵。光绪十三年（1887），光绪皇帝与慈禧太后共赴西陵九龙峪，确定了万年吉地。雷廷昌也参与了清代最后一座皇帝陵寝——光绪皇帝崇陵的选址和设计。

《雷氏族谱》中缺乏雷廷昌的卒年记载，仅朱启钤先生《样式雷考》一文中明言为光绪三十三年（1907），大概采自雷氏后裔的口述。族谱中还记载了雷廷昌堂兄弟雷廷芳在执业方面的一些情况。“钦加六品顶戴，惠陵金券合龙，大殿上梁褒奖，监生雷廷芳以巡检选用”。雷廷芳是雷景修三子雷思泰的长子。

第八代：雷献彩

末世绝响　得真传却无后继

雷献彩，字霞峰，出生于光绪三年（1877）。雷献彩实为雷廷昌次子，但因雷廷昌长子一岁多便夭亡，所以雷献彩实际排行最大。雷献彩曾经先后两次娶妻关氏和徐氏，但是始终没有子嗣。清王朝无以为继，雷家样式房掌案一脉也是子嗣无出，国运与家运的惊人巧合，令人唏嘘感慨。随着清王朝的覆灭，雷家失去生计来源，致使雷献彩无声无息地诀别了人世，连族谱上都没有留下卒年记载。

雷献彩应当也是很早就开始跟随父亲雷廷昌在样式房学习世传差事。在国家图书馆藏样式雷图档中，有几幅雷献彩的练习作品。作品线条流畅自然，人物栩栩如生，足见其出身建筑世家的家学渊源。

雷献彩练习作品

据相关学者研究，圆明园样式房《堂谕、旨议、司谕档记》记载，光绪二十三年（1897）四月初七日堂谕后，首次出现了“掌案霞峰去”。这说明至迟在光绪二十三年，年仅二十岁的雷献彩已担任掌案一职。这一年，慈禧太后再度启动了圆明园的重修工程。作为样式房掌案的雷献彩，带领样式房完成了天地一家春、慎修永思、四宜书屋、鸣鹤园等处的重建及内檐装修设计，与课农轩、观澜堂、藻园门等处的修缮设计。样式雷抄录的《旨意档》《堂司谕档》显示，在此期间，他们曾多次得到光绪皇帝和慈禧太后的接见。只可惜，国运不济，圆明园的重修只能是一纸空谈。

此后，雷献彩和父亲雷廷昌一起承担了普陀峪定东陵的重建，被八国联军损毁的京城、宫苑、坛庙、府邸等皇家建筑的重建与修缮，以及清末新政期间各类新式洋房的设计等工程。雷廷昌去世后，雷献彩独立主持了崇陵、摄政王府等重大工程设计。

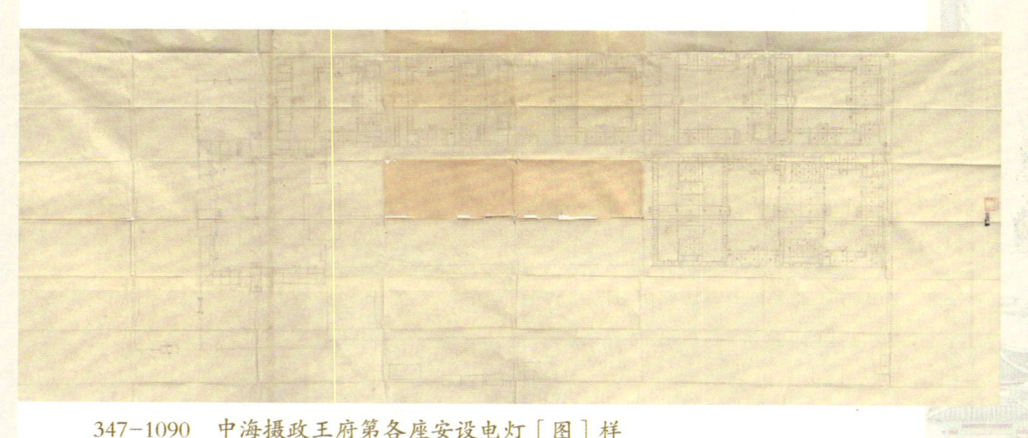

347-1090　中海摄政王府第各座安设电灯［图］样

1张，多色，170×71cm。摄政王府位于中海西岸，为宣统元年（1909）所建摄政王载沣府第。此图以细墨线勾勒摄政王府的房屋平面图，并以红色符号标识各处安装电灯的位置。电灯为西方舶来品，此图从一个特殊角度反映了近代社会的发展和变化情况。

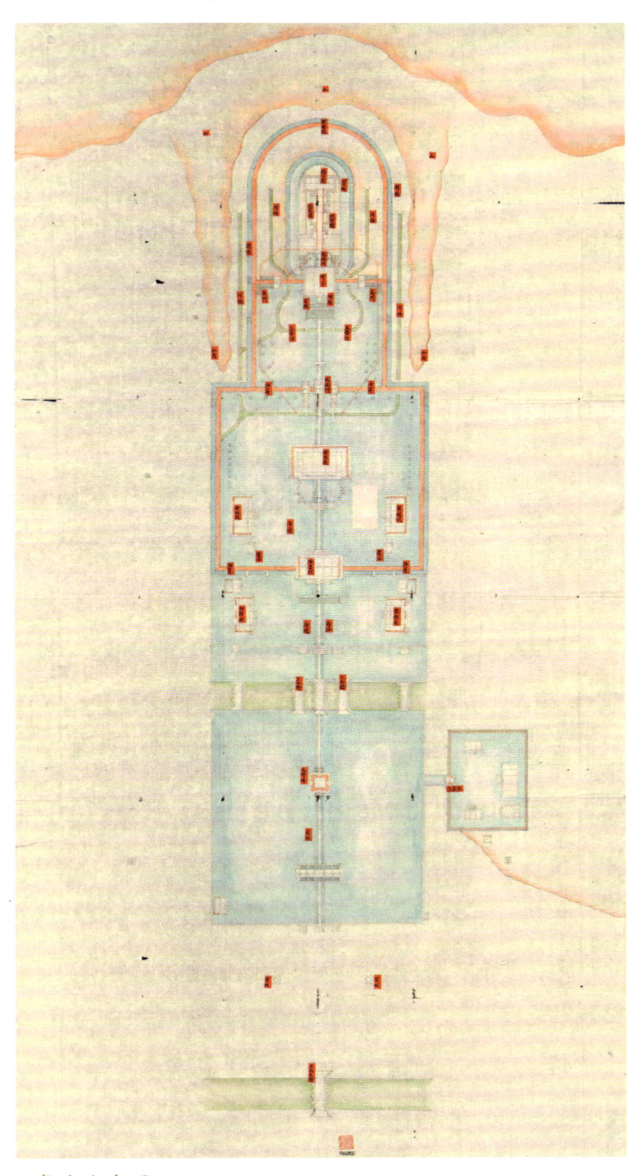

333-0066-02　崇陵地盘图

1张，多色，135×69cm。崇陵是光绪皇帝和孝定景皇后（隆裕太后）的合葬陵寝，位于清西陵泰陵东北面的金龙峪。本图为崇陵建筑平面图，全图色彩鲜艳，绘制精细，表现了崇陵的陵寝规制与建筑情况，图上贴红签注明各部分名称。

据相关学者研究，日本东京大学东洋文化研究所藏有一张《各堂派各厂商赴惠陵办理勘丈事单》，上有“样式房雷献祥”六字。据此大约能知，和雷献彩同为献字辈的雷献祥也曾在崇陵工程处样式房当差，并曾奉承修大臣载洵派遣，前往惠陵勘丈绘图。雷献祥为雷景修之兄雷广修之曾孙，然而家谱缺载，生、卒、葬、娶等情况皆不详。

1933年春，家住东观音寺胡同的雷廷昌三子雷献瑞、六子雷献华兄弟将11册《雷氏族谱》及先辈有关信札、文件、部分样式雷画样，以及朱启钤《样式雷考》遗稿、札记等，总计35册送交中国营造学社。这批文献后来转交给了文物研究所，也就是现在的中国文化遗产研究院。据中国文化遗产研究院的藏书目录记载，这批文献包括《样式雷图样暨雷氏族谱资料汇编不分卷》1包23册、《样子雷资料辑存不分卷》1册、《仪鸾殿福昌殿后照楼海晏堂仿俄馆样式楼装修立样》1包7册以及《清惠陵园寝殿阁器物铜活图样册》1包4册等。雷献瑞将雷氏家谱送交中国营造学社的目的，是希望朱启钤能为其先祖作传。相信这也是朱启钤作《样式雷考》的缘由之一。

国家图书馆藏有一幅民国四年（1915）五月绘制的《开采泰安煤矿公司矿区图》。其绘制方法与样式雷绘制的图样几无区别，并不符合近代工厂矿山设计的要求。可见雷氏后人也曾做过努力，可惜传统的技艺已经无法跟上时代的需求，样式雷后人已难以在新时代执业。据说朱启钤先生曾为雷家一位后裔谋过一份铁路上的差事，这一家后来出了技师和大学生。在中国营造学社的遗物中有两封雷献瑞写给朱启钤的求职信函。其中一封信中提到，“近悉六胞弟献华谬荷提携在津位置一事，不胜心感”，信中既可读出雷家后人的无奈，也让我们知道朱启钤确实帮助过样式雷后人，只是不知这位“献华”是否就是那位“后裔”。

雷氏后人现状

1911年辛亥革命爆发后，清王朝退出历史舞台，皇家建筑设计和样式房差务也迅速凋敝。尽管结局如斯，样式雷家族八代人仍然以他们赓续二百多年的技术和艺术创作实践，在规模宏大、丰富多彩的清代皇家建筑上留下了“样式雷”的深刻烙印。样式雷参与设计和建设的建筑，成为中国乃至全人类的优秀文化遗产，也成为如今人们景仰样式雷世家光辉业绩的不朽丰碑。那么，在样式雷之后，雷家后人状况如何呢？

根据《雷氏族谱》的记载，雷氏族人的名字基本按照族谱中记载的字派排列。雷氏第三十八世雷本庄公垂示二十字，依次是“景仲中正永，玉振发金声，家修思廷献，文章冠世英”。八代样式雷的名字都囊括在其中。至雷景修修订族谱时，他又立了二十字用于续接，分别是“万代承恩远，锡光嘉荫长，翰芳隆业庆，贤俊兆祯祥”。

民国初期，袁世凯为了登基称帝，准备修缮紫禁城三大殿，朱启钤先生为此常在宫中走动，接触了一些老工匠，认识了样式雷后裔，也因此注意到样式雷的建筑成果。朱先生认为这些图档是非常宝贵的资料，打算收集后开展研究。不过，彼时雷家也觉得这些资料珍贵，意欲自己收藏。朱先生当时并没有任何收获。直到1930年5月，家住北京西直门东观音寺胡同的雷氏嫡支雷献春，因生活所迫，四处求售其先辈庋藏的大量图档。1930年末，居于西城水车胡同的雷氏别支雷献祥之子雷文元也开始出售其先辈所藏烫样。据说当时的书市上、小摊上，都有图纸贩卖，甚至吸引了日本人、中法大学相关人员的注意。时任中国营造学社社长的朱启钤先生得知消息后，不忍文物流散国外，一面亲访雷宅谈判，一面四处募款。最终中华教育文化基金会拨款，北平图书馆（今国家图书馆）购回并保存了上述图档和烫样。这些情况在当年的《中国营造学社汇刊》上都有记载。在此后的几年中，北平图书馆又先后从雷氏后裔手中购得零星图样。

据梁思成夫人林洙女士回忆，在1958年或1959年间，曾有一位三十来岁的天津大学教师来到清华大学建筑系资料室，自称是样式雷家族后代，手中有样式雷资料准备出售。林洙请示了系领导，系领导同意以200多元的价格购买38件图样。

1963年3月，雷氏后裔雷文雄自外地返京探亲，看到当年1月15日《北京日报》第三版刊登的窦武《北京建筑史上的著名人物“样式雷”》一文，第二天就同哥哥雷文桂用板车将家藏先辈遗物捐献给了北京市文物局。据说文物局领导请他们吃了一顿炖肉烙饼，开了收到文物的收据，尔后又寄送了一张奖状。也有一说是当时北京市的刘仁副书记请他们吃面。雷文雄生于天津，长于北京，是雷献华的第二子，抗美援朝战争后分配到京外工作。2000年左右，阳光卫视拍摄《国宝》节目时，曾赴湖北襄樊（现襄阳）采访雷文雄先生，遗憾的是雷文雄未能找到当年那张奖状。

1966年，雷文雄捐赠的这批遗物交由首都历史与建设博物馆筹备处珍藏。按首都博物馆藏《首都历史与建设博物馆筹备处书画登记表》登录的信息来看，遗物中除少量样式雷画样外，尤其珍贵的是八幅身着清廷朝服的样式雷祖先画像，其中男像、女像各四幅。据相关学者研究，梳理雷氏家谱等有关样式雷各代传人及其配偶生平及受封的记载，可判断这些画像应该是雷家玺、雷景修、雷思起、雷廷昌及各自夫人的画像。

雷献瑞有一独子名文相，其长子名章宝。据雷章宝老师回忆："剩下的一些图纸和烫样在'文革'中被舅舅销毁，倒进护城河里了。在'文革'前，我父亲雷文相手里尚存有《雷氏家谱》和一些画样，在'文革'中被我母亲给烧掉了。"雷章宝出生于1950年，曾在北京市古城第四中学担任高级体育老师，是羽毛球国家级裁判。据雷章宝老师讲述，他的祖父们，也就是雷氏献字辈，大约在民国初年分家，分家后一部分住在东观音寺，一部分住在阜内水车胡同。雷献瑞在民国三十年间曾靠在地方法院给人写帖子为生。城里的房屋卖掉后，他于1944年回到巨山村东庙（今巨山小学）教私塾、写状子，以此挣钱养家糊口，1946年春过世。雷文相出生于1918年，年轻时在灯具厂当学徒，因为眼睛有伤，1944年随父亲回到巨山坟地阳宅居住，主要靠修理黑白铁活和在坟地里开田为生。

2024年4月，在江西永修召开"样式雷世界记忆遗产研讨会"后，雷章宝先生告知：其父雷文骧，即族谱上的雷文相，与1952年北京市市长彭真发的阳宅地契上的雷文香是一个人。雷文骧是在世时用的人名章。1963年先人捐赠给首都博物馆的样式雷祖先画像也用的雷文骧一名。现北京市海淀区四季青镇巨山村样式雷祖茔地，可见雷文骧墓碑一座。

据天津大学建筑学院前书记王全德回忆，他20世纪60年代在北京林学院任教时，曾经有一名叫雷文彪的学生，自称是样式雷后裔，还向学院捐赠过一些祖上留下的图纸。后来雷文彪被分配到新疆，就失去了联系。雷文彪应该是雷献华的第三子。

根据王其亨老师的记录，他们在 2000 年找到了样式雷家族的后裔。天津大学建筑学院的张威老师和几位研究生，清明节时分守候在样式雷祖坟附近，终于找到了雷家后人。他们后来又到江西进行了调查。当然，南京西善桥还应当有雷发达、雷金玉的后裔。前面讲到乾隆题写的“古稀”匾额，就曾挂在西善桥雷家的大堂上，只可惜匾额至今了无踪迹。

雷氏祖宅和祖茔

道光二十五年（1845），雷景修参与修订族谱时，撰写了一篇自叙，讲述了样式雷家族始居冯翊，继迁豫章，至明万历年间又迁金陵，后又迁居京城的来龙去脉。雷家从进京伊始，也就是康熙时期开始，就一直居住在海淀镇。原因显而易见，皇家园林大多集中在这一带，住在镇上方便进园当差。雷氏祖宅坐落在海淀镇北部中间东西走向的槐树街，距离畅春园大宫门仅一里多路，距离圆明园也只有三里之遥，进园当差确实非常方便。雷氏祖宅最初的规模不得而知，但是到了雷景修这一代，已是占地广阔。据说雷宅南北宽五六十米，东西长一百二三十米，为三路三进院落。中路有前院、中院和后院，东路有学房院，西路有染坊院、荷花池等。槐树街南侧是德贝子园的北墙。雷宅西墙外是香厂大院胡同，后称香厂子胡同；宅北临著名的老虎洞胡同，这条又窄又长的胡同曾是海淀最繁华的商业街，人称“小大栅栏”；宅东是下洼子胡同。这四条胡同的名称一致沿用到20世纪末。

英法联军焚毁圆明园后，雷景修、雷思起停止差务，携家眷迁居西直门内东观音寺路北。迁居的原因无非有二：一是圆明园被英法联军焚毁后，样式房的主要工作转移到皇宫、三海和东西陵等处，海淀无差可应。二是雷宅在劫难中未能幸免，大部分房屋都被焚毁了。连老虎洞商业街也遭到英法联军的抢劫焚毁，满街铺设的条石都被烈火烤得崩裂，临街的雷宅如何幸免。雷家在海淀镇几乎无房可住，只能迁居，不过仍有眷属留在海淀。

据相关学者研究，光绪二年（1876），雷廷昌花费两千多两银子修复雷氏祖宅并进行了添盖。此后，一部分房屋用于出租，一部分给本家或亲友居住，还有一些房屋直接出售。清末，雷家海淀祖宅应当已经悉数出售。因为在雷家绘制的一幅《城内外各处雷宅置图房产图》中，京城内外多条大街小巷标明了雷家购置的五十处房产，包括西城东观音寺和西直门外大街、北下关等三处住宅，但是其中并未标识槐树街祖宅。20世纪末，雷氏祖宅的原有建筑大多经过拆改重建或添加新建，但最初的格局仍然保留着，有些清代房屋还在使用。可随着拆除海淀镇、建设中关村西区规划的全面实施，槐树街样式雷故居和古老的海淀镇一起，最终被夷为平地。1999年，横穿海淀镇的北四环路建成并通车。样式雷槐树街故居变成了平坦路面。

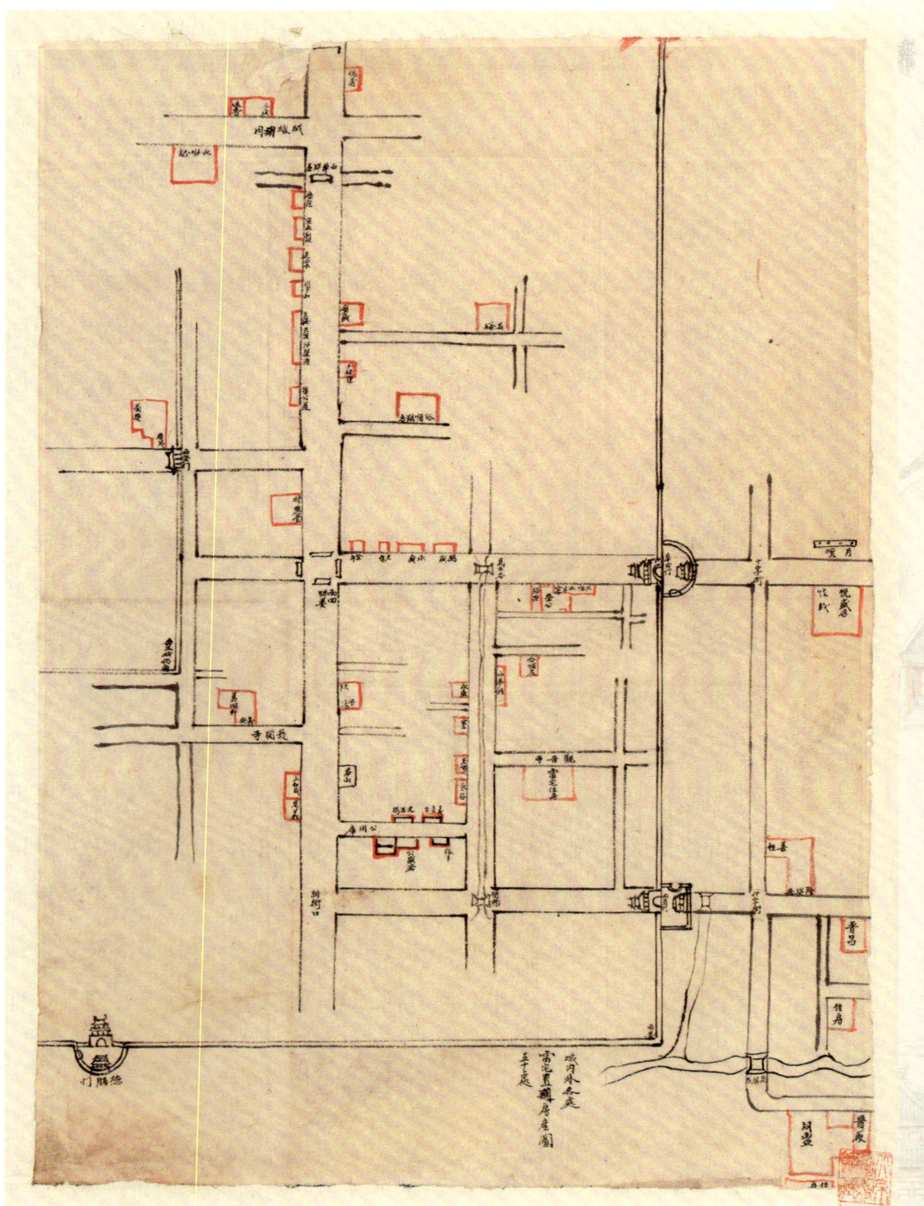

287-0027　城内外各处雷宅置圃房产图

1张，多色，58×40.5cm。

雷氏祖茔修建在京西海淀香山东南麓的巨山村。巨山村，又称聚山村、聚善村、撅山村、绝山村等，此村依山傍水，历来被视为风水宝地。巨山村村庄四周遍布各个年代、各种规格的坟墓。不过，近一百多年来最引人注目的当属雷氏祖茔。雷氏祖茔本在江西，但在雷金玉之后，不断有家人埋葬在北京，例如雷金玉夫人、雷声澂之母张氏就葬于巨山村，雷金玉第五位夫人吴氏及第四子雷声浃则葬于西直门外小南庄。据说，雷家有门姓范的亲戚，家住巨山村，雷家便托范家帮忙在此购得了土地和房产，修建了雷氏祖茔。同治四年（1865），雷景修重修了雷氏祖茔。至雷思起一代，又置办了祖茔东地二段，一段 24 亩，偏西，靠祖茔地边，可以继续用于立茔；另一段 35 亩，可作祭田之费，年终租项可为春、秋祭扫之用。

雷氏祖茔位于巨山村东两道小河之间的平地上，西山流来的泉水从坟地两侧流过。祖茔整体占地 195 亩，头顶八大处，尾指玉泉山，略成东北和西南方向，形状好似一艘船，西面水渠旁有一根一米高的石柱，象征船桩，东面有一堆土，象征船桅。船行的方向对准江西故乡，象征不忘祖宗恩德，寓意雷家人去世后，其灵魂可以乘坐这条船回到江西永修梅棠镇雷家村老家去。整个墓地规划井然。据相关记载，靠村庄这头是西祖茔，占地 43 亩，四周有松墙环绕，北、东、西三面栽种 4 排白杨共 242 棵。阴宅里，在 31 株白果松和 50 株马尾松中间，有排成八字形的 8 座坟墓，其中 3 座较大的宝顶下埋葬着雷家先祖。一座是雷金玉的衣冠冢，葬有其妻张氏，旁边立着雷景修为曾祖修建的汉白玉石碑；一座是雷家玺及其妻张氏的坟墓，旁边立着雷景修为父亲修建的汉白玉石碑；还有一座是雷景修及其妻尹氏的坟墓，旁边立着的是雷思起和雷廷昌为雷景修修建的墓碑和诰封碑。据说墓地的图纸现存于样式雷第十代孙媳妇于淑英处。

雷氏祖茔在民国年间、在20世纪五六十年代的“大跃进”和“文化大革命”中遭到严重破坏，陵树被砍光，墓碑被推倒，宝顶被铲平。巨山村周围所有的坟茔，在20世纪后半叶也全都被夷为平地。

北京市海淀区四季青镇巨山村样式雷家族墓地现状
（2024年4月）

第三章

样式雷图档

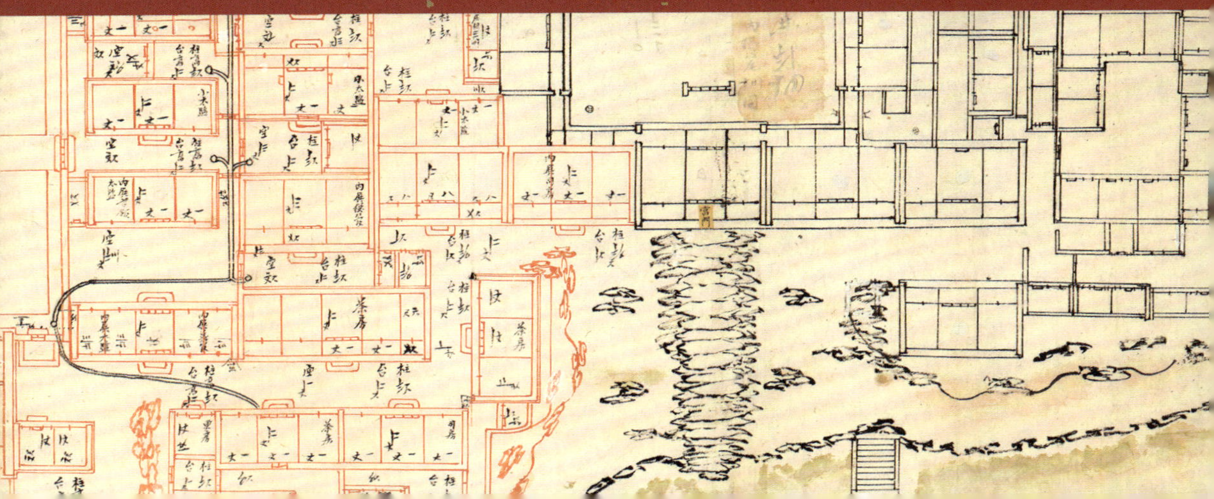

一、“样式雷”图档类型名称

“样式雷”图档内容丰富，从图中建筑来看，图档涉及皇家宫殿、坛庙、园林、行宫、陵寝、府邸等等；从类型来看，图档大到园林宫殿的平面设计图，小到某一建筑窗户画样；从建筑工程技术的角度来看，有测绘图、规划图、设计图、施工图、竣工图等，从图档的形式来分，除了各个阶段的设计图样之外，还有相当于施工设计说明的工程做法、随工日记以及按比例缩小制作的烫样模型。传世的样式雷图档约有 2 万件，以国家图书馆收藏最多，有近 1.5 万件，占四分之三，其中设计图纸约 1.1 万件，文字档约 4 千件。这些样式雷图档对我们研究清代史、科技史、建筑史、图学史，建筑设计思想、理论和方法，施工技术和管理制度以及相关文物建筑保护等，都有着重要的参考价值。

1. 图样

用图样来表达设计意图，是进行科技思维的重要形式之一。图样起着传递建筑技术信息和设计思想的重要功能，被称为科学技术界共同的技术语言，是工程技术的信息载体，也是进行技术交流的重要工具。样式雷图纸既包括样式雷绘制的各种设计图，也包括各种地理选址勘测图；既有非常粗糙的草图，也有绘制精细的画样；既有反映建筑平面情形的地盘样，也有体现建筑立面效果的立样。不同类型的图纸，样式雷都有其专门的名词，这些名称也基本反映了古代建筑设计图纸的通用术语。

地盘样：即现代建筑设计所称的平面图（包括总平面图和局

部平面图），也包括堪舆用地形、地势图样。有时候称地盘图、地盘图样、地盘画样、地盘全样。这类图纸中往往采用贴签的形式表达建筑楼层和不同水平标高。

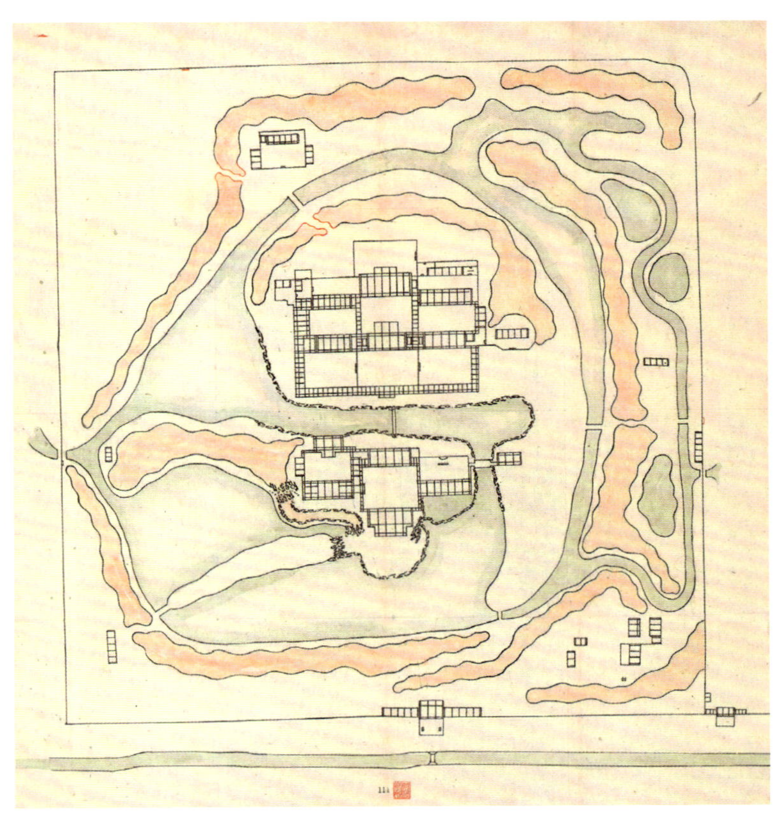

111-0033　近春园地盘样

1张，多色，74.8×70cm。图中用墨线绘出了近春园的山形、水系、建筑物轮廓，其中水系着青色，山着土色，图中未注文字标注。近春园原为康熙皇帝熙春园的中心地带，道光年间，熙春园分为东西二园，西边为近春园，曾为多位王爷的赐园，也是咸丰皇帝做皇子时的旧居。现为清华大学近春园遗址公园，朱自清教授的名篇《荷塘月色》中的荷塘就是指近春园荷塘。

立样：即现代建筑设计所称的立面图、轴测图和剖面图，样式雷统称为立样。立样大致可以分四种。一种是在总平面图上把建筑物画为正立面图，或为线图，或为彩图。这是中国传统画法，其特点接近于现在的效果图，可供帝、后或内务府总管审定，如万寿典景长卷立样图。一种是绘制单体建筑的轴测图，如猫平台楼地盘样轴测立样。

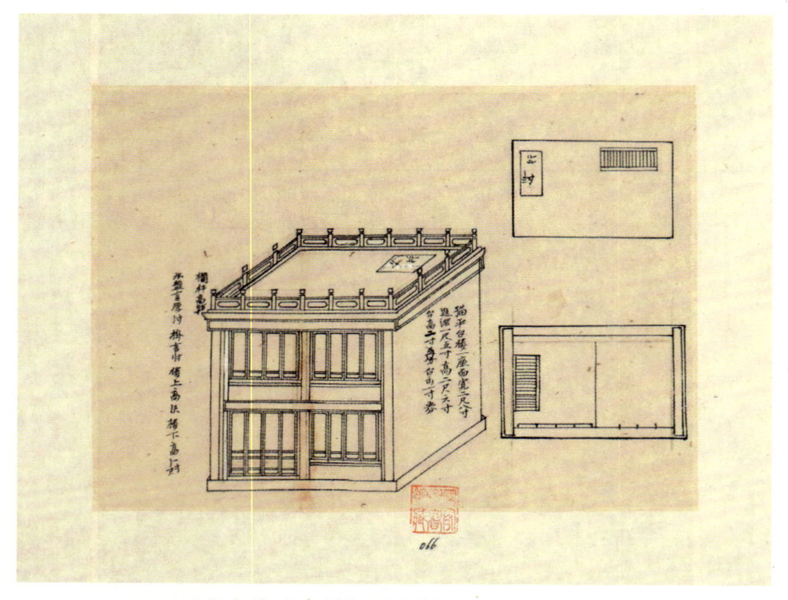

066-0007-01　猫平台楼地盘样轴测立样

1张，单色，21.8×30.2cm。图中标注“猫平台楼一座面宽二尺八寸，进深一尺五寸，高二尺六寸，台高二寸，台出一寸五分”。

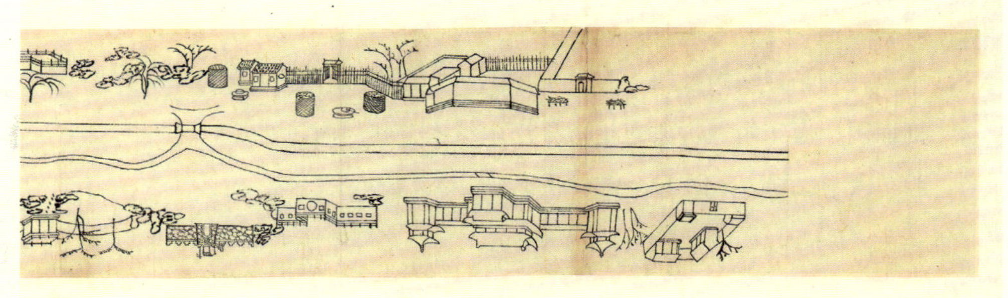

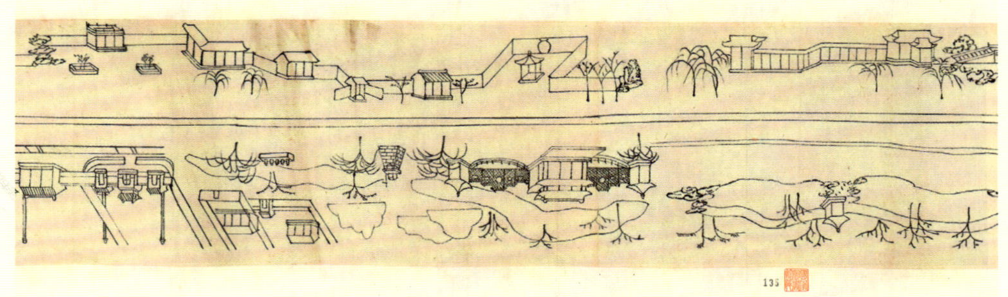

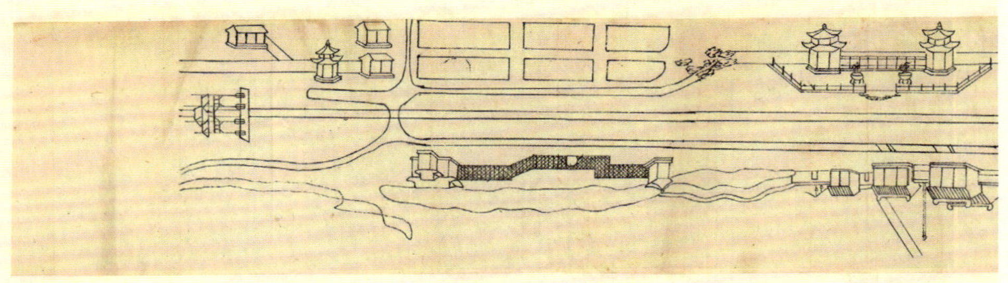

135-0003　万寿典景长卷立样图

1张，单色，17.1×210.6cm。本图采用对景画法，用墨线绘制了万寿庆典巡游路线中各处点景。整幅图以巡游路线为中心，采用对景画法，绘制了路两侧的牌坊、彩亭、鼓亭、经庙经棚等的立体图。对景画法形象传神，有一种身临其境的感觉。

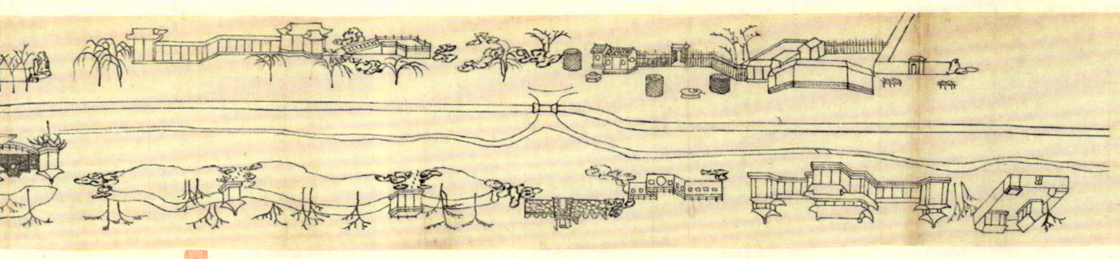

一种是建筑透视图（图 339-0261），还有一种是建筑结构剖面图，由于中国古典建筑常采用木结构，其剖面图通常被称为“大木立样”（图 124-0003）。

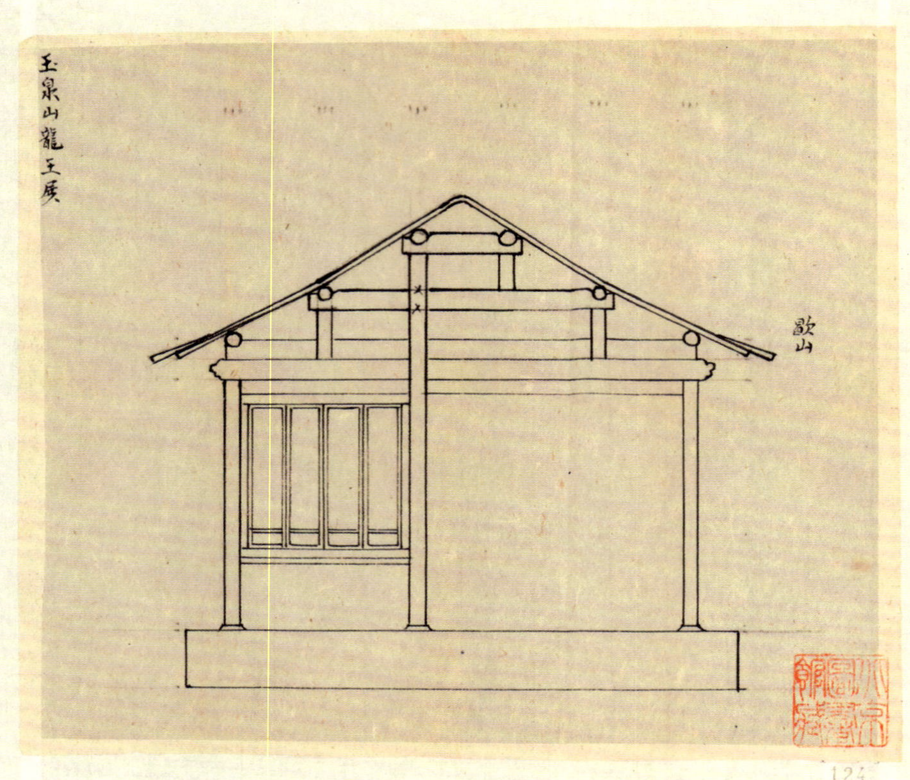

124-0003　玉泉山龙王殿［大木立样］

1 张，单色，21×24cm。图中绘制了玉泉山龙王殿的柱梁构架侧剖面图。

339–0261　圆明园内文源阁图样

一张，多色，74.5×59.5cm。图中采用俯瞰图的形式绘制出了圆明园内文源阁及相关建筑的立体造型，包括围墙、宫门、水池、山石、四方亭、圆光门、游廊、月台等。图中建筑采用立体透视方法绘制，文源阁、宫门，尤其是四方亭，具有强烈的三维空间透视感。文源阁位于圆明园“水木明瑟”景区北面，原称四达亭，乾隆皇帝南巡浙江后，仿照宁波的明代藏书楼天一阁改建而成，专门贮藏《四库全书》。

丈尺样／尺寸样：指详细标明尺寸的图样，通常和别的类型一起。

138-0008　倚虹堂地盘尺寸样

1张，多色，58×89cm。图中用黑红两色勾勒了倚虹堂平面图，有修改和说明。其中黑色为原有设计，红色为修改设计样式及修改说明，图中注有建筑物名称，并详细标注了各处尺寸，有些数字采用苏州码子表示。倚虹堂是清代的码头行宫，位于北京西直门外高梁桥附近，长河北岸。倚虹堂于乾隆十六年（1751）建成，是乾隆皇帝弘历为圣母皇太后六十大寿所建，可在此乘舟至颐和园，也可在此易辇进宫。

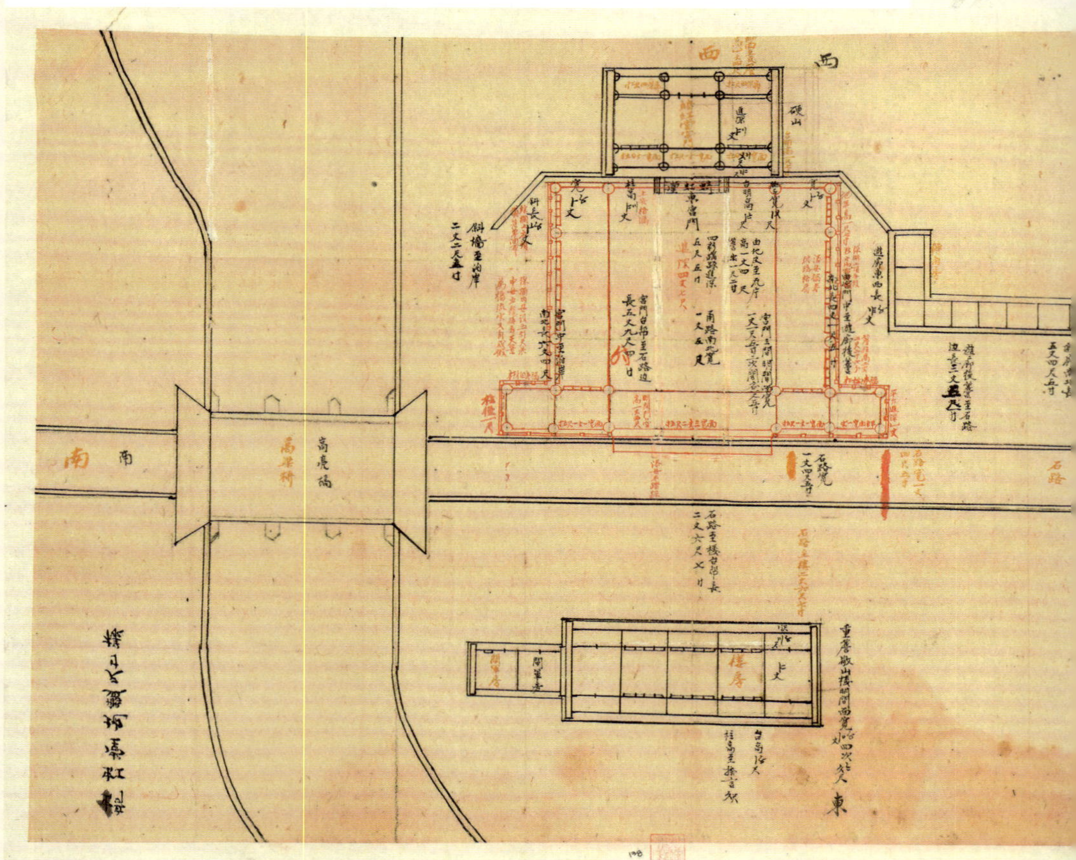

底/样：有些图纸是留作绘制准样、细样时的根据，作为核对所需而保存下来的原始依据的底图，通常称为底样或样底。“底样”前经常搭配“糙”“粗”“细”“准”“进呈”“废”等词来反映设计图纸绘制精细程度。一般要画出粗图、糙图，即现在的草图、原图，再雕琢成精图、细图，然后经批准后成为准底，依据准底描绘出呈报朝廷或上峰审阅的呈览底。

“糙样”是简单勾勒的设计草图，绘制潦草，并无留底之意。

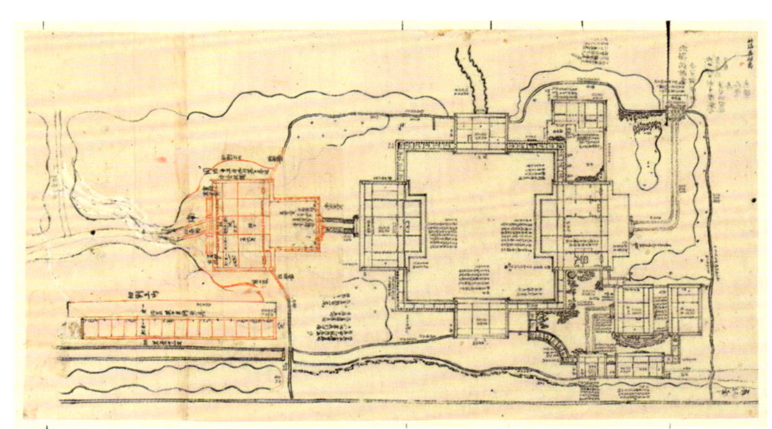

161-0003　北海画舫斋［地盘糙样］

1张，多色，148×80.5cm。图中用黑红两色绘出了画舫斋的平面图样、修改和说明。画舫斋是清代行宫建筑，在北海东岸。画舫斋是一座以方形水池为中心，回廊四匝的幽静庭院，主体建筑坐北朝南，东西为“镜香”“观妙”二室。

“糙底”一般为标注尺寸的设计草图或测绘底稿。糙底往往徒手绘制，图面或背面注明工程项目，文字、尺寸的标注都比较详细。

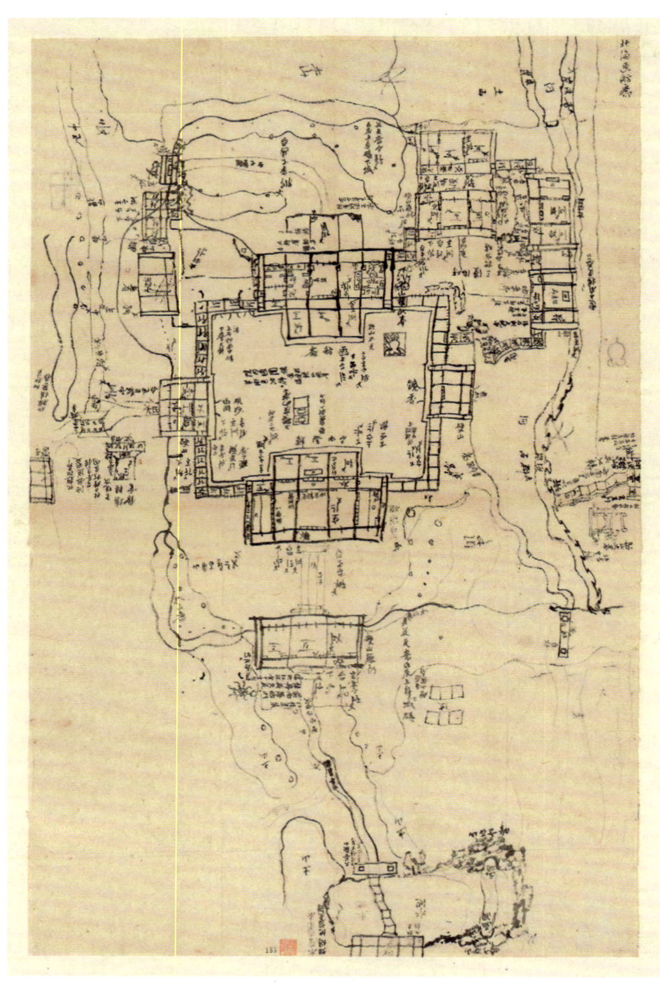

155-0001-07　北海画舫斋［地盘糙底］

1张，单色，91×59cm。此图为北海画舫斋的草图样，为徒手绘制，有各建筑标注和说明，还用苏州码子标注了各建筑尺寸。

“细底”相对于糙底而言标注更细致整齐，绘制更精确，但是从图纸质量上很难直接区分，仅能依靠图名或图面上标注的“细底”“细准底”的字样来判断。

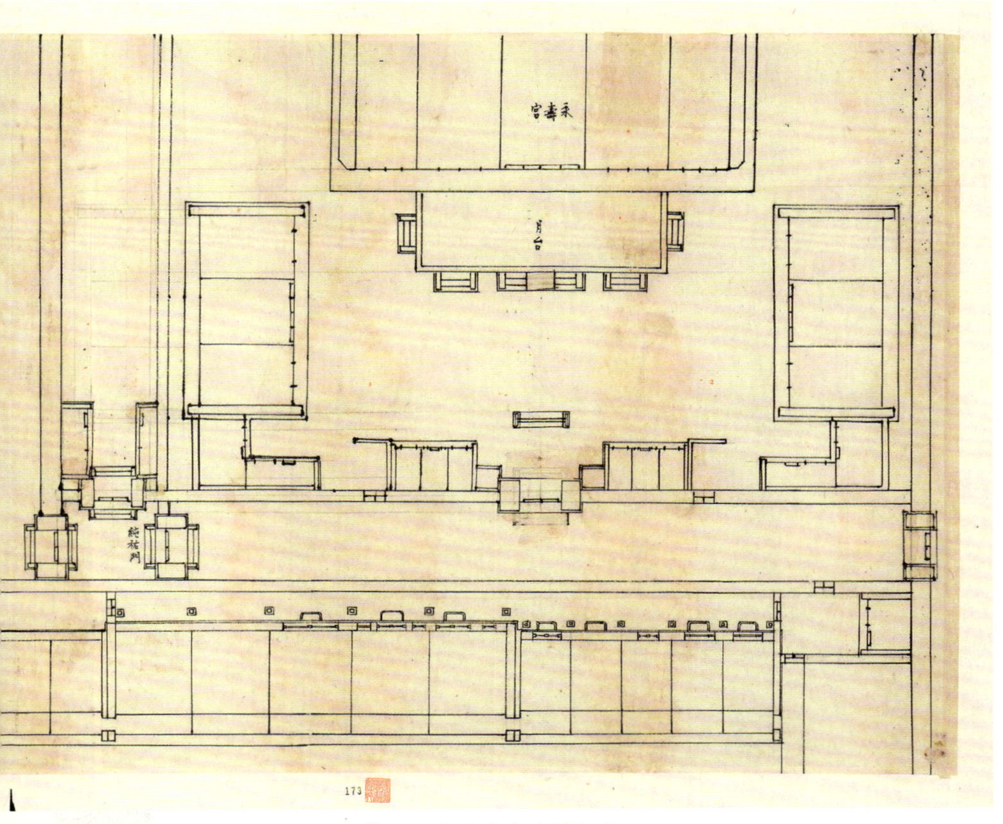

173-0002　养心殿后殿地盘画样细底

1张，单色，49.7×78.5cm。图中墨线绘出养心殿后殿平面图样，未标注尺寸，仅标注“纯佑门”“永寿宫”“月台”。图背后有说明“咸丰六年十一月十八日查得养心殿后殿地盘画样细底”。

“进呈样”是进呈有司或帝后的图样。一般题名或图面上并不会标注“进呈”的字样，但是“进呈样”上往往贴有黄色、红色的签条，书写图名、方位、房间数量、构件名称、丈尺做法等等。

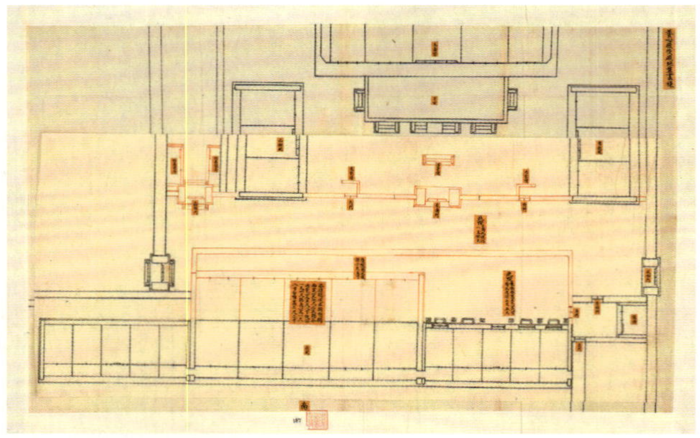

167-0029　养心殿后殿地盘画样

1张，多色，45×73cm。图中用红黑两色绘出养心殿平面图样，黑色为原设计图稿，红色为修改方案，未标注尺寸，用黄签标注各建筑名称及部分院落尺寸说明。

“废底”，作废的图样则称为“废底”。

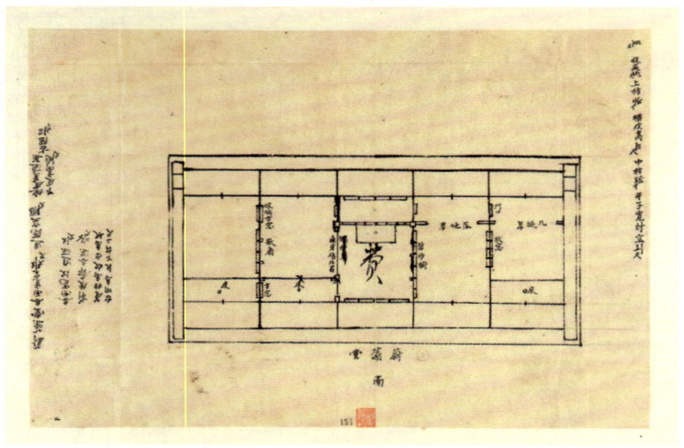

155-0002-03　蔚藻堂［废地盘样］

1张，单色，33.8×51.4cm。图为蔚藻堂内檐装修地盘样。图样下方标注有“蔚藻堂”，图上注一“费”字，两侧有一些尺寸说明。

2. 烫样

烫样是根据建筑物设计图纸所拟定的尺寸式样，按一定比例做成的模型小样。制作建筑模型自古就有，为什么清代称之为“烫样”呢？因为制作烫样时，有的部位需用小型烙铁熨烫成型，所以叫做烫样。留传下来的“样式雷”烫样大多收藏在故宫博物院，烫样模型涉及圆明园、万春园、颐和园、北海、中南海、故宫、景山、天坛、东陵等处。

制作烫样所用的材料包括纸张、秫秸、木头和水胶等。所用的纸张多为元书纸、麻呈文纸、高丽纸和东昌纸。木头则多用质地松软、较易加工的红、白松之类。制作烫样的工具包括簇刀、剪子、毛笔、蜡板等简单工具以及特制的小型烙铁，以便熨烫成型，因而名为“烫样”。制作烫样时，先把高丽纸、元书纸、麻文纸粘合起来，晾干形成较硬的纸板，然后以纸板为基础材料根据设计要求进行裁剪制作，一些形体较大的烫样则用木板制作。烫样的柱、檩、柁、枋和椽子等构件多用秫秸和木头制作，上面再敷饰彩绘。烫样的制作说起来简单，实际制作起来则相当复杂，除了墙体屋顶外，屋顶上的瓦垅、窗户的窗棂、内部的陈设如桌椅、床榻、几案等都得如实制作，更令人赞叹的是所有烫样均可层层拆卸，打开烫样屋顶，便可看到内部梁架结构、彩画式样，上面还贴着一个个尺寸标签。所以制作精巧、颇具匠心的样式雷烫样不仅仅是建筑施工的依据，也具有很高的艺术价值，体现了中国古代建筑的艺术成就。

从形式上看，“样式雷”烫样主要有三类。第一类是全分样，即组群建筑烫样，多以一个院落或是一个景区为单位，除表现单座建筑之外，还表现建筑组群的布局和周围环境布置情况。比如慈禧的普陀峪定东陵烫样，从前面的碑亭一直到后面的宝顶，甚至挡水坝，全部用烫样做出来。第二类是分样，即单座建筑烫样，主要表现单座建筑的形式、色彩、材料和各类尺寸数据，如“地安门”烫样。第三类是细样，细样主要展示建筑模型的内部装修细节。日晷、屏风等多以细样展示。

从比例上分，烫样分五分样、寸样、二寸、四寸、五寸等数种。五分样是指烫样的实际尺寸每五分相当于建筑实物的一丈，即烫样与实物之比为 1 : 200。寸样指每一寸作一丈，即 1 : 100，以此类推，根据需要选择适当的比例。

2007 年 9 月，中国国家图书馆和故宫博物院等多家单位主办，善本特藏部承办的“大匠天工——清代‘样式雷’建筑图档荣登《世界记忆名录》特展”中定东陵烫样照片。

3. 文字档

样式雷图档除了图纸外，还有各式各样的文字档案。这些文字档案主要可分为两种。一种是样式房遗存的文字档案。样式雷世家作为样式房机构的负责人，随时要根据皇帝和内务府官衙关于修建圆明园等皇家宫殿园囿和帝后陵寝的谕旨和指示开展工作。另一种是样式雷自己记述的大量随工日记、家书、略节、做法册和账册等。这些纯文字档案也是研究样式雷家族及其建筑设计图样不可或缺的第一手珍贵史料。

谕旨：明代皇帝派侍臣口头下达的命令称圣旨，也称谕旨。清沿明制，谕旨成为皇帝日常发布命令的主要文书。从有关谕旨文字资料的原始名称记录来看，这类文档主要是作为存档资料抄录的各项工程谕旨记录，基层官员和匠役制定出设计方案后，要由皇帝或者相关官员给出的修改意见，其名称根据实际内容分为"旨意档""堂谕档"和"司谕档"，如果含有两种以上的内容，其名称习惯是"旨意堂司谕""堂司谕"，当然也可以称为"旨意档堂司谕档""堂谕司谕档"。其中"旨意档"记录的是皇帝或皇太后的谕旨，"堂谕档"记载的是内务府堂的指示，"司谕档"是内务府营造司的指示和通知。样式房遗存的这些文字档案中，保存了大量同治年间重修圆明园的珍贵资料，如"天地一家春内檐装修的旨意档"中记载了慈禧太后亲自操笔绘制图样的情况："同治十二年十一月十九日天地一家春四卷殿装修样并各座纸片画样，均留中，皇太后自画再听旨意。同年十二月二十二日，天地一家春明间西缝碧纱橱单扇大样，皇太后亲画瓶式如意上梅花要叠落散枝。"

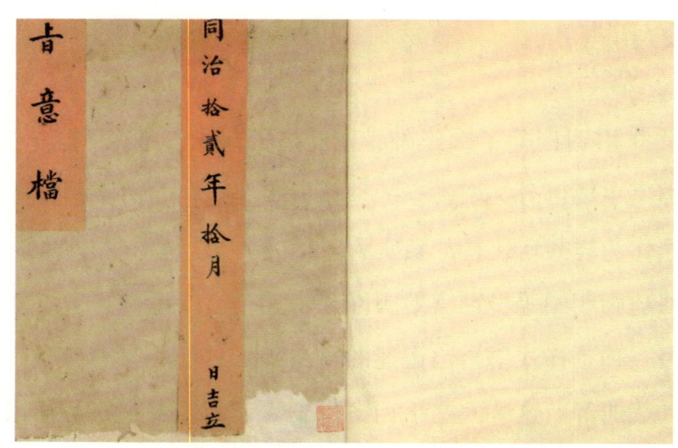

366-0224-01 ［圆明园重修各处工程］旨意档

1册，单色，26.6×22.5cm。此图为圆明园重修工程之旨意档，立于清同治十二年十月（1873.11）。这一年，为迎接慈禧太后四十寿诞，清廷决定重修圆明园，样式雷家族为重建工程制作了大量画样、烫样。本档案正是这一历史事件的反映。

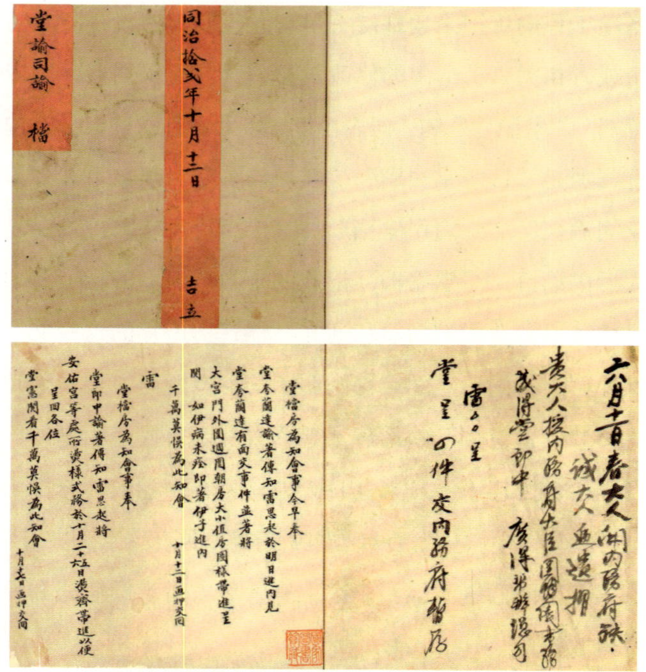

367-0227-01 ［重修圆明园菩陀峪工程］堂谕司谕档

1册，单色，27.5×23.5cm。清同治十二年十月（1873.11）。

奏折: 奏折是中国明、清两代高级官员向皇帝奏事进言的文书，样式雷图档中的奏折数量较少。有“奏修东华门天安门天坛等处奏折底册”，注“光绪十八年二月初八至光绪十九年十二月初三”，内容包括天坛内祈年殿工程需用楠木木价并运脚等银两数目循例奏、宁寿宫路殿工程钱粮数目恭折奏、太庙街门等工钱数目恭折奏、验收八旗堆拨更房工程折奏、南薰殿等处工程钱粮数目折奏、寿皇殿工程钱粮数目恭折奏、雍和宫旗杆工程核明钱粮数目恭折奏、敦宜皇贵妃他坦等处工程钱粮数目恭折奏、验收八旗五营官厅衙门署堆拨工程恭折奏、太庙街门内龙须沟等工程钱粮数目恭折奏、安定门等内外垣并闸楼等工程钱粮数目恭折奏等。

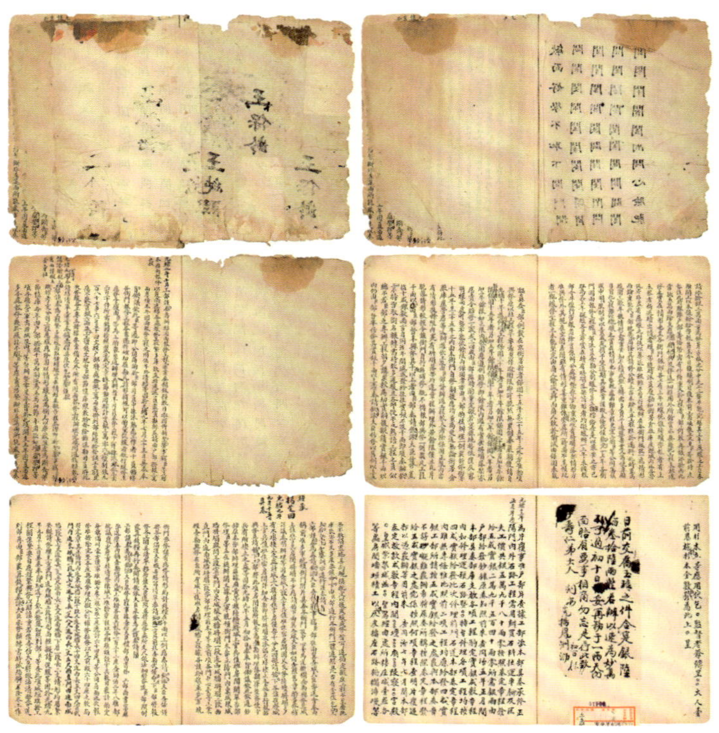

375-0410-01 奏修东华门天安门天坛等处奏折底册
1册，单色，29×24cm。

清册：清册是指将财、物或有关项目清理后详细登记的册子。包括有“做法清册”“做法细册”“做法册”“销算清册”“钱粮清册”“工料清册”“活计清册”等等。关于“做法”的“清册”类字档，涉及工程、尺寸说明、物料、钱粮等方面。与“销算”相关的“清册”类字档，主要是指工料的销算。

187-0001-17　**普祥峪万年吉地各座规制丈尺清册**

1张，单色，14.1×121.3cm。普祥峪定东陵，为清文宗咸丰帝孝贞显皇后（即慈安太后）的陵寝，因为位于咸丰帝定陵之东，所以统称为定东陵，位于河北省遵化市昌瑞山南麓偏西之普祥峪。

黄册：黄册原指明朝为征调赋役而编制的户籍册。一说户口册籍的封面为黄色，故名。明以后，清代亦沿用黄册之名，然其种类甚繁，不尽为户口赋役册，凡进呈“御览”的黄色封面的文件皆称黄册。样式雷图档中“黄册”类文字档资料较少，而且多属于略节、清册，如国图藏 056-0011-04 号“遵照宝华峪黄册尺寸略节”，371-0322-01 号“宝华峪妃衙门黄册”。

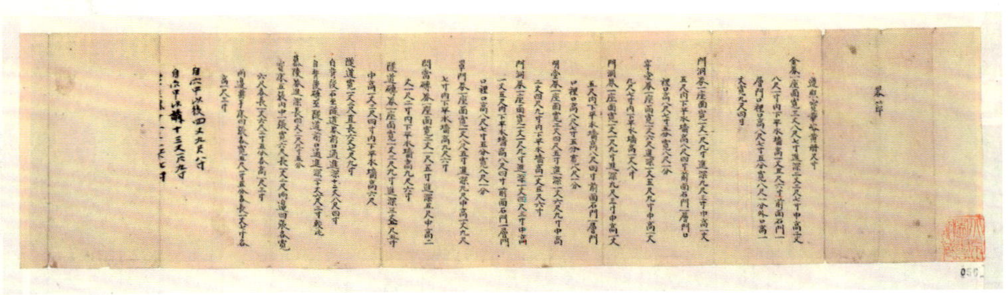

056-0011-04 遵照宝华峪黄册尺寸略节

1 张，单色，13.5×54cm。宝华峪原为道光皇帝在清东陵的陵寝所在地，后因地宫渗水而废弃。

日记：随工日记是样式雷根据自己的职业需要，从选址勘察开始几乎每天都记述的工作情况，日记记录了与工程相关的方方面面，多反映了工程进展方面的内容。如国图藏 368-0237 号“日记随工活计”，为定陵各处工程活计日记，注“同治三年二月十八日开工”，“样式房第一本”字样。

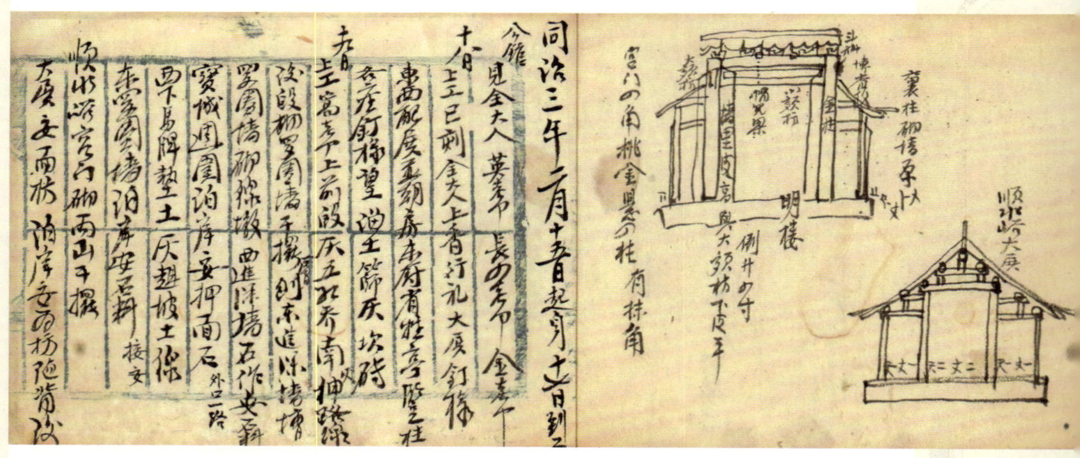

368-0237　［定陵］日记随工活计［册］

1 册，单色，16×22cm。书有“同治三年二月十八日开工”及“样式房第一本”字样，并告诫记录之人“每日记活计要细细写”。

说帖： 说帖是指条陈、建议书一类的文书。国图藏 216-0062 号“说帖”，为平安峪选址说帖。

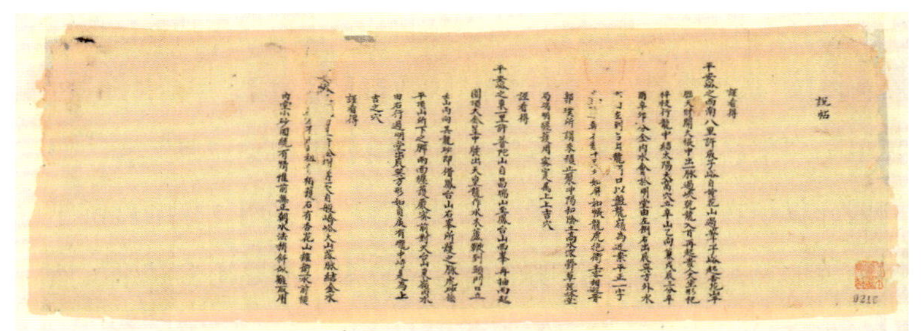

216-0062　说帖

1张，单色，17.1×48.9cm。此为平安峪选址说帖。平安峪为清咸丰皇帝陵寝所在地。

略节：略节是一种简要的书面报告。略节多是以汇报为目的，简要叙述工程、勘察、测量、清查等事的折单或整理汇总折单的簿册。每幅图纸均有相应的略节说明，只有图文并茂才能更完整地解释样式雷世家设计的每一个建筑。如《大清门至坤宁宫中一路图样》和《大清门至坤宁门中一路丈尺略节》、《清夏殿宇房间地盘尺寸画样》和《清夏殿宇房间丈尺数目略节》。

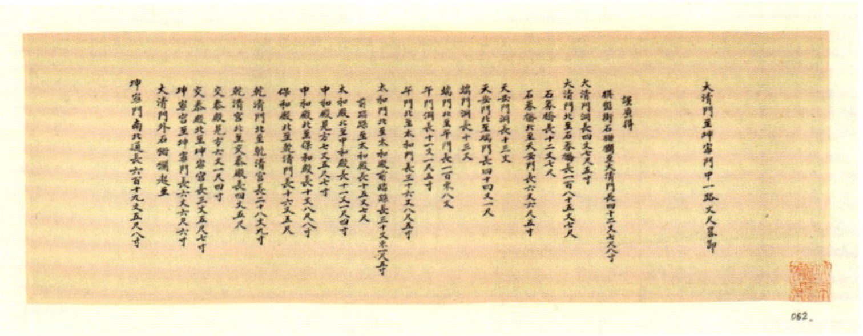

062-0032　大清门至坤宁门中一路丈尺略节

1张，单色，17.8×50.8cm。此幅略节以文字形式描述大清门至坤宁门各处尺寸，与《大清门至坤宁门中一路图样》配套使用。

清单：清单是指详细登记有关项目的明细单。有“活计清单”“工料清单”“数目清单”“工价清单”“数目尺寸清单”“活计单”“丈尺单”“工料单”等等。清单和清册内容类似，“单”和“册”的区分仅仅在于内容的多少。如果内容较少，用一张纸就够了，则为“单”；如果需要说明的内容比较多，需要用多张纸，然后装订成册，则为“册”。因此，反过来推理，“活计”“数目”“尺寸”可能是针对一些较小或较简单的工程项目，而“销算”“丈尺”“做法”则是针对一些较大或较复杂的工程项目。如《开给奉辰苑行文办买板片数目清单》记：“花梨板四万六千斤，紫榆五件，红木五件，楸木五十件，椴木六十件，杉木连截半三十件，杉木连截八十件，杉木连（此三字涂黑墨）截一百五十件，果松木一百件，杉木板一百件，杉木桶板一千余件，楠柏木五十件，樟木三十件，鱼膘三百斤，黄腊二百斤，锉草三百斤，苏木八十斤，长短架木着量办买，竹杆二百根。同治十三年拾月三十日行文天津（文书底），以上采办木植根件倘有尺丈、成色不符应用之处抑或有迁改木色均须当时斟酌妥协，更换拣选上等，随时报明各关税查验免税可也。”

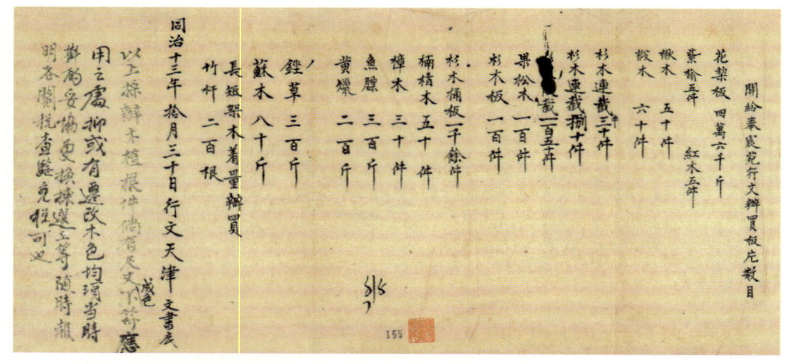
開給奉宸苑行文辦買板片數目
花梨板 四萬六千斤
紫榆五件 紅木五件
楸木 五十件
椴木 六十件
杉木連截半三十件
杉木連截捌十件
杉木連截一百五十件
果松木 一百件
杉木板 一百件
杉木桶板一千餘件
楠柏木五十件
樟木 三十件
魚膘 三百斤
黃蠟 二百斤
銼草 三百斤
蘇木 八十斤
長短架木着量辦買
竹杆 二百根
同治十三年拾月三十日行文天津 文書底
以上採辦木植根件倘有尺丈成色不符應
用之處抑或有遷改木色均須當時
斟酌妥協更換揀選上等隨時報
明各關稅查驗免稅可也
張
155

155-0001-30　开给奉辰苑行文办买板片数目清单

1张，单色，23.2×49.8cm。奉辰苑为内务府所属的管理园囿、河道的机构。

家信：家信多是同治光绪年间，样式雷在清东陵修建定陵、定东陵和惠陵时所写的私人信函，内容涉及他们的工作、生活、家庭及思想品格等方面，从多个侧面记录了两代样式雷的真实生活。信函有涉及工作往来的，其中有些透露出同行竞争、同业竞争的情况，还有信件反映了样式雷在工地上跟班，随时根据施工进展修改设计的状况。

027-0015 ［廷昌叩禀父亲大人信］

1 张，单色，15.2×124.8cm。雷廷昌是雷氏家谱中记载的样式房掌案的第七代传人。他与父亲雷思起先后为咸丰、同治、光绪几位皇帝和慈禧等兴建陵寝，并参与重修圆明园、颐和园、扩建“三海”工程。

其他生活类图档：除了以上文档之外，样式雷图档中还保存了大量反映雷家生活情况的文档，这些文档内容庞杂，种类多样，它们被夹杂在样式雷图纸中得以保存，为我们展示了充满生活气息的清代大家族生活图景。

这些图档包括雷氏出租房屋的契约，例如国图藏《［清光绪二十年立租房契约］》，反映了光绪二十年（1894）陈先生向雷家租借房屋的事件，我们可以从中管窥当时的租金价格和民间订立契约情况；此外还有许多雷家人抄写、阅读的书籍，这些书籍中有些是关于传统营造技艺的，如《［雷氏修造破土法］》，也有些是生活方面的实用书籍，如《［雷氏］化符咒［治病］并针法》等等，这些珍贵的抄本、刻本，为我们保存了时人阅读、抄录、批校书籍的第一手资料，是研究清代民间生活的宝贵史料。除此之外，这些文档中还有雷氏家族往来筹赠的名帖、拜帖，各类账单等等，如《［雷家出行费用账单］》，记录了雷家外出住店的开销账目，也是我们了解清代社会生活的珍贵资料。

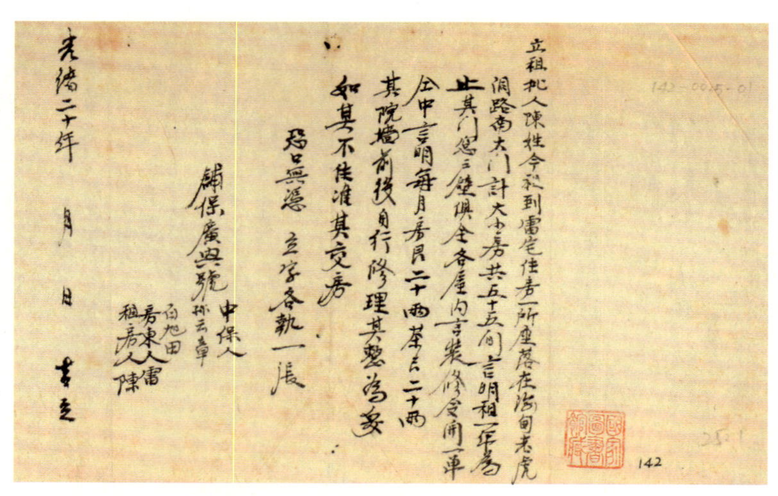
立租批人陳姓今租到雷宅住房一所坐落在海甸老虎
洞路南大門計大小房共五十五間言明租一年為
止其門窗户壁俱全各屋內字裝修全開一單
公中言明每月房銀二十兩茶錢二十兩
其院牆前後自行修理其整為妥
如其不住准其交房
恐口無憑立字各執一張
舖保廣興號 孫云章 中保人
房東人雷 白旭田
租房人陳
光緒二十年 月 日 書立

142-0025-01 ［清光绪二十年立租房契约］

1张，单色，19.7×26cm。此为清光绪二十年（1894）陈先生租借雷家房屋的契约。

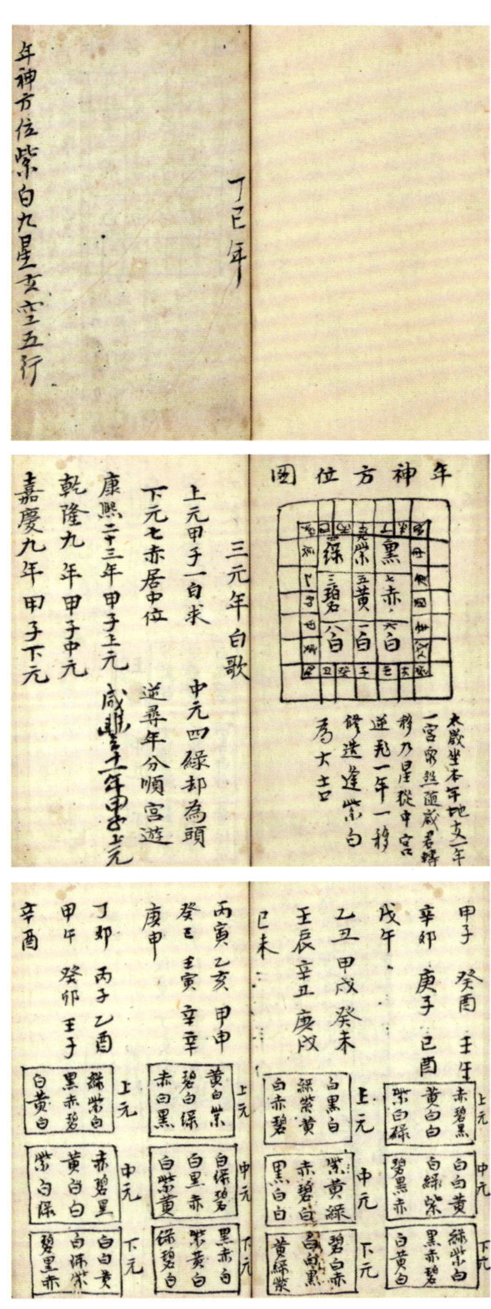
丁巳年

年神方位紫白九星玄空五行

年神方位图

太歲坐本年地支之年一宮常與隨歲君轉移乃星從中宮逆飛一年一移修造逢紫白為大吉

三元年白歌

上元甲子一白求　中元四綠却為頭

下元七赤居中位　逆尋年分順宮遊

康熙二十三年甲子上元　咸[illegible]年甲子上元

乾隆九年甲子中元

嘉慶九年甲子下元

甲子　癸酉　壬午

辛卯　庚子　己酉

戊午

乙丑　甲戌　癸未

壬辰　辛丑　庚戌

己未

丙寅　乙亥　甲申

癸巳　壬寅　辛亥

庚申

丁卯　丙子　乙酉

甲午　癸卯　壬子

辛酉

377-0478　［雷氏修造破土法］

1册，单色，16.2×10.1cm。

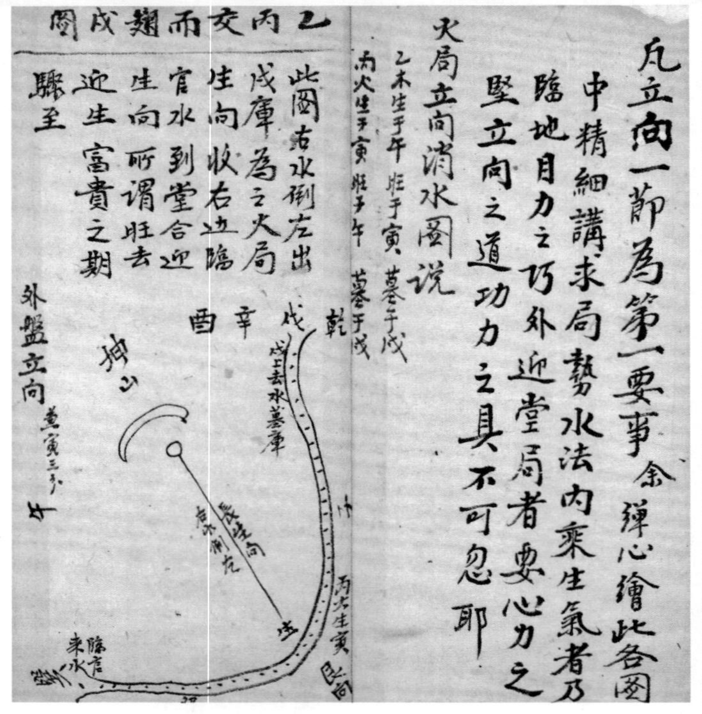

377–0466　平洋金木水火四局正变水法立向图说

1 册，单色，24.2×12.7cm。雷禹门看风水法。

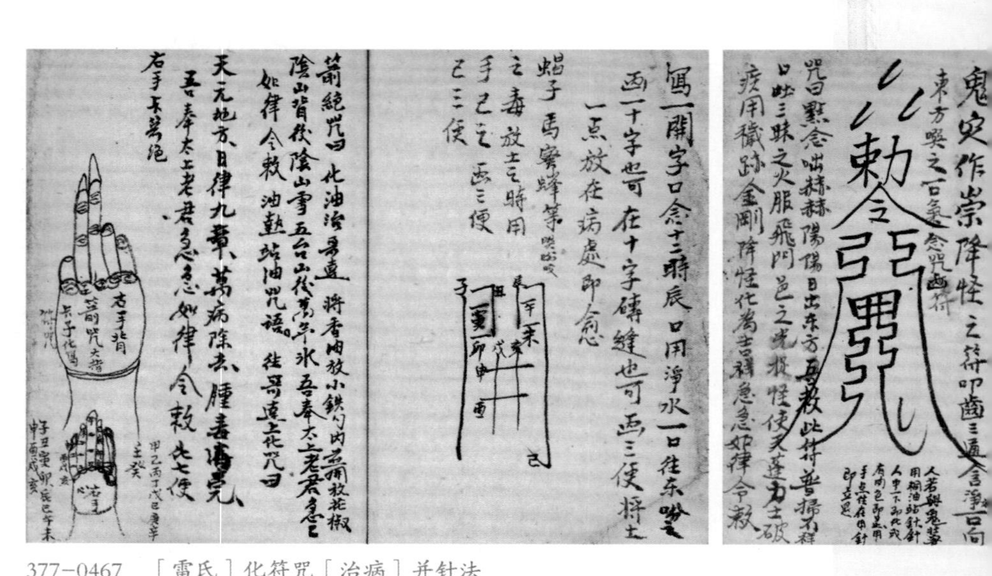

377–0467　［雷氏］化符咒［治病］并针法

1 册，单色，19.3×14.1cm。

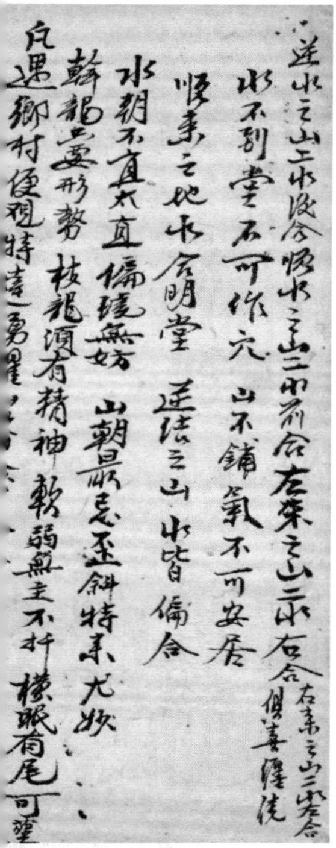

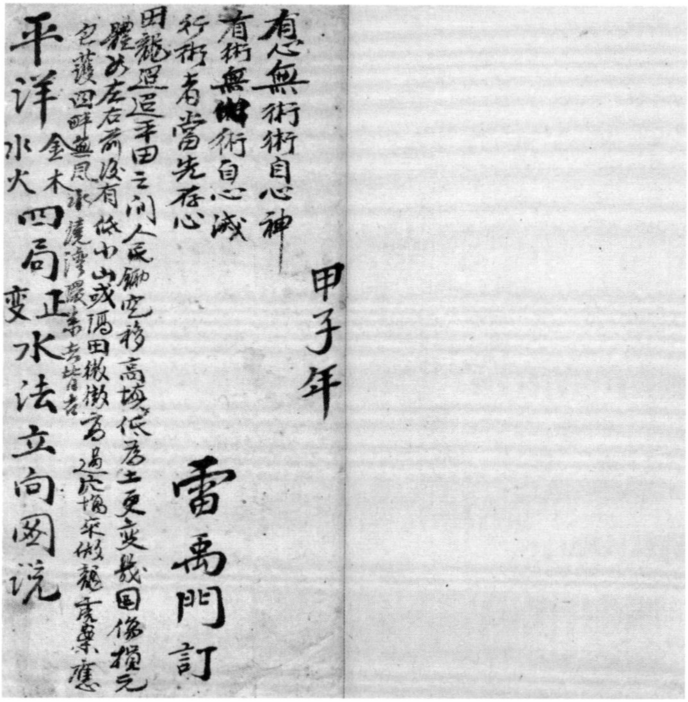

甲子年　雷禹門訂

有心無術術自心神

有術無術術自心滅

術術者當先存心

平洋四局正水法立向図說

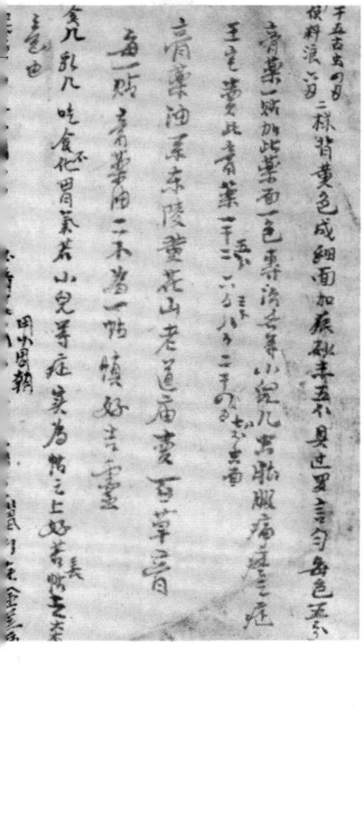

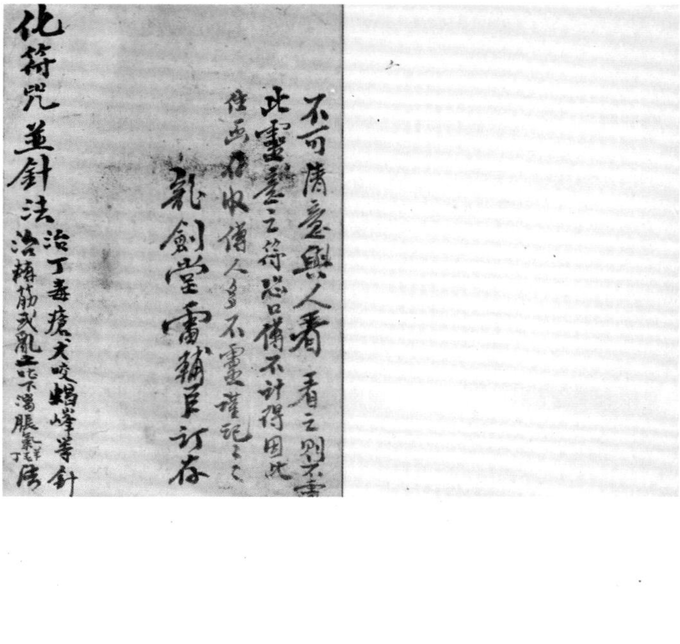

不可濫意與人看

龍劍堂雷輔臣訂存

化符咒並針法

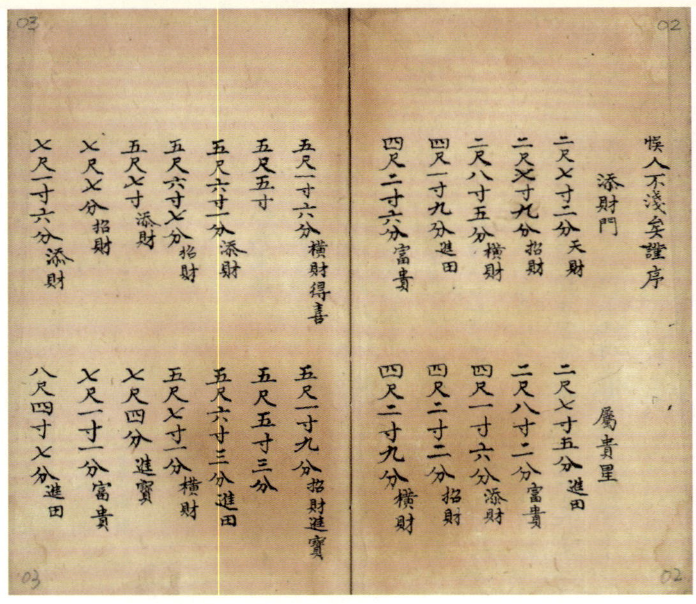

375-0421　鲁公输祖师秘录安门诀序

1册，单色，18×12cm。

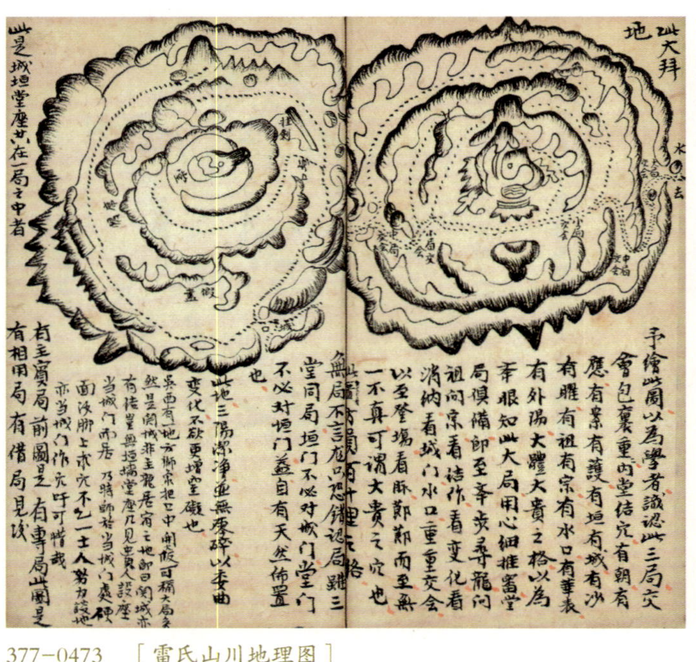

377-0473　［雷氏山川地理图］

1册，单色，23.2×10.8cm。有“清咸丰癸丑冬月永荣氏著”字样。此为风水图说。雷思起，字永荣，号禹门。

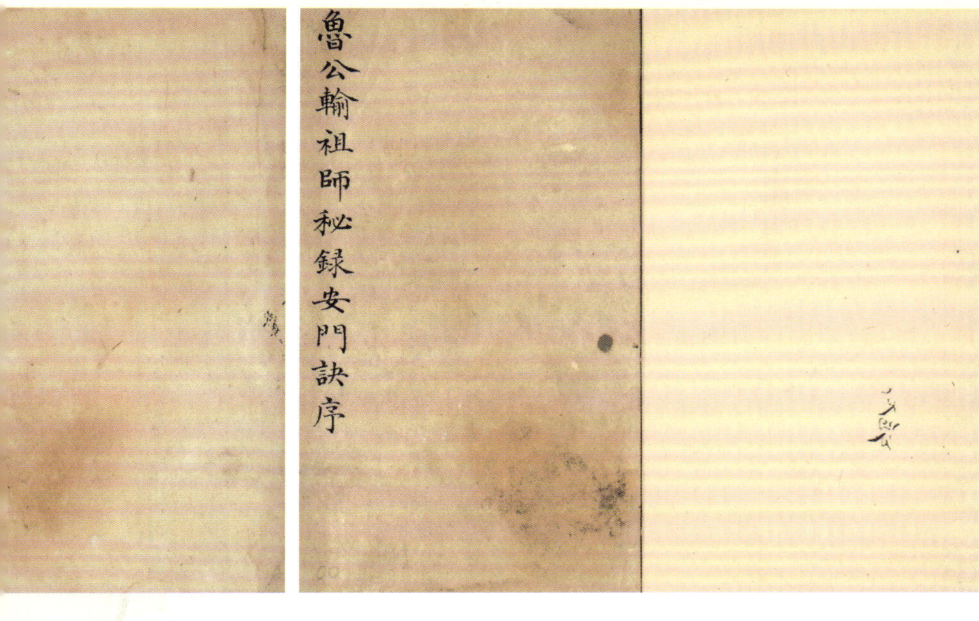

魯公輸祖師秘録安門訣序

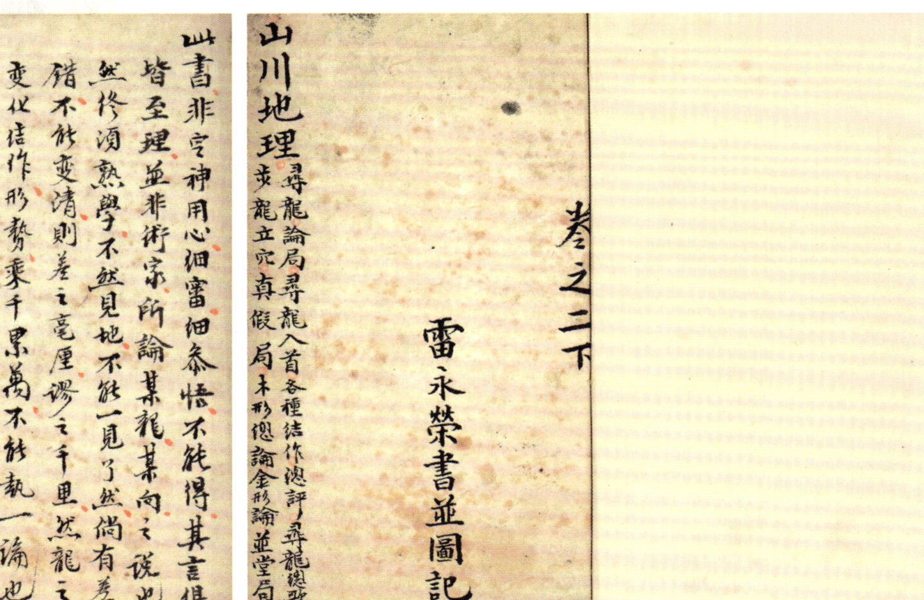

卷之二下

雷永榮書並圖記

山川地理 尋龍論局尋龍入首各種结作總評尋龍總歌圖
步龍立穴真假局木形總論金形論並堂局

此書非空神用心细審细叅悟不能得其言俱皆至理並非術家所論某龍某向之說也然終須熟學不然見地不能一見了然倘有差錯不能変清則差之毫厘謬之千里然龍之变化诘作形勢乘千累萬不能執一論也

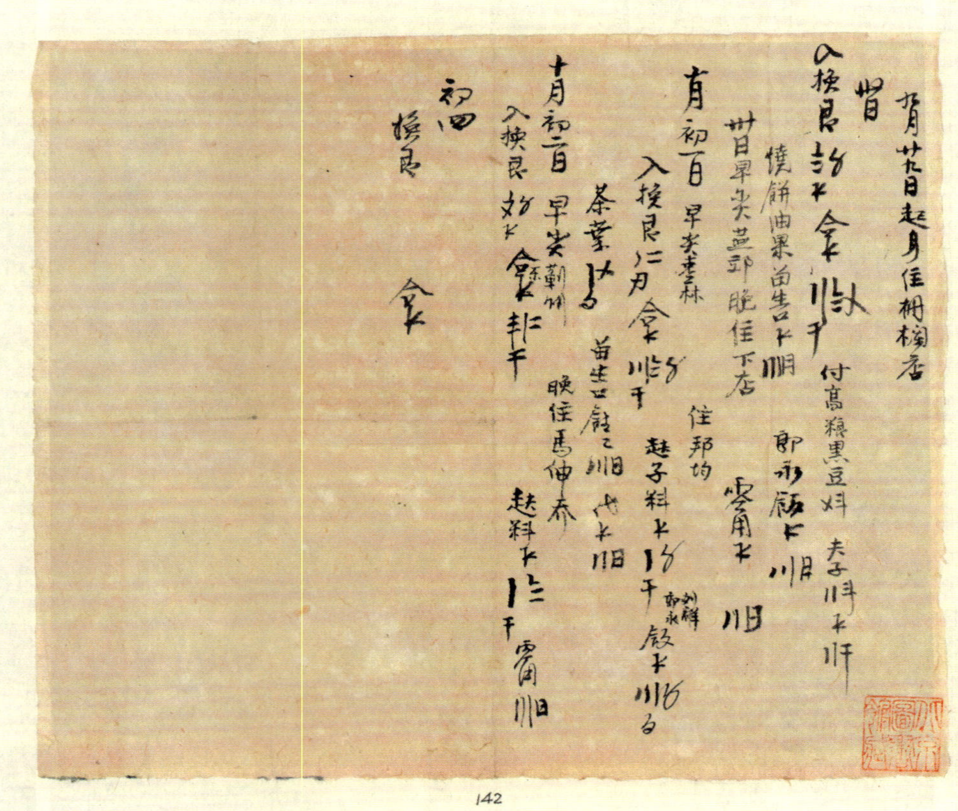

142-0036　[雷家出行费用账单]

1张，单色，26×30cm。此内容为雷家外出住店开销账目。

二、"样式雷"图档中的名称

样式雷图档作为建筑史料，无论是设计图还是文字档中都存在大量历史建筑名称，大至"宫""殿""室"，小至"门""窗""罩"等。如下面几幅样式雷图，就包含了大量的建筑名称。许多建筑名称我们相对熟悉，如"影壁"，尽管是古代建筑的构成，但是我们可以在故宫、北海公园等历史名胜处乃至一般的古代民居里找到它们的真实存在；如"栏杆"，这类建筑部分依然存在于现代生活中，尽管它的结构和外形已然今非昔比，但是以此及彼，我们即便没有看到古代实物，也可以从名称推测其作用及大致形制。但是，仍然有许多建筑名称是大众颇为陌生且无法简单"望文生义"的，例如"辟猫格""贞度""药栏""天落池"等。

表：样式雷图档中建筑名称示例

图号	样式雷图名	建筑物名称
314-0004	[文大人宅地盘样]	正房、后正房、西房、竹室、平台、戏台、东游廊、西游廊、门罩、大门、灰棚、马棚
345-0836	正阳门箭楼地盘样	山檐墙、千觔闸、正阳门箭楼、前抱厦、实榻门、踏跺
020-0002	西路佛楼 [维修地盘样]	晏安殿、和感殿、仁应殿、三神殿、瑞应宫、前抱厦、后楼、照房、穿堂楼、后穿堂、七堂、楞严坛、灯亭、敞厅、平台、平台游廊、太岁坛、一天喜色楼、佛楼极乐世界楼
018-0013	圆明园中路天地一家春地盘样	前湖、后湖、山石泊岸、甬路、泉石自娱、承恩堂、净房、屏门、游廊、东配殿、西配殿、院当、天地一家春、宫门、东顺山房、西顺山房、山石高峰、云步山石踏跺

样式雷图档，从宫殿园林到陵寝建筑，从内外檐装修到室内家具，涉及古代建筑的方方面面。在各种建筑名称上，古代的能工巧匠们不仅在建筑形式上绝妙地运用了尺度和比例，在布局上体现了节奏和韵律，还在艺术形象上使用了比喻和联想。建筑中的实体、结构、形式以及彩绘等不同的层面和门类都有相应的词汇来表示其名称。图档中名称众多，限于本文篇幅，难以尽数。现仅按照样式雷图档中涉及建筑的类别，结合建筑的不同风格和功能，将其从以下不同的类型和方面进行罗列，简要介绍常见的建筑名称。

1. 宫殿园林建筑

路、所：宫殿园林建筑根据布局一般分为东路、中路、西路。各路又可以分为东所、中所、西所，也有规模较小的建筑直接按东所、中所、西所布局。比如盛京皇宫分东路、中路、西路三部分，中路崇政殿至清宁宫一线左右为乾隆皇帝巡幸所建行宫，中路东所是皇帝东巡盛京时皇太后驻跸之处，西所是东巡时皇帝后妃驻跸之所。

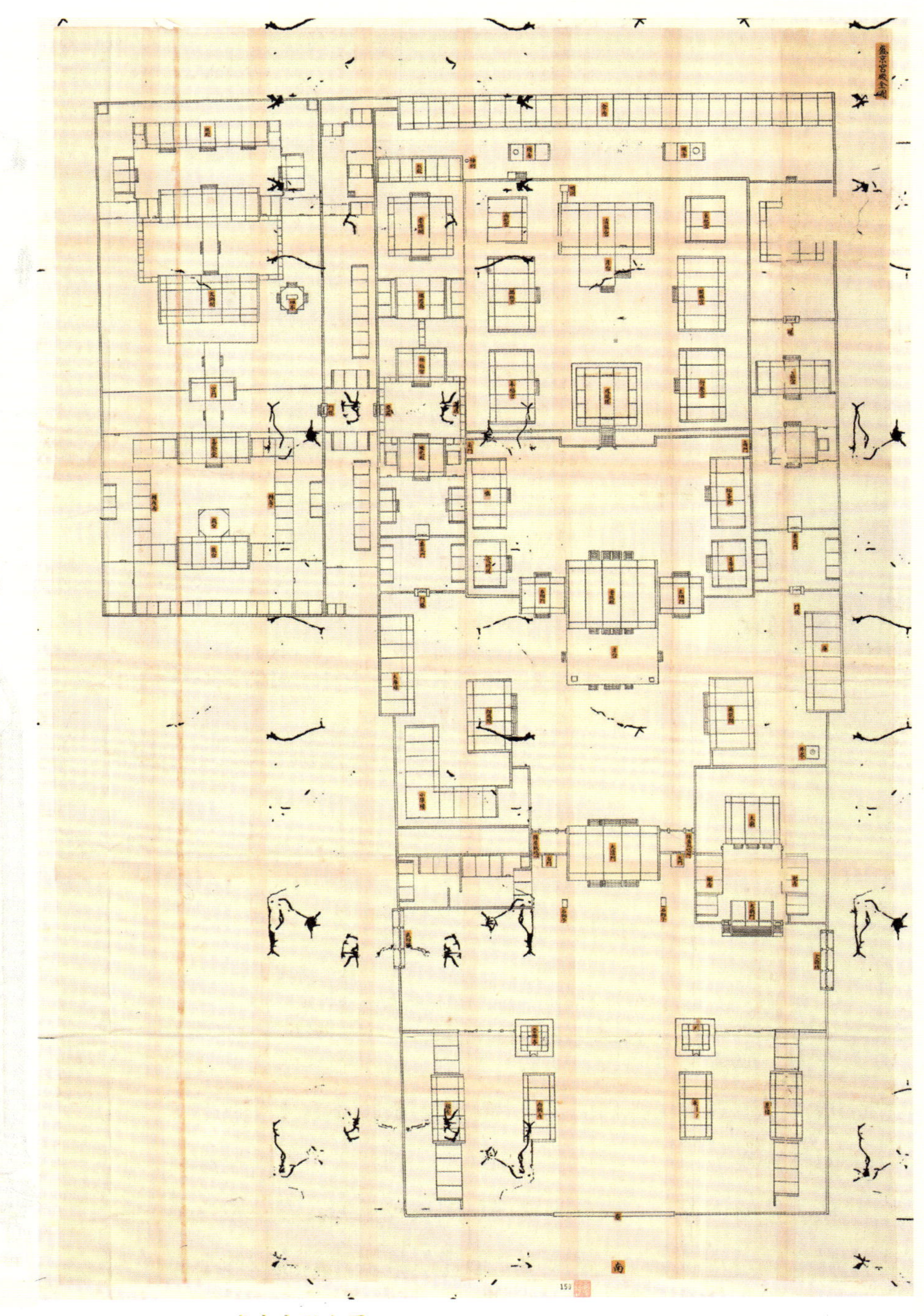

150-0008　盛京宫殿全图

1张，单色，122×80.5cm。本图表现了盛京（今沈阳）宫殿的整体规制，全图以墨线勾勒，绘制精细，并贴黄签注明各处建筑名称。

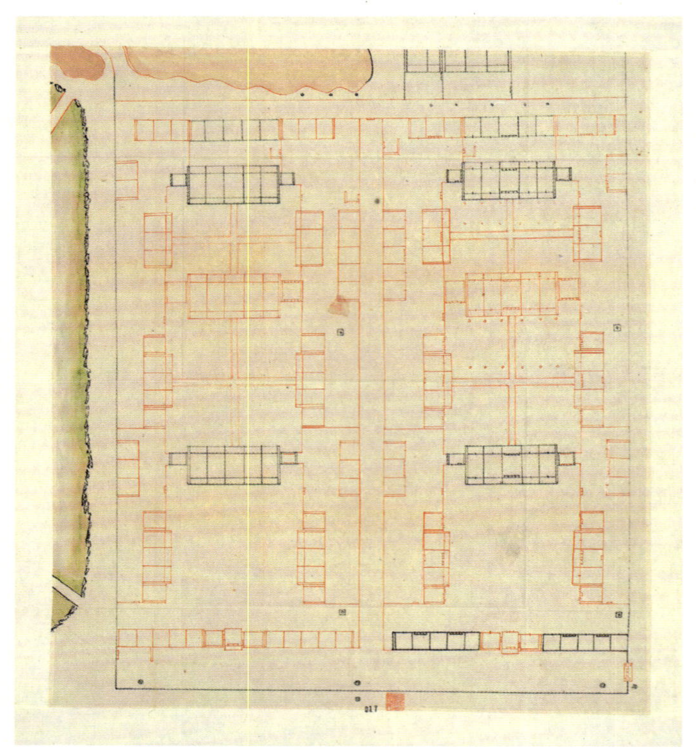

017-0001-12 ［洞天深处东西所地盘画样］

1张，多色，58.5×51.5cm。洞天深处为圆明园四十景之一。位于圆明园宫门区东南隅福园门内。本图以红、墨双色线条，勾勒了洞天深处一带的建筑情况。

殿：中国古代建筑中，殿泛指高大的堂屋，后逐渐为宫室专用，成为皇帝起居、朝会、宴乐、祭祀等建筑物的通称，也指佛寺道观供奉神佛的建筑物。殿一般位于宫室、庙宇、皇家园林等建筑群的中心或主要轴线上，轴线上可有多座殿宇，根据所处的位置，一般分为前殿、正殿、后殿。在正殿之前，前殿之后，分列左右、相向而立的建筑物为配殿。殿的平面多为矩形，也有方形、圆形、工字形等。

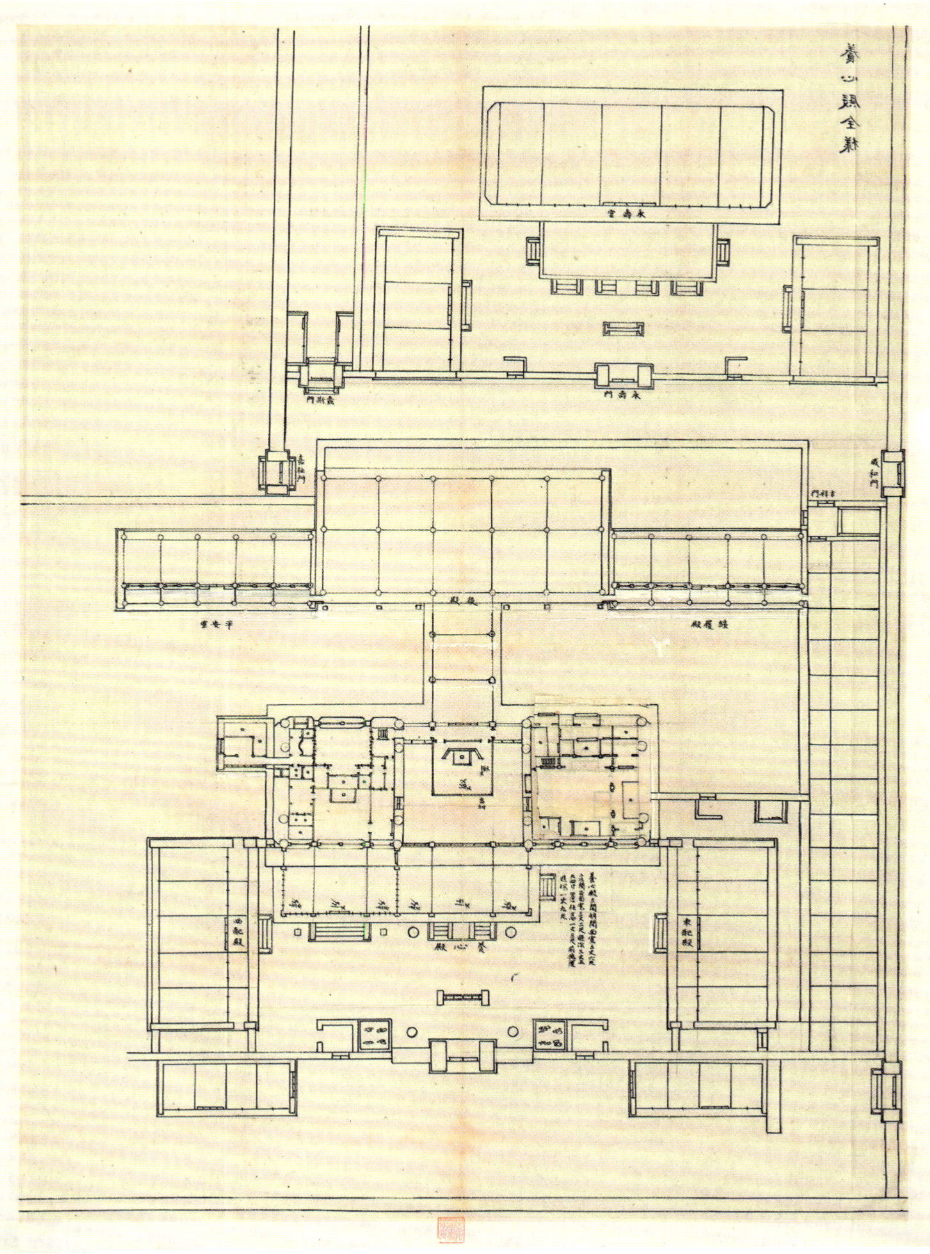

165-0004　养心殿全样

1张，单色，109×80cm。本图以墨线绘制了养心殿及周围建筑，以贴页的形式表现养心殿修改设计，有说明。

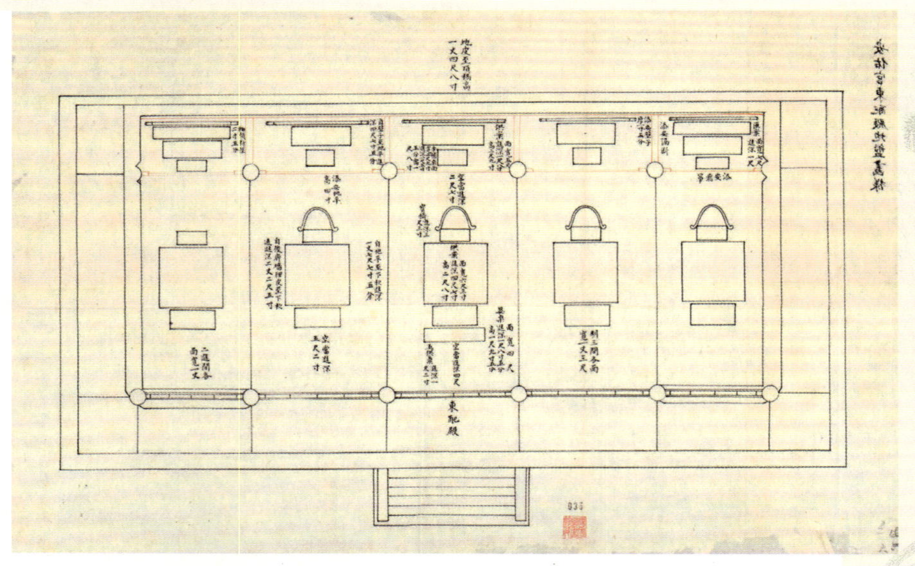

035-0007-01　安佑宫东配殿地盘画样

1 张，单色，38.5×61cm。安佑宫位于圆明园西北隅，始建于乾隆七年（1742），其建筑形制仿建故宫太庙。本图以红、墨双色线条，表现了安佑宫东配殿建筑情况，并附文字说明各处尺寸。

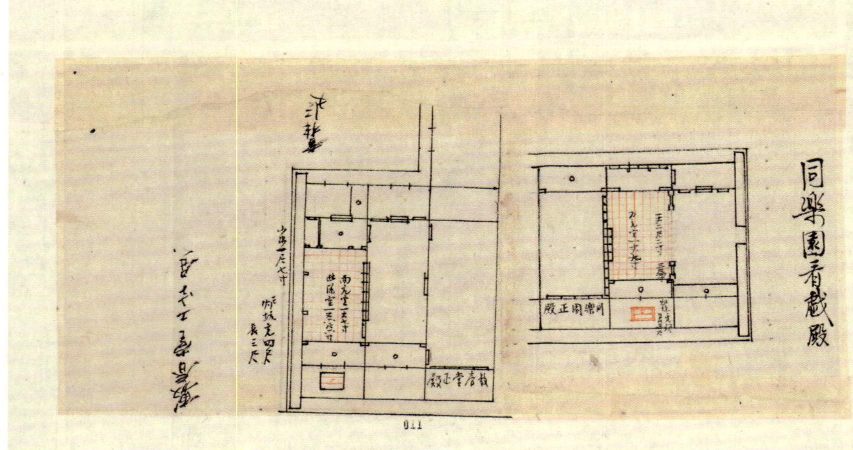

011-0023-01　同乐园看戏殿敷春堂工字殿［平样］

1 张，多色，20.5×43.2cm。同乐园位于圆明园后湖东北面，为园内规模最大的戏台，敷春堂为绮春园宫门内的中心景观。本图共有左右两幅小图，分别表现了同乐园正殿和敷春堂工字殿的建筑情况，以墨线勾勒主体建筑，红线标识重点区域，并附各处尺寸说明。

房：住宅建筑中，一般居中朝南的大型房屋为正房。厢房是位于正房前、院落两侧相向而建的房屋建筑，厢房和正房的建筑形式相同，体量小于正房，屋脊形式有时也会低于正房。耳房一般位于正房两侧，紧贴着正房的山墙，大多只有一间，格局很小，通常用作辅助用房。倒座是与正房相对的房屋，一般为北向，又称作南房倒座，后檐墙一般多临街，多做库房或仆人居所。

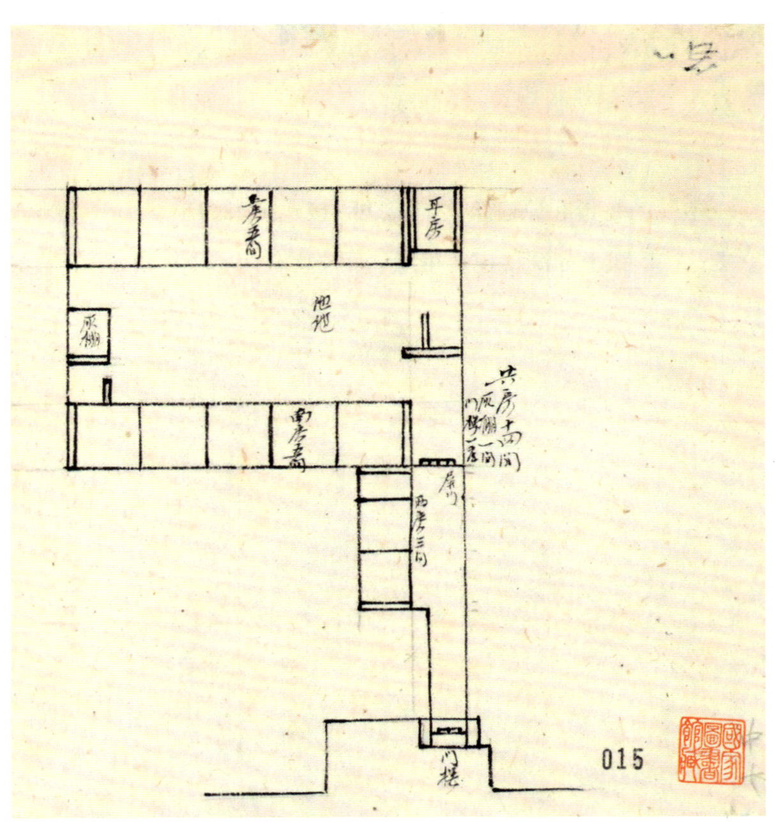

015-0007-02　［正房南房西房耳房灰棚门楼地盘样］

1张，单色，19.7×18.3cm。本图为墨线勾勒的平面图，表现了某处建筑正房、南房、西房、灰棚、门楼的房屋情况。

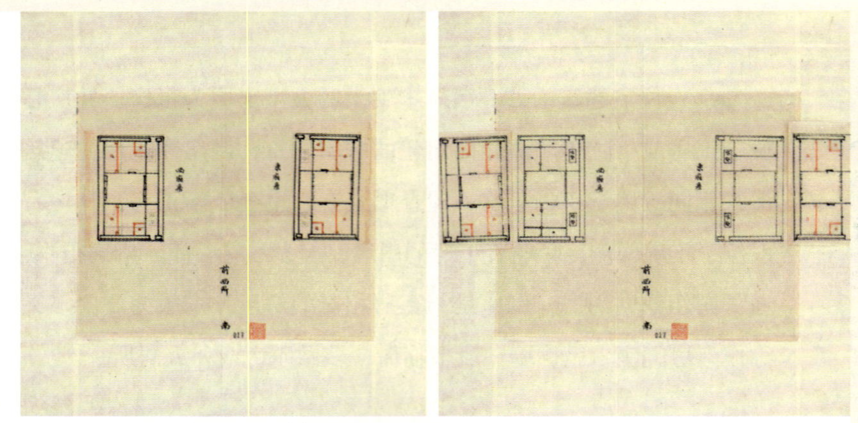

017-0002-13　[洞天深处前西所东西厢房平样]

1张，多色，25×29.2cm。洞天深处为圆明园四十景之一，位于圆明园宫门区东南隅福园门内，为皇子读书和居住之所。本图以墨线勾勒，有红黑两色绘制之贴页，反映了洞天深处前西所的建筑规制。

抱厦：是指在原建筑之前或之后接建出来的小型房屋，顾名思义，在形式上如同搂抱着正屋、厅堂。

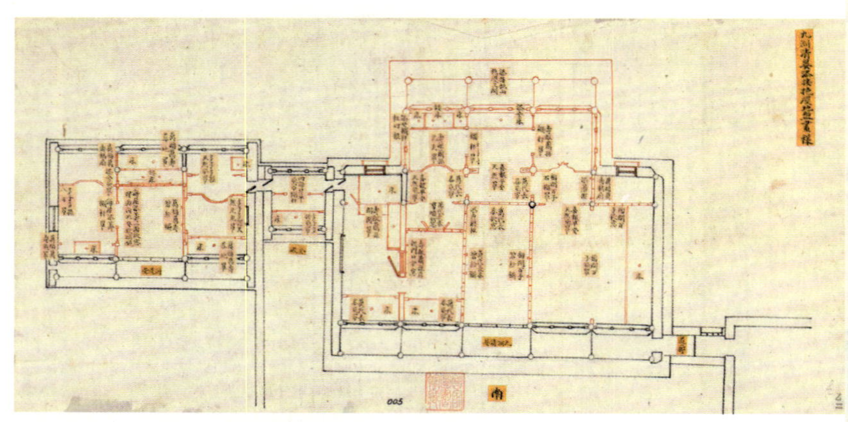

005-0027-01　九州清晏添接抱厦地盘画样

1张，多色，24.5×51cm。九州清晏为圆明园四十景之一，其名寓意四海之内河清海晏，江山稳固。本图为圆明园九州清晏添接挑山抱厦三间的平面示意图，以红黑双色线条表现了九州清晏的主体建筑、套殿、同道堂、游廊的内部装修情况，图上贴有红签、黄签以说明各处规制。

暖阁：与大屋子隔开而又相通连的小房间，可设炉取暖。暖阁的地面以下设有火道，冬季将红罗炭点燃，热气上达，满屋皆暖。

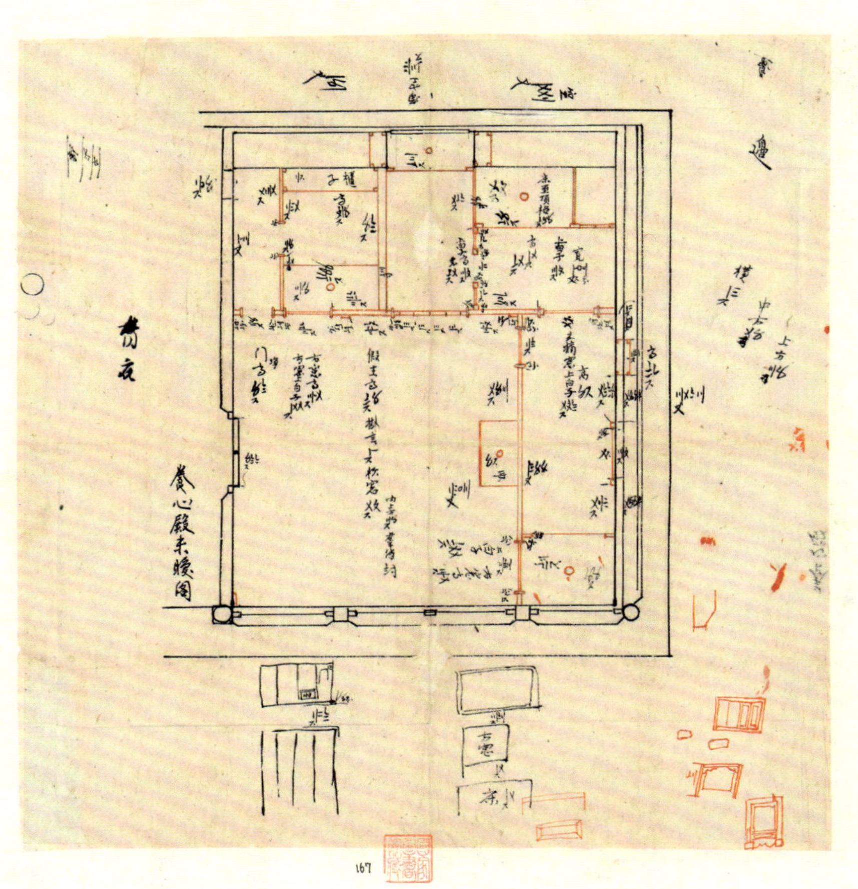

167-0030 养心殿东暖阁［地盘样］

1 张，多色，41×39.5cm。养心殿位于乾清宫西侧，自清雍正皇帝居住养心殿后，这里一直作为清代帝王寝宫。本图以红黑双色墨线，勾勒了养心殿东暖阁内的建筑情况，并以苏码标注了各处尺寸。

影壁：又称照壁、照墙，是设在建筑或院落大门的里面或外面的一堵墙壁，面对大门，起到屏障的作用，也极富装饰性。影壁的类型主要有琉璃影壁、石影壁、砖影壁、木影壁等。

167-0061　［长春宫前殿东西角门影壁立样］

1 张，单色，11×11cm。长春宫为故宫内廷西六宫之一，位于太极殿以北，咸福宫以南，为明清两代后妃、皇子居所。本图为长春宫前殿东西角门影壁的立面图，图上标识尺寸。

膳房：是准备膳食的厨房。最大的当属紫禁城内为皇帝服务的御膳房，紫禁城内就有内外两处御膳房。此外，在圆明园、颐和园等御园内也设有御膳房。各个宫殿、行宫、园林内究竟有多少膳房，其数量不可统计，在样式雷图档中就有诸多膳房，如四阿哥膳房、九阿哥膳房等。

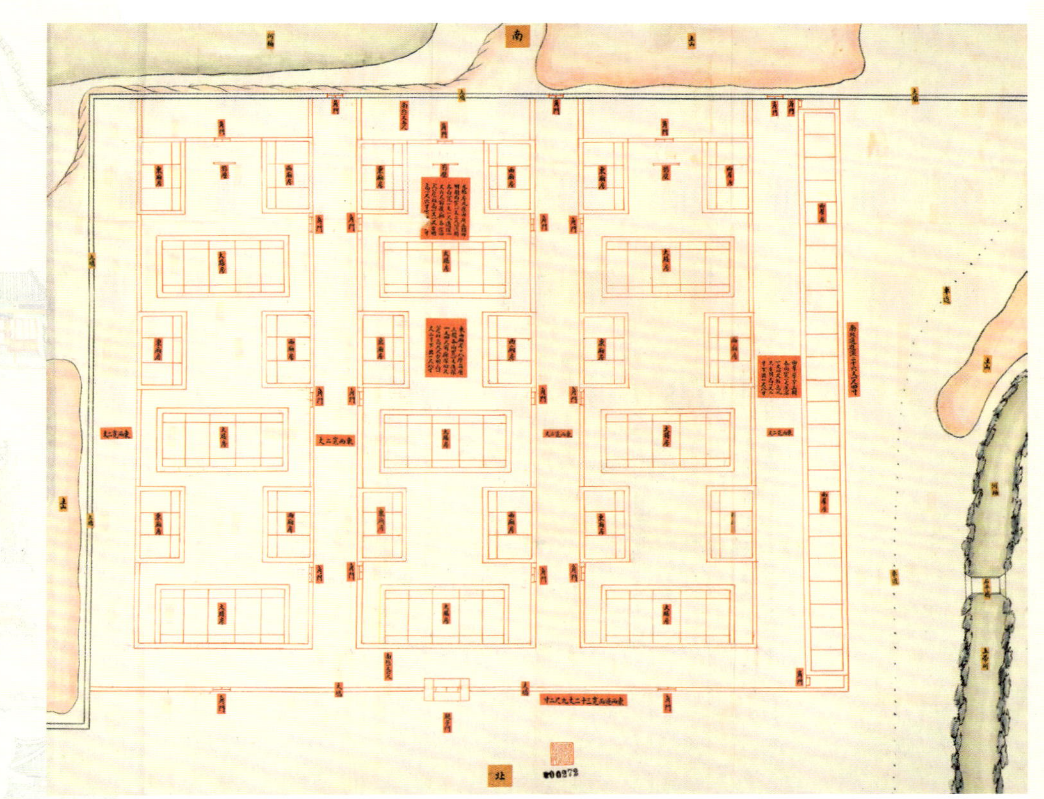

339–0272　颐和园内大膳房地盘全样

1张，多色，54.9×68.3cm。本图为颐和园大膳房建筑整体平面图，以红线勾勒了这一建筑群的房屋情况，图上贴红签注明大膳房建筑名称和规制，贴黄签注明周边建筑和方位等情况。

苏拉处：苏拉，满语转写为 sula。在《满族大辞典》中的解释是：汉译为“松紧之松”“空隙”“闲”。清代称呼无职无役之八旗旗人为“闲散”。《中国历代职官词典》对“苏拉”的解释是：“清代内廷机构中担任勤务者。如军机处所用苏拉，通常拣选十五岁以下不识字小太监，以防泄漏机密，但后来不拘此例。苏拉为满语闲散之意，亦指一般闲散之人。”宫中的苏拉一般指做杂活的人，苏拉处是供这些人居住的地方。

174-0003　苏拉处［平样糙底］

1 张，单色，42.5×22cm。

亭：亭子是非常常见的一种建筑形式，常见于园林建筑中。亭子形式多样，就平面来看，有方形、圆形、六角形、八角形及较特殊的三角形、五角形、扇形、梅花形等，亭子的顶也多种多样，有歇山顶、悬山顶、十字顶等等。

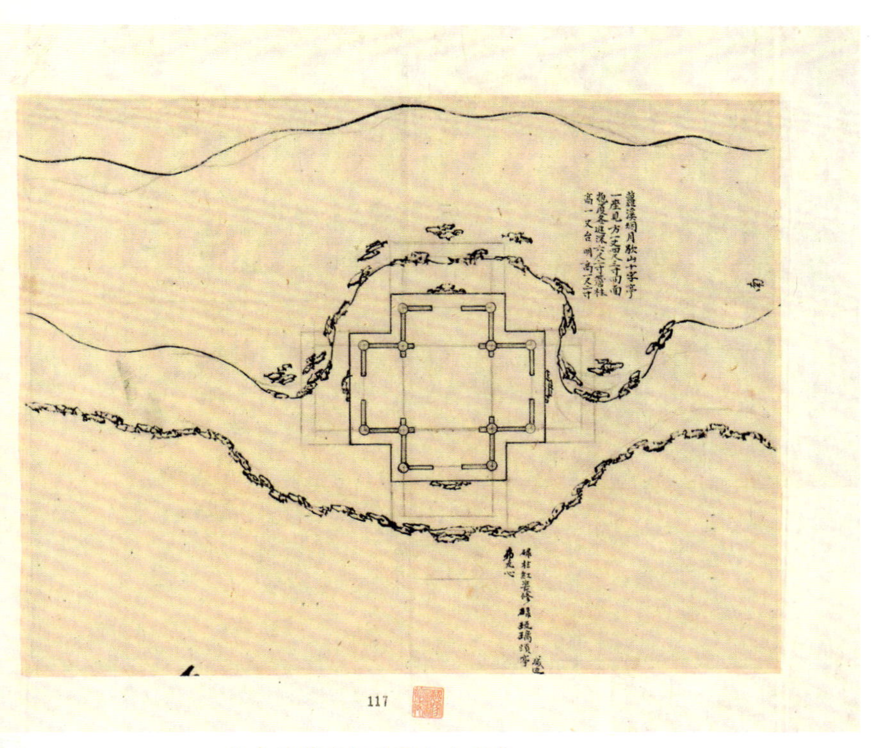

117-0011　长春园萝溪烟月歇山十字亭

1张，单色，30.5×39.5cm。长春园为圆明园三园之一，坐落于北京西郊，萝溪烟月为长春园内景观之一。本图以墨线勾勒一处歇山十字亭建筑平面图，并以文字注明各处尺寸及颜色。

轩：轩常建在园林中次要位置，环境安静，或是作为观赏性或点缀性的小建筑，多高而宽敞，但体量不大。

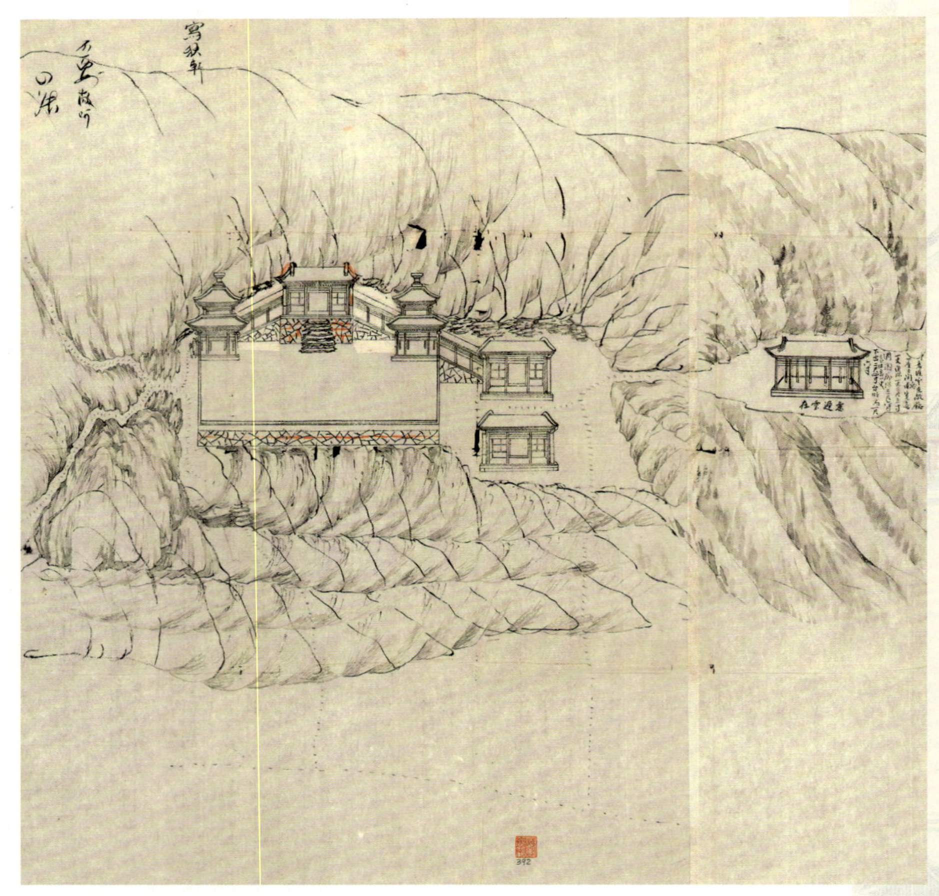

392–0077　写秋轩立样

1张，多色，68×68cm。写秋轩为建于颐和园万寿山东侧的一组建筑，乾隆皇帝曾在此作诗："可知圆盖本无私，玉露金风又一时。仁者见仁智者智，写秋自是此轩宜。"此建筑于清咸丰十年（1860）毁于英法联军，光绪年间重建。本图以墨线勾绘了写秋轩各处建筑规制，并以红笔、贴页进行了修改。

榭：分水榭和台榭，临水或建在水中的，供游人休憩、观景的建筑物为水榭。台榭是指在地面夯土高墩的台上，建的木构房屋，可供远眺、宴饮、行射之用，其特点是只有楹柱，没有墙壁。

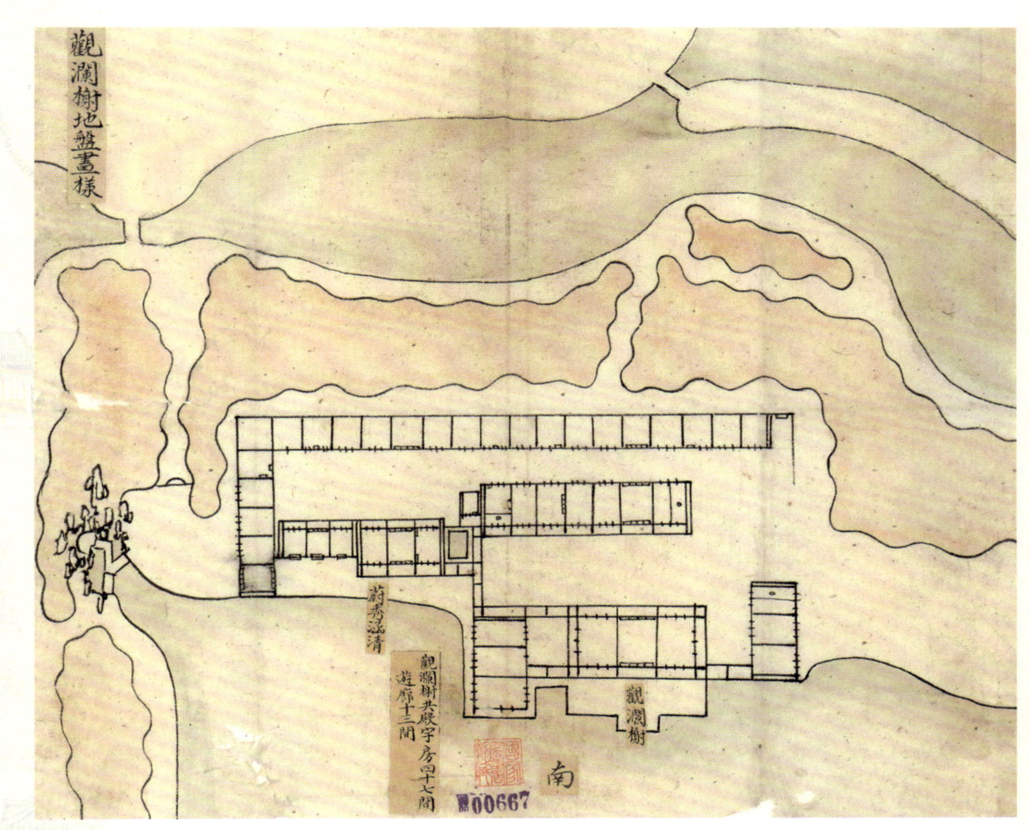

343–0667　畅春园北路观澜榭地盘画样

1 张，多色，26.9×32.3cm。畅春园位于北京西郊海淀今北京大学西侧，建于康熙二十九年（1690），是清代在西郊建造的第一座皇家园林，原址为明神宗外祖父李伟修建的清华园。

阁：类似楼房的建筑物，高层建筑为楼，四散建造的就是阁。它四周设隔扇或栏杆回廊，供远眺、游憩，也可用于藏书和供佛。著名的阁有藏书的文渊阁，供佛的佛香阁，远眺游玩的滕王阁等等。

333-0072　文渊阁地盘立样

1张，多色，101.5×69.8cm。文渊阁位于故宫东华门内文华殿后，是紫禁城中最大的一座皇家藏书楼。本图颜色鲜艳，绘制精细，以平立面结合的方式表现了文渊阁的建筑规制，无文字说明。

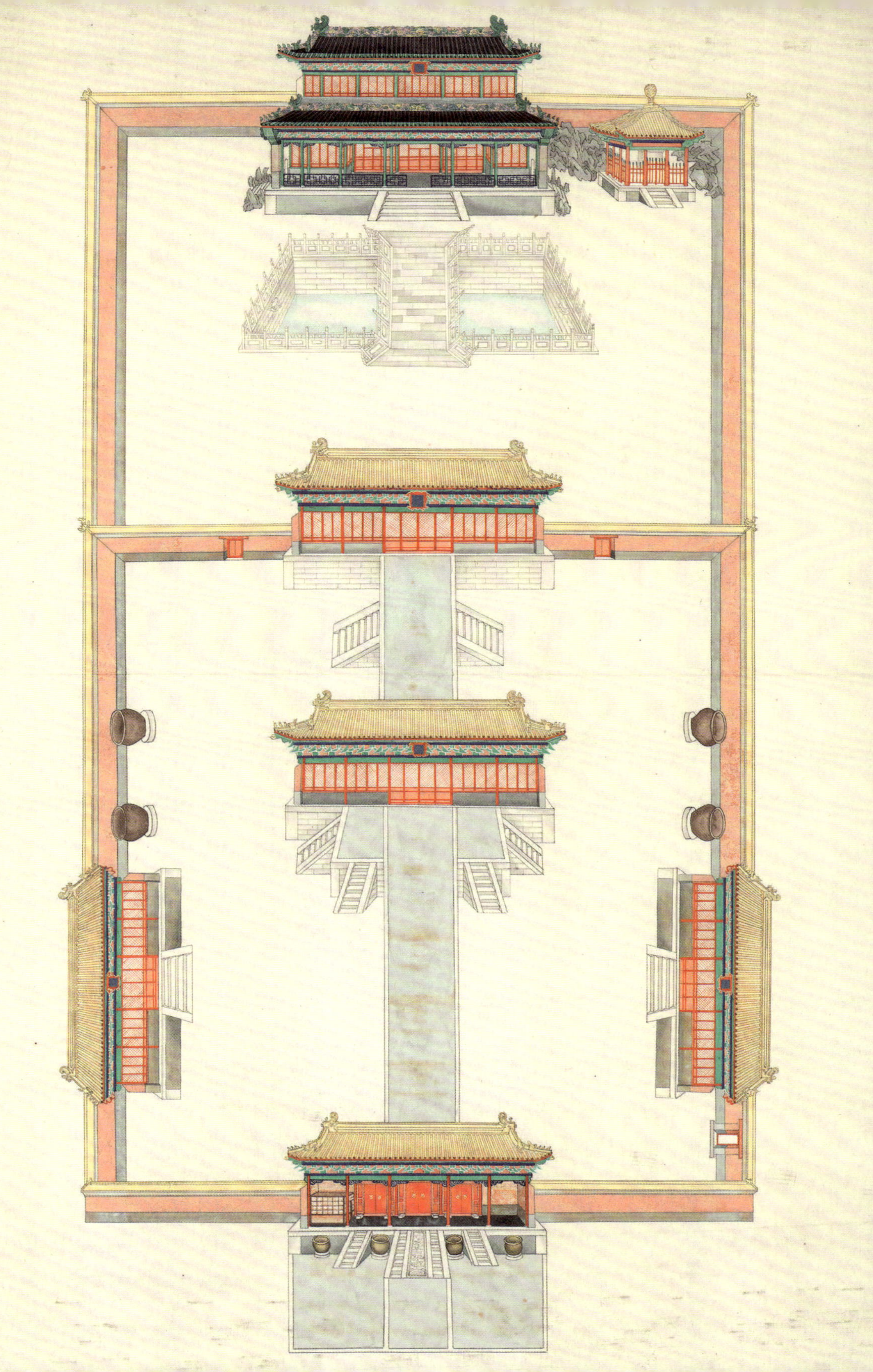

舫：舫是仿照船的造型建在水面上的建筑物，供游玩宴饮、观赏水景用，大多三面临水，一面与陆地相连，似船而不能划动，故又称之为“不系舟”。

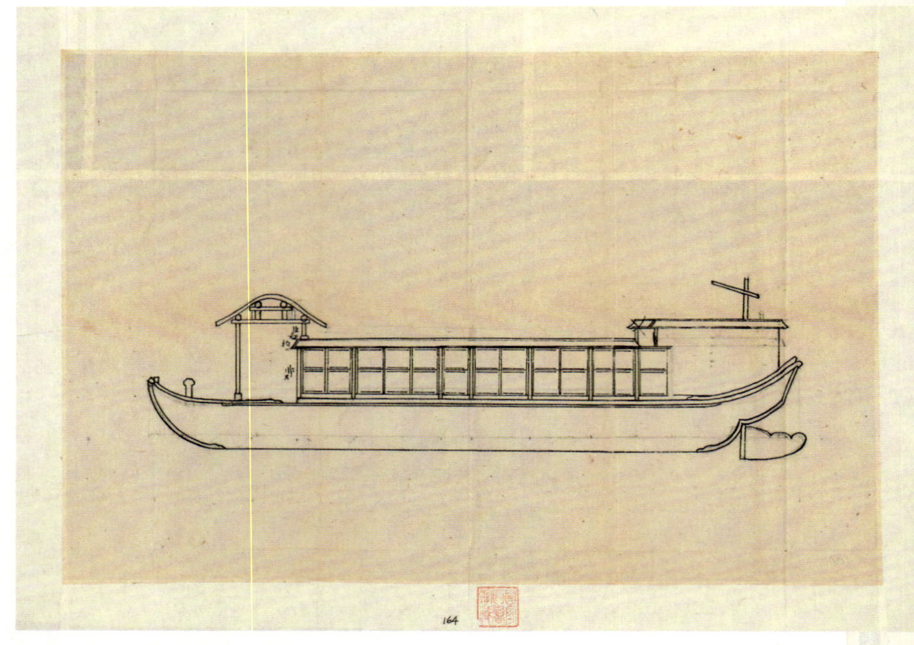

164-0010 ［恬静舫立样］

1张，单色，32×47cm。舫为仿照船的造型在园林水面上建造的船型建筑，供人在水边游玩使用。本图表现了恬静舫的剖面情况，并以苏码标明尺寸，图上有涂改痕迹。

廊：指有顶的通道，是古代建筑中一种重要的建筑形式，屋檐下的过道、房屋内的通道或独立有顶的通道，都称之为廊，有避雨、遮阳、休憩等功能。按廊所处的位置分，有走廊、爬山廊、水廊、回廊、桥廊、抄手廊等等。

抄手廊：也称“抄手游廊”。“抄手”二字是指廊的形式犹如同时往前伸出而略呈环抱状的两只手。抄手游廊一般设在几座走势有所改变的不同建筑之间，比如在一座正房和一座配房的山墙处，往往用抄手游廊连接。而且因为中国的建筑大多是对称布局，所以抄手游廊也多因此呈对称式，左右各一。

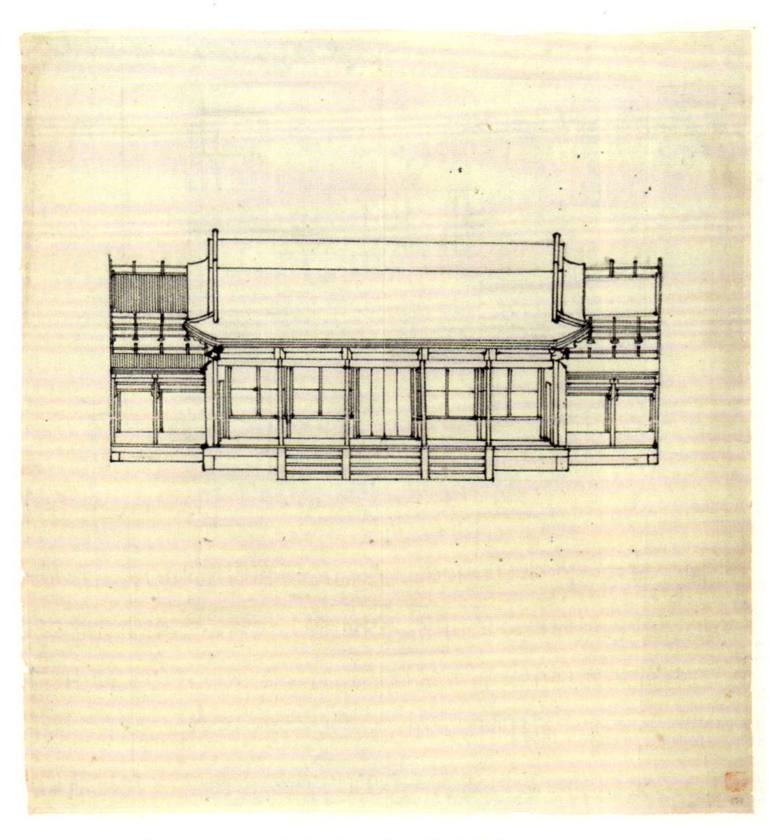

250-0010 ［三卷殿两边有抄手走廊立样糙底］
1张，单色，63×56cm。图为京东丫髻山行宫抄手走廊图样。

爬山廊：是建在山坡上的廊，由坡底向坡上延伸，仿佛正在向山上爬，因此得名。因为建在山坡上，形体自然有了起伏。爬山廊将山坡上下的建筑与景致连接起来，形成完整有序的景观。

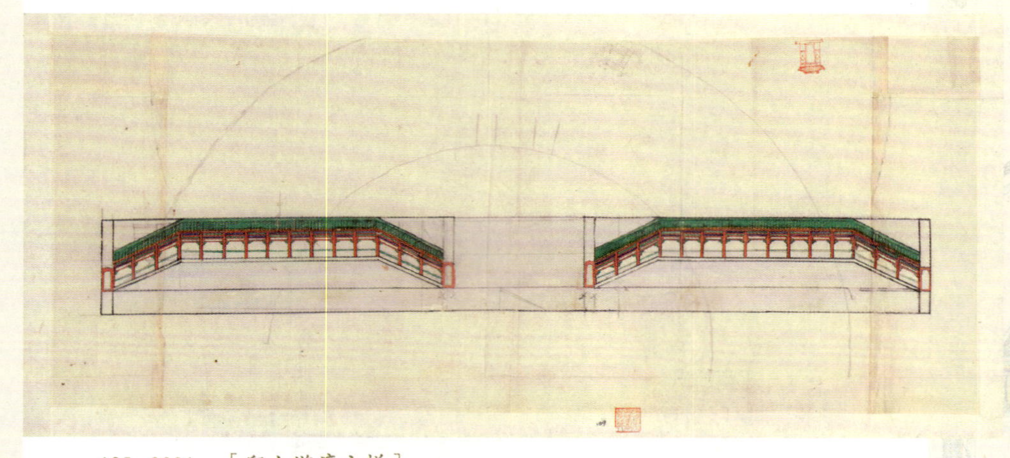

139-0001 ［爬山游廊立样］
1 张，多色，37×86cm。

屋顶样式：在建筑物顶部，由前屋顶和后屋顶的斜坡形成的三角形部分，很像古体的山字，因此在古代营造术语中，称之为山。在样式雷图档中，有大量描述建筑物屋顶样式的。硬山，屋顶只有前后两坡，而且两端的山墙墙头齐平，山面裸露而无变化；悬山，又叫挑山，悬山建筑不仅前后有檐，两端还有与前后檐尺寸相同的檐。由于两端有檐，两山部分处于悬空状态，因此叫悬山；庑殿，指屋顶的前后左右四面都有斜坡，并有一条正脊和四条垂脊的建筑；推山，又叫顺山，指加长庑殿正脊，并且向两山推出的做法；歇山，歇山是庑殿和悬山相交而成的屋顶，即把悬山顶套在庑殿上，使悬山的三角形垂直的山，与庑殿山坡的下半部分结合，就是歇山顶。

305－0088　［顺山房叠落游廊立样］

1张，单色，47.5×34.5cm。本图为一组叠落游廊的立面图，以墨线勾勒，无文字说明。

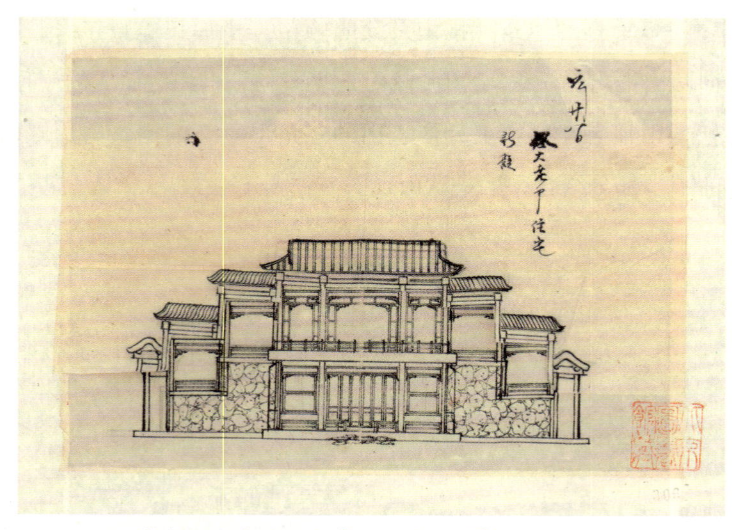

306-0006　新拟裕大老爷住宅［歇山楼立样］

1 张，单色，16.4×23.8cm。本图题有“元月廿八日新拟裕大老爷住宅”字样。图绘一处歇山楼立面形制，图上有贴页。

187-0002-29　琉璃庑殿影壁［立样］

1 张，单色，5.8×7.6cm。庑殿是古代传统建筑中的一种屋顶形式，多用于宫殿、坛庙等重要建筑之上，本图为一张小型贴页，贴于《拟添修定陵琉璃影壁尺寸画样》之上，表现了此处琉璃庑殿影壁的侧面规制。

五檩硬山大木分法
面活一丈淂柱高八尺檩柱俱徑七寸進深以步架
四分每步架按桁徑五分
簷柱以定尺寸
山柱按簷步五峯脊步六峯再加平水桁桄簷
柱高乃通高徑按簷柱徑加一寸其桁桄按
桁徑四分之一

雙步梁按二步架加一桁徑定長按三架梁寬厚定
寬厚
單步梁按一步架加一桁徑定長按雙步梁寬厚各
收二寸定寬厚
五架梁以進深加兩桁徑定長按簷柱徑加四寸定寬加
二寸定厚
三架梁以二步架加兩桁徑定長按簷柱徑定厚加二寸
定寬
金瓜柱按簷步尺寸五峯加之除五架梁寬定長外加
上下榫各長二寸乃通長以柱徑定寬收二寸定厚
脊瓜柱以脊步尺寸六峯加之除三架梁寬加平水桁
桄各一分定高寬厚仝金瓜柱
簷枋以面活定長以柱徑定寬收二寸定厚
金脊枋以面活定長以簷枋寬厚各收二寸定寬厚

360-0107　**五檩硬山大木分法**

1册，单色，18.5×12cm。此文档为手写抄本，首页有“肆号”字样，记录了五檩硬山大木分法、硬山挑山大木分法、七檩周围廊歇山大木分法等传统工程做法。

2. 陵寝建筑

隆恩殿：又叫享殿，是帝王陵内，举行祭祀仪式的地方，每年的清明、中元、冬至、岁暮四时大祭和忌辰大祭，皇帝要亲自来这里祭祖。皇帝如不能亲自祭祀，由太常寺派遣王公致祭行礼。每月朔望由各陵郎中自行祭祀称作小祭，均在隆恩殿内举行。隆恩殿明朝称为“祾恩殿”，寓意祭而受福，清代自孝陵始一律称为隆恩殿。

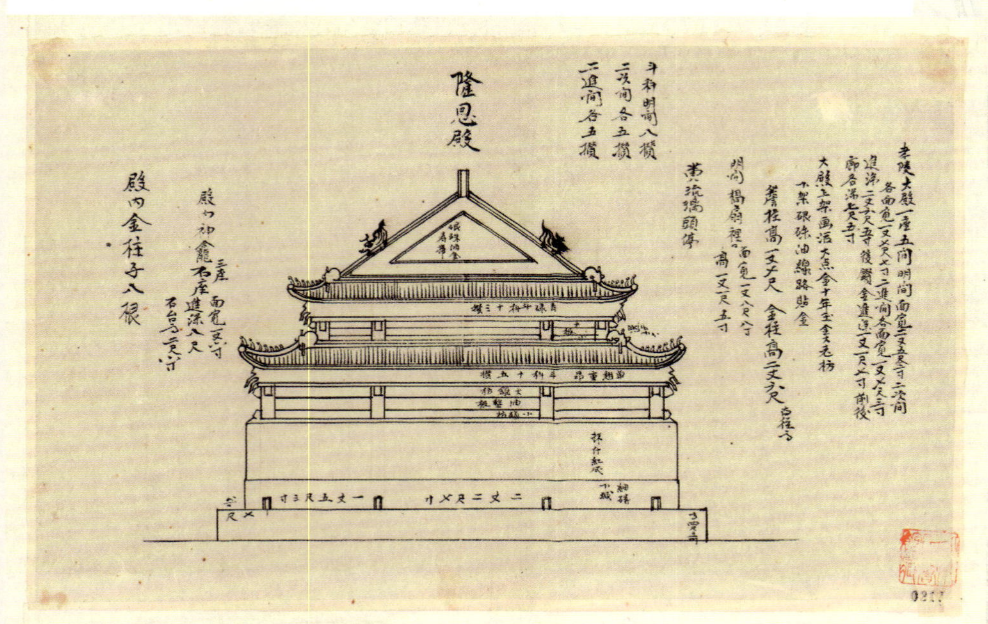

217-0011　孝陵隆恩殿［立样］

1 张，单色，25.3×40cm。孝陵为清顺治帝陵寝，为清东陵主体建筑。本图以墨线绘制了孝陵隆恩殿立面图，并附有详细规制说明。

地宫：又称为玄宫、幽宫穴、地下宫殿，是放置帝王、后、妃棺椁的地下墓室。地宫是帝王陵墓的重要部分，仿地上宫殿构筑，故名地下宫殿，其结构豪华富丽，堪与帝王的人间宫殿媲美。根据墓主人的身份，地宫类型有九券四门式、四券二门式、四券一门式、砖券式、砖池式（又称天落池）。

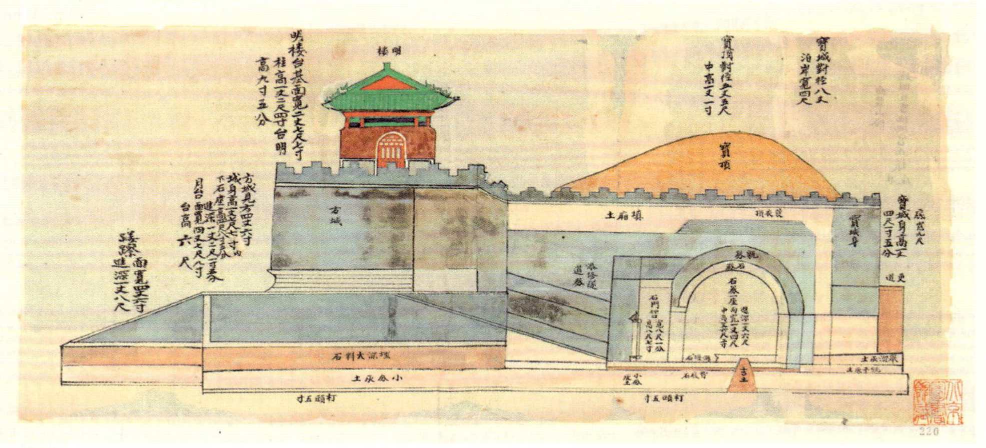

220-0047 西双山峪妃园寝吉地地宫立样准底

1 张，多色，22.2×49.5cm。惠陵妃园寝坐落在惠陵西侧的西双山峪，是清代入葬妃子最多的一处妃园，本图为惠陵妃园寝地宫立面图，全图色彩鲜艳，绘出了明楼、方城、宝顶、石券等建筑，并附有规制说明。

宝顶宝城：宝顶和宝城是明朝帝王陵墓封土的一种特有形式，清朝沿用此俗。宝顶是地宫上面凸出的馒头形的坟头，宝顶的形状有圆形，也有长圆形。宝顶外筑起的高大的砖城为宝城，砖砌的城墙上部还设有女儿墙，两侧女儿墙中间是马道，便于骑马和行走，女儿墙上有垛口，看起来就像是一座小城堡，因此叫做宝城。

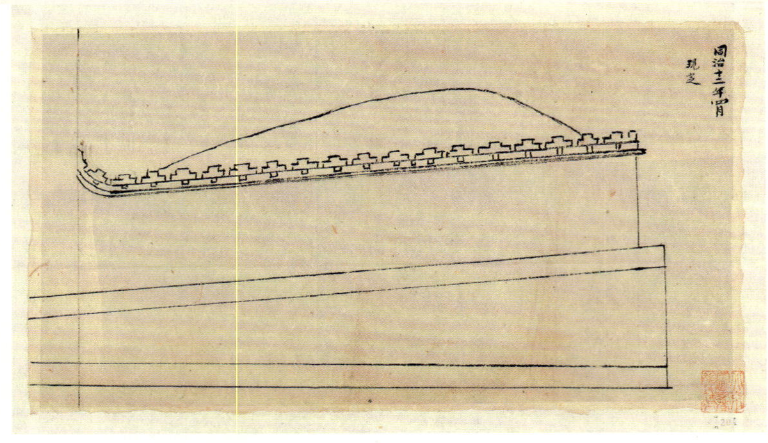

204-0007 ［宝顶立样］

1张，单色，24.5×44.1cm。图右上角标有日期“同治十二年四月”。皇家陵寝主人的坟墓高高隆起的土丘称宝顶，底下是地宫。宝顶用白灰、沙土、黄土掺和成“三合土”，一层一层夯实，又用糯米汤浇筑，同时加用铁钉，所以十分坚固。

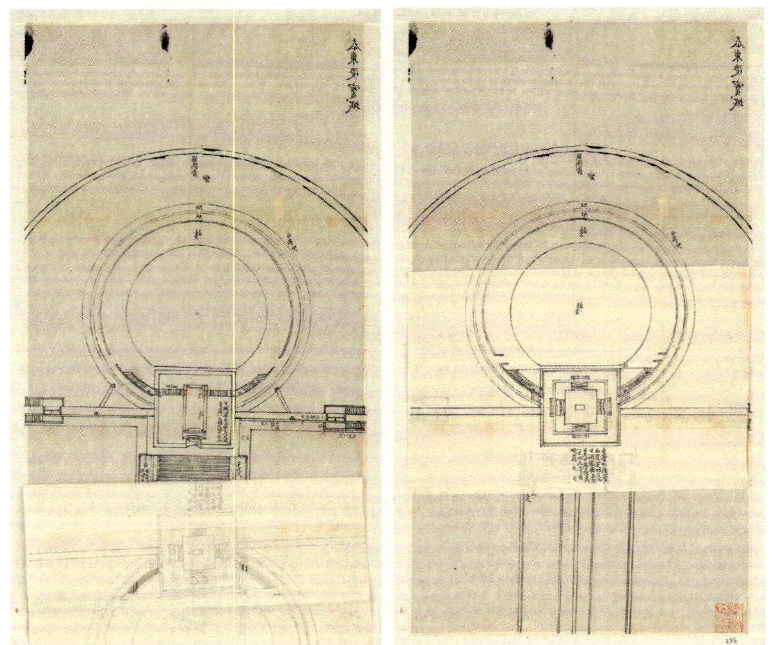

195-0005 泰东陵宝城［地盘样］

1张，单色，59.4×31.9cm。泰东陵是乾隆皇帝母孝圣宪皇后的陵寝，坐落在河北省易县清西陵境内，位于雍正帝的泰陵东北的东正峪，因此称泰东陵。泰东陵是清西陵三座皇后陵中规模最大的一座。

方城明楼：指建于宝城的正前方的城楼式建筑，下为砖石砌的方形城台，称为方城，上建明楼，用来放置镌刻着帝王庙号与谥号的石碑。这种由宝顶、宝城、方城、明楼构成的坟头，在结构上较以前复杂多了，艺术性加强了，也增添了庄严肃穆的气氛。

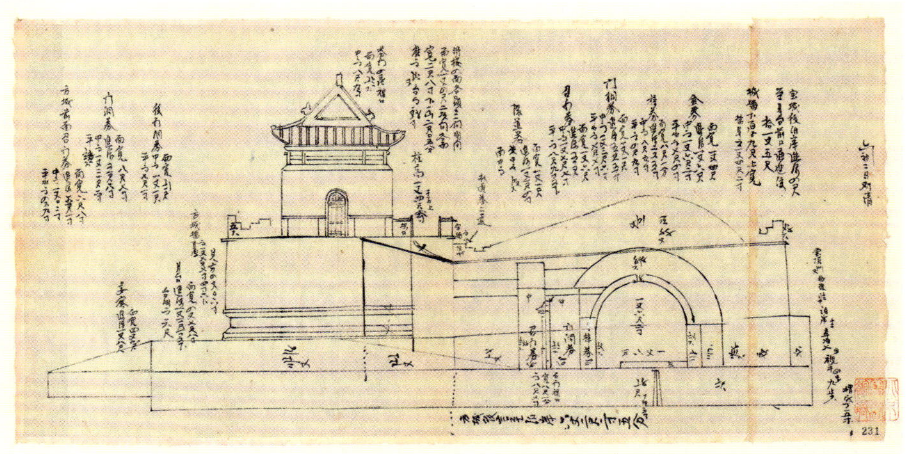

231-0022 ［西双山峪妃园寝添方城明楼立样］

1张，单色，24×47cm。惠陵妃园寝坐落在惠陵西侧的西双山峪，此图为惠陵妃园寝添方城明楼的立面图，并附有各处规制说明。

砂山：清代陵寝选址时会勘察山峦地势，寻找山脉尽端或是山势停留不再延伸的地方，以定穴位。龙脉落穴之山为主龙，砂山主要是指与主龙相伴的小山，以形成对穴区的环抱、拱卫、辅弼的形势，左右两边的山峰外而大者被称为龙虎砂山，内而小者状如牛角蝉翼的，被称为蝉翼砂山。左右砂山的形式，高低、长短、向背要和谐对称。天然地形条件不会十全十美，因此，清陵各处砂山都经过人工培补。

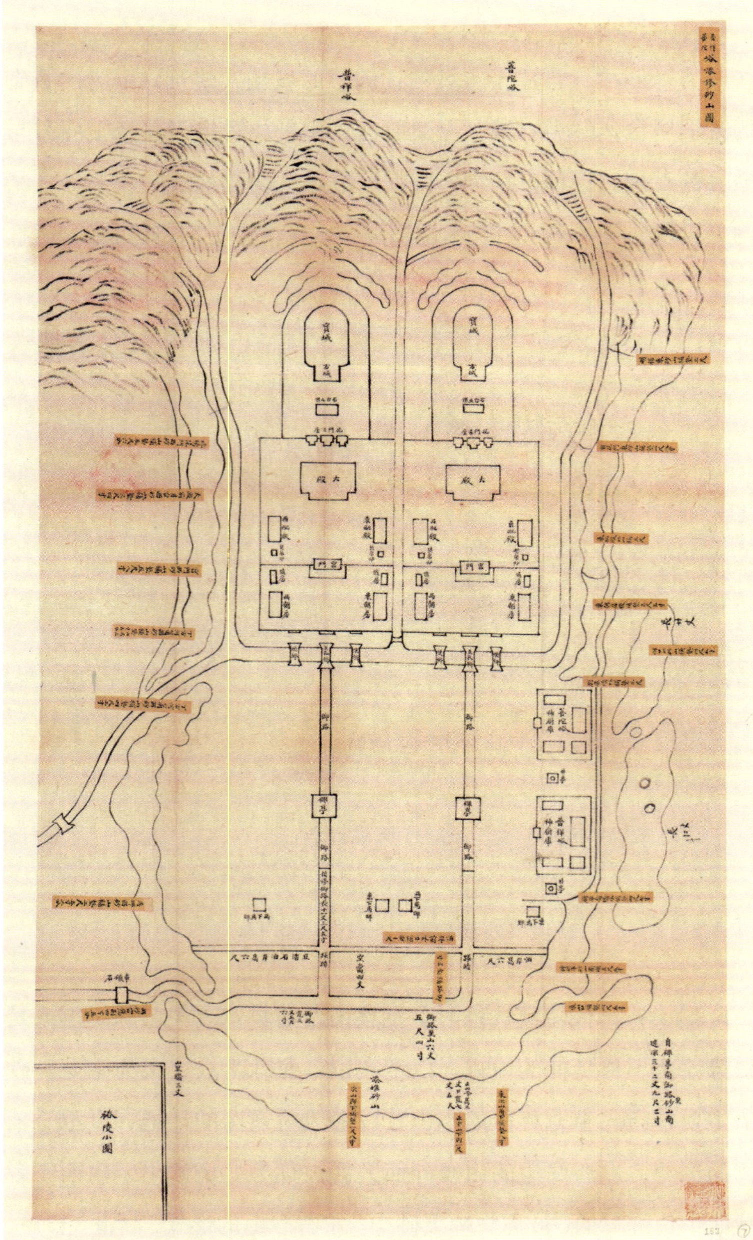

183-0007　普祥峪菩陀峪添修砂山图

1张，单色，86×48.4cm。定东陵位于今河北省唐山市，为清咸丰帝的孝贞显皇后和孝钦显皇后的陵寝。慈安陵位于普祥峪，慈禧陵位于菩陀峪，本图表现了两处陵寝的建筑规制，绘制了宝城、方城、大殿、宫门、御路、碑亭等，并贴黄签说明补垫砂山位置及具体情况。

礓礤：又作“足姜”“足察”，是慢道的一种。慢道是较为平缓的斜坡道或阶梯，是相对于平行道路和陡直台阶而言的一种道路称谓。“慢”就是“缓慢”的意思。宋代《营造法式》中规定：堂前慢道的高与长之比为一比四，而城门处的慢道的高与长之比为一比五。

礓礤的台阶不是一步一个阶或一个级，而是用砖、石等的棱角向上侧砌成搓衣板似的路，路面呈锯齿形，锯齿比较整齐，而且不是突出的过高。这样的路面不但可以行人，更方便车马通行。除了一般建筑前方的礓礤外，城墙上马道和地宫内墓道也多采用礓礤形式，作为一种升降坡道，既无台阶，又不打滑，方便上下用人力运输物品。

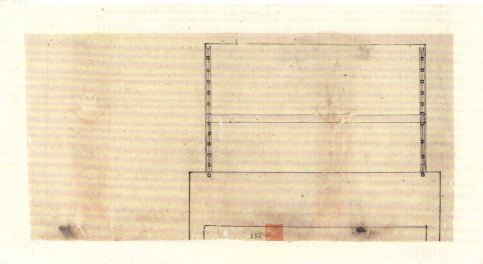

152-0001-09 ［明楼前礓礤地盘样］
1张，单色，39.8×20.1cm。

清西陵实地拍摄的礓礤图片

哑巴院：亦称方城院，是一座四周由陡峻城墙围成的露天小院，因为内向封闭而被喻称为哑巴院；又因为其中临时覆盖穿堂板房而叫做穿堂房院。哑巴喻意封闭内向，正如明清官式歇山式样大木作中封在山花内而不露明的椽子，也概称“哑巴椽”。哑巴院地面与方城门洞券及方城前月台地平齐，左右对称设有石雕沟漏，通过地下暗沟将雨水排出宝城以外。而作为登临明楼或宝城和宝顶的过度空间，哑巴院两侧宝城同方城衔接处，还分别贴附宝城内壁修筑两折而上的礓碴坡道或踏跺，称为转向蹬道。

月牙城特指哑巴院北一道横峙在宝项前端、东西两翼同宝城砌合的高墙，用来拦挡宝项夯土并掩蔽地宫入口。实际上，正对着方城门洞券、附砌在月牙城中央的一座黄琉璃影壁下面，就是地宫的入口，有时也叫月牙墙，并不指代哑巴院。

需要指出的是，由于部分帝陵的哑巴院呈弓形平面，宛如半月形，相关论著或导游解说中往往由此误会月牙城是哑巴院的雅名，哑巴院则为俗称。然而，样式雷图档确切表明，哑巴院和月牙城都是专有所指的术语，并不能混为一谈。

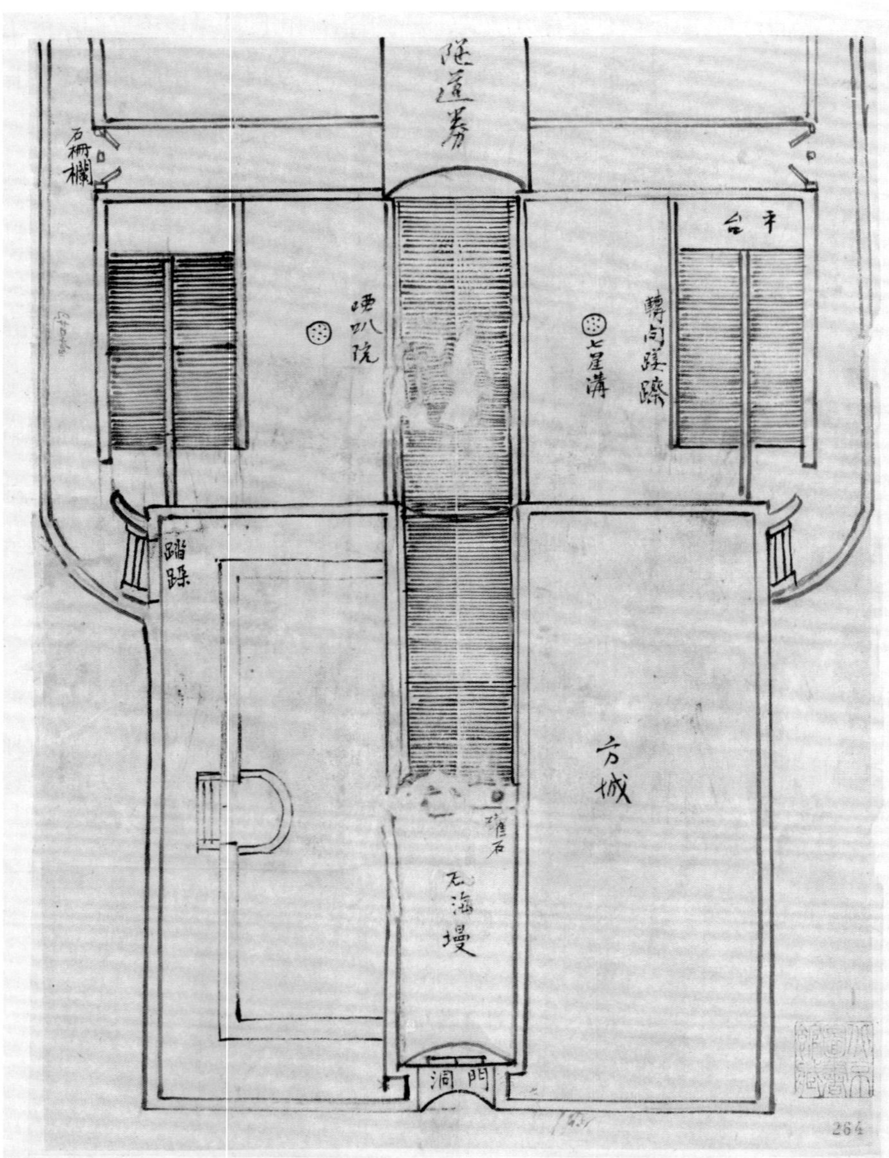

264–0046　［方城哑巴院地盘样］

1 张，单色，38×27.5cm。本图为一处陵寝部分建筑的平面图，图上绘出了方城、门洞、七星沟、哑巴院、隧道券等建筑物。

省牲亭：是礼部屠户杀牛宰羊的地方。每次祭祀的整牛整羊，都在这里宰杀蒸煮。现在清代皇家陵寝中唯一保存下来的省牲亭珍品就是清西陵嘉庆皇帝昌陵的省牲亭，位于昌陵神厨库内东南角，是一座黄琉璃瓦盖顶、重檐歇山式的方形建筑，面阔三间。其相关建筑有神厨库。神库为准备原料之处；神厨为制作供品之处。

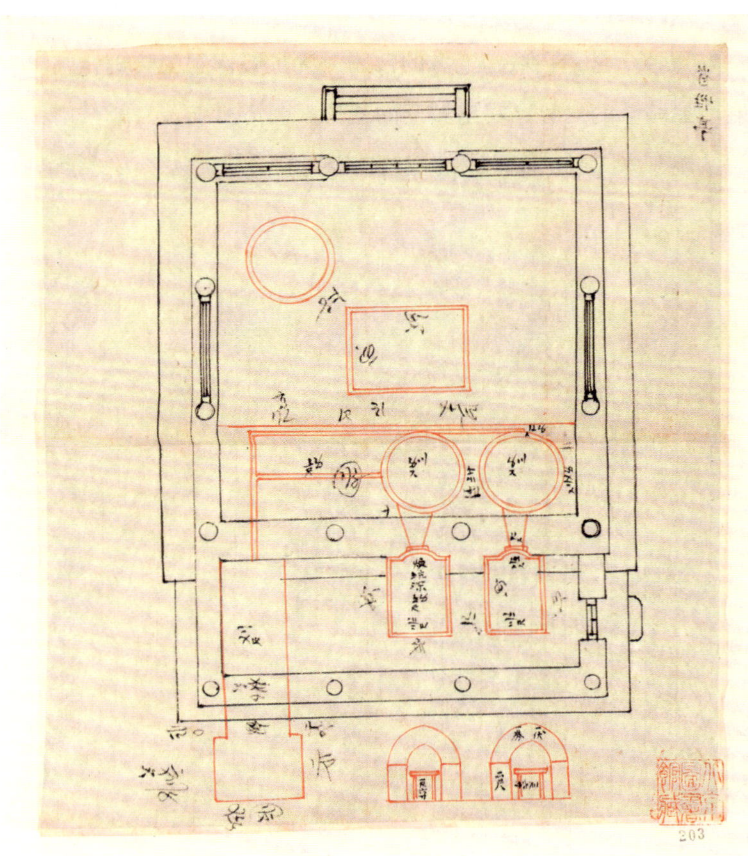

203-0040　省牲亭［平样］

1张，多色，31.3×27cm。省牲亭为宰杀牛羊等祭品之所，多见于坛庙、陵寝建筑，本图以红墨双色线条勾勒一处省牲亭建筑规制，并以苏码标识各处尺寸。

3. 城池建筑

城池与城关都是中国古代的重要防御工事，城池主要包括城墙、城门、瓮城和护城河，后来，为了加强防御性，又在城墙上加建角楼、敌楼。城墙是城池的重要组成部分，是一圈坚固的墙体。城门是在城墙上开辟的门，是出入城池的口。样式雷图档中，关于城池建筑的图档较少，但各式建筑都有涉及。

城楼：是建在城门上方的楼阁，其主要作用为防御，同时也能增加城池的气势，突出城门的地位。明清时期，一般城市城池的城楼多为二层，而北京的城门楼则要高一层，大多为三层。

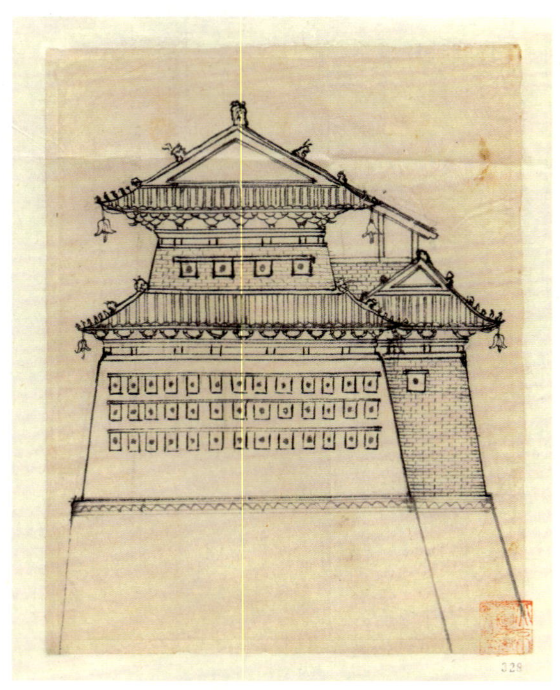

328-0184　［城门城楼立样］

1张，单色，29×22.7cm。本图为一处城门城楼侧面的立体图，表现了城门和城楼的建筑形制，全图以墨线勾勒，无文字说明。

瓮城：又叫月城，是建在大城门外的小城，主要作用是增强城池的防御性。为了避免城门直接暴露在敌人的攻击下，常在城门外侧（或内侧）再添筑一道城墙，形成一面积不大的防御性附郭。瓮城有矩形和半圆形两种，一旦敌人进入此处，就会遭到四面攻击，犹如瓮中捉鳖。

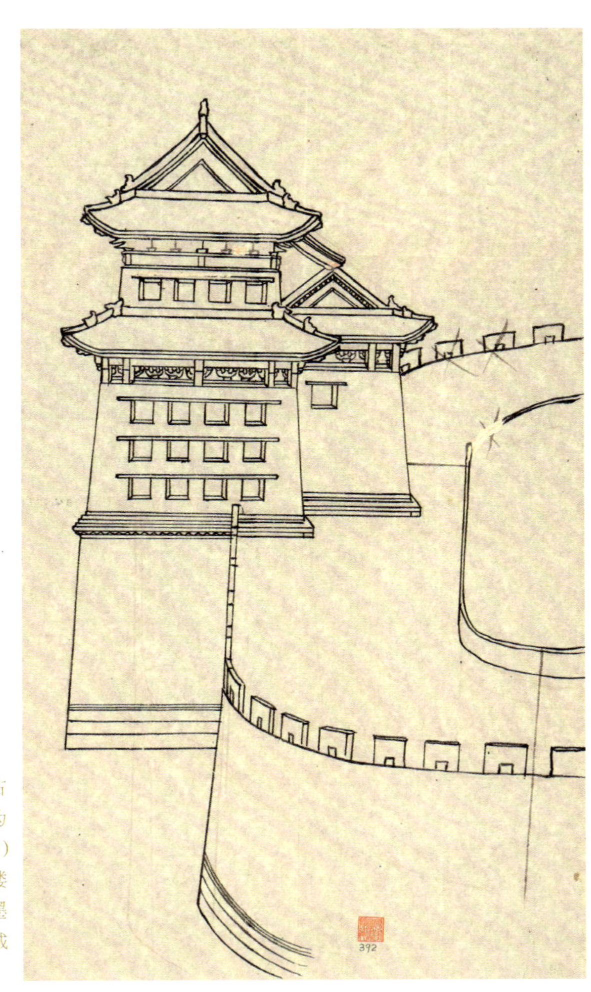

392-0104 ［箭楼瓮城立样］

1张，单色，63.3×36cm。瓮城为古代城市的主要军事防御设施之一，为在城门外（亦有修建于城门内的特例）侧修建的半圆形或方形小城。而箭楼一般建于古城墙瓮城之上。此图以墨线绘制，反映了某处城墙箭楼和瓮城的建筑情况。

箭楼：是城池中极重要的防御建筑。箭楼的最大特点是楼体辟有窗洞，且窗洞较为密集，以供平时瞭望和战斗时射击之用。因为古代射击多用箭，所以得名“箭楼”。北京城内现存的两座箭楼为正阳门箭楼和德胜门箭楼。

392－0267　［箭楼正面立样］

1张，多色，55.5×69cm。此图色彩鲜艳，绘制精细，反映了某处城墙箭楼的建筑规制。

角楼：城楼的一种，因建在城墙的拐角而得名，是城墙防御工程的重要部分，起瞭望、防御作用。为了适应城墙的拐角转折，角楼平面一般都呈曲尺形。明清两代北京内城的四座角楼，规制相同，楼体沿城台外缘转角而建，楼体外侧的两侧面和两正面，均辟有箭窗，灰筒瓦，绿琉璃剪边，重檐歇山顶，转角正脊相交处饰以宝顶。内铺设楼板三层，有木楼梯相通。

375-0410-02　［西直门角楼规制做法奏折］

1张，单色，24×46cm。西直门是明清北京内城的九大城门之一，位于内城西垣北侧。本奏折为工部料估所制，详细说明了西直门角楼的建筑规制。

4. 装修

内檐装修：内檐装修是指用于建筑的室内，用作分隔室内空间并美化室内环境的装饰、陈设等。与外檐装修相比，它不具备承重的作用，只是一种辅助品。所以内檐装修的用材和形式上都体现了很大的自由性，可以更美观、细致、形式多样化。包括：隔断、槅扇、栏杆罩、落地罩、天然罩、几腿罩、开关床罩、天花、藻井、碧纱橱、仙楼等。

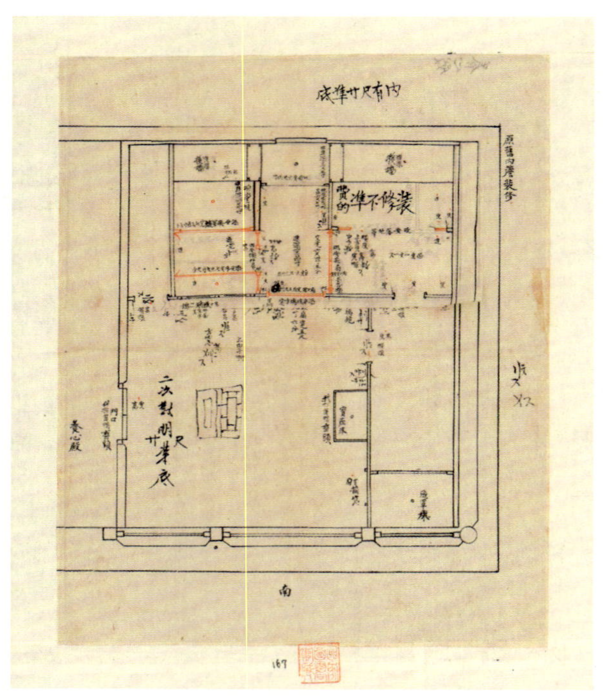

167-0005　养心殿［内檐装修尺寸准底］

1 张，多色，36×28.5cm。养心殿为故宫内建筑，明嘉靖年间建成，位于乾清宫西侧。自雍正皇帝起，养心殿逐渐成为一组皇帝召见群臣、处理政务、读书学习及居住为一体的多功能建筑群。

隔断：室内不同用途的空间的间隔物，统称为隔断，除了完全隔绝的各种墙壁外，还有许多装饰性极强的间隔物，包括可随意开合的槅扇，半做隔断半做家具的书架、多宝格等。

多宝格：又叫博古架，是室内隔断的一种，但同时也是室内用来摆放古玩、玉器等小品的古雅设置，富有使用价值，兼实用性、装饰性与观赏性为一体。多宝格的大小比较随意，架上的格子为了摆放各种古玩，也尺寸不一，有丰富的层次感。

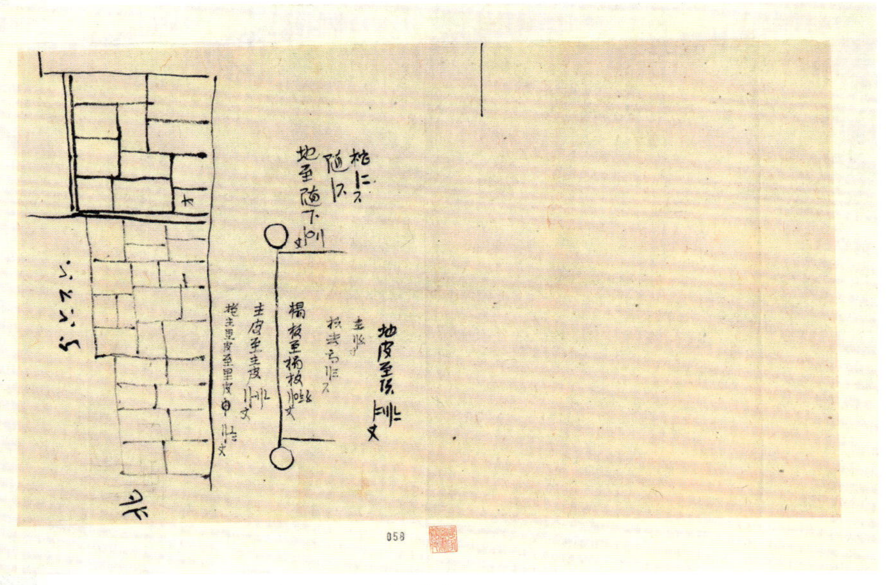

058–0058　［多宝格立样糙底］

1 张，单色，28.7×47.5cm。本图表现了某处多宝格的立面设计，并附文字说明各部分之间的尺寸。

屏风：屏风是较为常见的室内隔断，有四扇、六扇、八扇等，可以折叠。其功能是障风、遮挡并起装饰作用，介于隔断与家具之间。

167-0110　［屏风立样］

1张，单色，42×46.5cm。本图为一幅屏风立体图，以墨线勾勒屏风上各扇图案，内容包括九世同居、富贵同天、灵心长寿、凤鸣富贵，该图上有多处空白，应该并未完成。

碧纱橱：是用于内檐的槅扇。在分间隔断上，常满装槅扇，用六扇、八扇甚至十几扇，在宫殿及华贵府第，槅心部分常糊以绿纱，故称碧纱橱。

002-0031-02　四季花碧纱橱［立样］

1张，多色，47×53.4cm。本图彩色绘制了一处六扇碧纱橱的形制图案，图案为四季花卉，绘制极其细致精美。

罩：罩是用硬木浮雕、透雕而成，满布图案，作为室内的隔断和装饰。根据所安构建而确定其称谓，安一段短栏杆的为栏杆罩，安一扇隔扇的为落地罩、安一条形似几案家具的腿的木条为几腿罩等。样式雷图档中还有天然罩、八方罩、飞罩等，不同类型的罩又有各种吉祥图案，有几何纹，有植物纹，有动物纹，也有人物故事图案，比如竹式、玉兰花式、万福万寿式、葫芦式、子孙万代式、万福流云式、喜鹊登梅式、松鼠葡萄式、串枝莲式、灵芝花式、竹篮式、牡丹式、松鹤图、西洋蕃草、福寿三多式、斑竹式等。

落地罩：落地罩是古建筑内檐装修木雕花罩的一种。凡从地上一直到梁（或枋）的花罩都可称为落地罩。落地罩安在室内面阔方向的左右柱间或进深方向的前后柱之间。落地罩一般为木质结构，由横披、隔扇、裙板、花牙和框栏、抱框、榫接拼接而成，栏心、披心、扇心、板心刻绘纹饰花样。裙板的落地部分，一般有罩墩承托，罩墩多仿佛教须弥灯王佛座而作，世人称为须弥墩。

340-0305　［万福万寿落地罩立样］

1张，单色，32.5×57.5cm。图中用蝙蝠、桃和“卍”字构图，蝙蝠视为是吉祥物，因蝙蝠的“蝠”与“福”谐音，蕴含幸福、福气之意。桃表示长寿，“卍”字寓意绵长不断和万福万寿不断头之意。人们利用谐音，进行有意的对合，构成意境深远、巧合之成的画面，达到雕刻画面情有独钟，韵律有致的生动形象。

几腿罩：罩的顶部呈穹窿状，两端下垂而不落地，两端小垂柱像几案的腿，所以得名几腿罩。

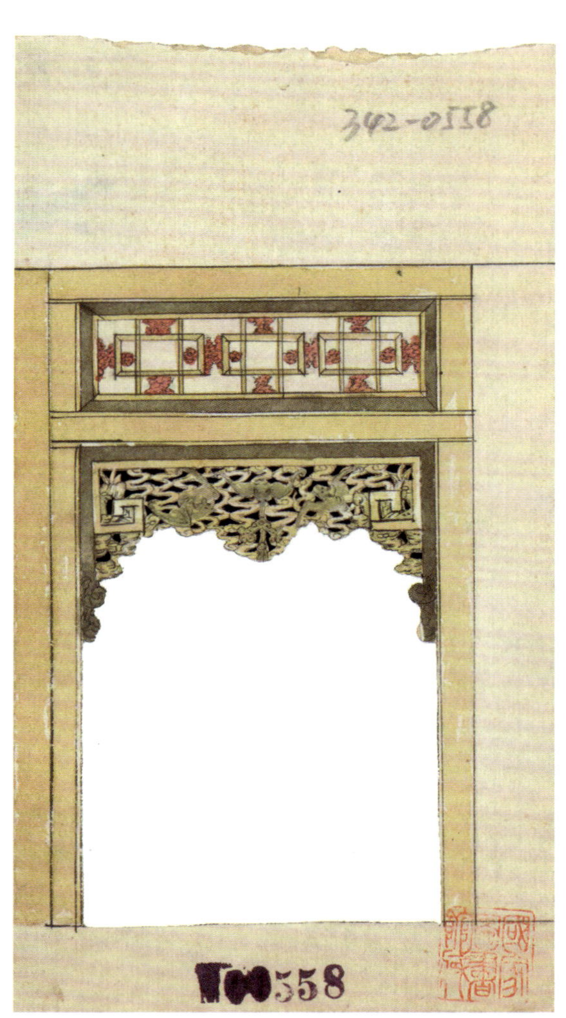

342−0558　［万福流云式几腿罩立样］

1张，多色，11.1×7cm。烫样是根据建筑物设计图纸所拟定的尺寸式样，按一定比例做成的模型小样，一般由纸板或木板制作，其上饰以彩绘。本图即为样式雷烫样插片，图中由“卍”字回纹、蝙蝠和流云组成。

天花：天花是清代对建筑室内木构顶棚的一种称呼，源自于宋时平棋、平綦的叫法。天花可以遮挡屋内顶部用不规则木料做的梁架，并通过装饰保证室内的美观性。一般天花的做法是用木条相交叉形成若干个方格，中间形成如井口式的方格，然后在天花上绘画、雕刻。各式各样的天花包括平棋、平闇、井口天花、海墁天花、花草平棋、团龙平棋、团鹤平棋、古华轩天花等等。

藻井：藻井位于室内屋顶正中央最重要的部位，是一种等级很高的天花装饰。藻井多呈穹窿状，大多是由斗拱层层承托而成。藻井大多用于宫殿、寺庙大殿等的室内顶部装修。根据样式来分有方形藻井、圆形藻井、八角藻井、盘龙藻井等等。

144-0012　［彩棚内五龙捧寿天花式样图］

1张，多色，67×131.5cm。此图为万寿庆典彩棚的天花样式，图案为五龙捧寿，绚丽精美。

彩画：彩画是用色彩、油漆在梁、枋、斗拱、柱、天花板等处刷饰或绘制花纹、图案及人物故事等，这些被绘画出来的各色纹样与图案就是彩画，是古代建筑上极富特色的装饰形式。样式雷图档中涉及彩画部分主要是清代彩画的和玺彩画、旋子彩画和苏式彩画。其中和玺彩画是清代建筑彩画的一种，也是清代建筑中彩画等级最高的，以人字形的曲线贯穿其间，主要的装饰内容是象征帝王的龙纹，主要色彩是青和绿。

014-0004　圆明园殿油饰［和玺彩画糙底］

1张，单色，12.7×36.1cm。本图为圆明园殿彩画装饰示意图，图中以墨线勾勒底稿，有二龙戏珠、凤凰等图案，并在各处标注了蓝、绿、红、金、墨字样，以提示工匠相应位置的颜色。

外檐装修：外檐装修指的是建筑物外部与室外相分隔的装修构件，如门、窗、栏杆、挂落等。外檐装修起到围护、遮挡、通风、采光等功能。外檐装修多受等级和规制的限制，形式规整、仪式感强，同时满足建筑遮风避雨的功能，使内部空间可封闭，空间分隔相对明确。

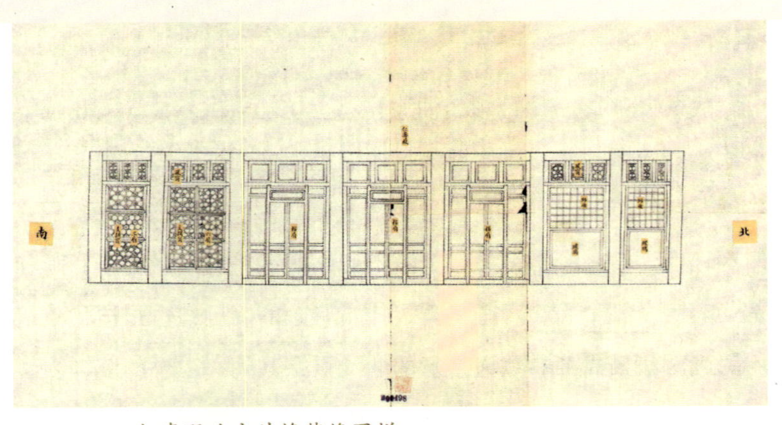

341-0498 仁寿殿改安外檐装修图样

1张，单色，37.3×70.3cm。仁寿殿于清漪园时期名为勤政殿，始建于清乾隆十五年（1750），咸丰十年（1860）毁于英法联军，光绪十二年（1886）重建，更名为仁寿殿，这一名称出自《论语》"仁者寿"。本图为仁寿殿修改外檐装修的图像，以细墨线绘出纱屉、槅扇、风窗、支摘窗等，表现了仁寿殿外檐的装修规制，图上贴黄签注明各处名称。

大门：大门是建筑物的主要出入口，安在院墙门洞或大型建筑的门楼之下，一般取材坚固、用料厚重，具有较好的遮挡性与防御性能。大门的类型有板门、棋盘门、广亮大门、屋宇式大门、如意门、将军门、金柱门、垂花门、乌头门、棂星门等等。

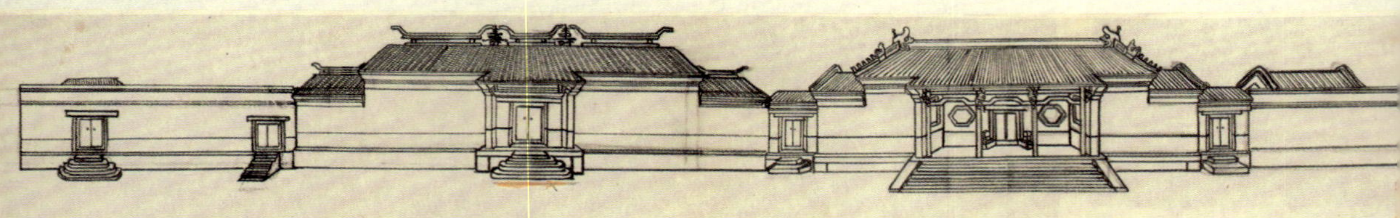

305-0087 ［万寿寺围墙并大门立样］

1张，多色，11×73.5cm。万寿寺位于西直门外苏州街东北侧，即明清时的长河广源闸西侧，是一处清幽、肃穆的皇家庙宇，也是一个集寺庙、行宫、园林于一体的佛教圣地。明清时的北京城水陆交通十分发达，城内外湖泊毗连，河道纵横，从紫禁城可以直接通航至西郊的昆明湖，由于万寿寺地处水陆交通要道，是去颐和园的必经之地，乾隆皇帝降旨在这一带仿江南水乡芦花渡风光，修建行宫和码头，供船舶停靠，俗名"小苏州芦花荡"。每当春夏之交，帝王后妃从紫禁城乘船走水路到颐和园避暑消夏，均在此停泊上岸，礼佛进香，稍事休息。

槛墙：在有窗子的建筑墙面上，由地面到窗槛下的矮墙叫“槛墙”。槛墙在宫殿、庙宇等建筑中多用黄绿琉璃砖拼砌，而一般住宅则多用砖、石、泥土砌筑。相对来说，北方较多使用砖石砌筑，而南方多用板壁或夹泥墙。

392-0447　夹塘鼓儿槛墙洋式玻璃窗［立样］

1张，单色，35.4×46cm。此图为细墨线绘制，上有黄签标名。描绘了一处西式玻璃窗的装修规制，反映了西式装修传入和影响中式建筑的情况。

窗：窗和门一样，也是外檐装修中的一个重要组成部分，窗子的形式非常多样，样式雷图档中的窗户涉及槛窗、支摘窗、方窗、坎窗、花窗、风窗、玻璃窗、横楣窗等。

013-0010-11　**外檐方窗［立样］**

1张，多色，30.4×17.9cm。本图为一处方形窗户的立面示意图。图上贴黄签标注名称。

槛窗：是一种形制较高级的窗子，一种槅扇窗，即在两根立柱之间的下半段砌筑墙体，墙体之上安装槅扇，窗扇上下有转轴，可以向里和向外开关。槛窗多与槅扇门连用，位于槅扇门的两侧。因为是通透的花式棂格，所以即使不开窗也有透光通气的作用，冬季窗棂内会贴上窗纸或装上玻璃。一般而言，槛窗与槅扇门在色彩、棂格花纹等方面都保持同一形式，使得建筑外立面更为协调、统一和规整。槛窗由于形式庄重，一般都被应用在正式的厅堂或园林的重要建筑中。皇家建筑上的窗子大多为槛窗形式，在一些较大型的住宅和寺庙、祠堂等也多有运用。

341–0452 ［四季花式群墙槛窗立样］
1张，单色，47.3×70cm。

支摘窗：一种可以支起、摘下的窗子，明清以来在普通住宅中常用，在一些次要的宫殿建筑中也有所使用。支摘窗一般分上下两段，上段可以推出支起，下段可以摘下，这就是支摘窗名称的由来，也是它和槛窗的最大区别。此外，支摘窗在形象上也与槛窗不同，槛窗是直立的长方形，而支摘窗多为横置。

支摘窗也可以安窗纱或玻璃，起到遮挡风雨的作用。南方园林的支摘窗通常做成三段，分成上、中、下三排窗，中间的一排可以支起，上下层则固定不动，不但具有普通支摘窗的实用性，还具有装饰性。

058-0024 ［支摘窗立样］

1 张，单色，27.5×15.5cm。此图为圆明园装修图样。

花窗：花窗一般指在窗洞内雕或塑出花草、树木、鸟兽或其他优美图案的墙壁上的窗子，有很强的装饰性与艺术性，大多使用在江南民居与园林中，其形式与花样丰富不胜枚举。

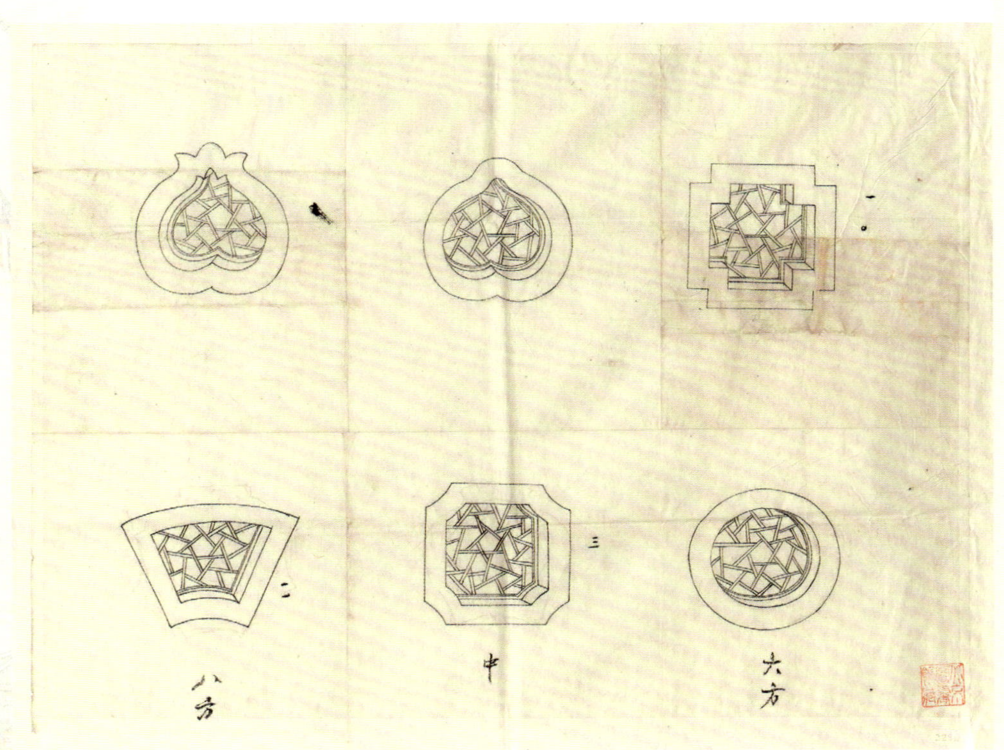

328-0591 ［花窗立样］

1张，单色，42.7×57cm。本图为一组花窗的立面图，以细墨线勾勒圆形、石榴形、心形、扇形等多种形状的花窗。

匾额：又叫牌匾，一般为长方形，上面书写大字，广泛应用于宫殿、园林、寺庙、牌坊、商铺等建筑，并处于显赫的位置。匾额内容丰富、样式纷繁，是古典建筑的点睛之笔。

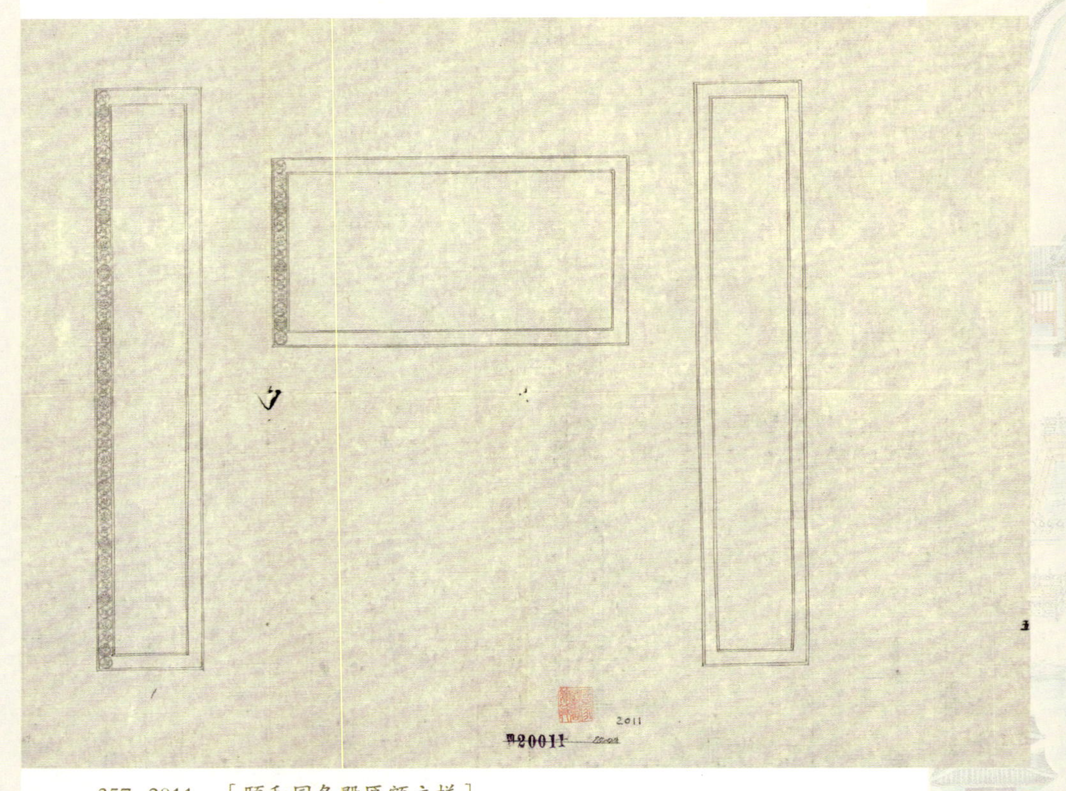

357-2011　［颐和园各殿匾额立样］

1张，单色，34×45cm。匾额指悬于建筑物门屏之上的牌匾，其文字内容或反映建筑物名称，或表达相应的文化寓意。此图为颐和园各殿匾额之立面图，以细墨线勾绘，并绘出边框处的细致纹样。

5. 室内家具

宝座： 宝座主要是指古代帝王、王爷等皇室成员专用的座椅。与一般的椅子相比，宝座形体较大，有的比榻还大。宝座常用楠木、紫檀木等较珍贵的材料制作，扶手和靠背大多雕刻纹饰，制作精美，华丽高贵。

068－0001 ［宝座立样细底］

1张，单色，23×28cm。“细底”与“糙底”相对而言，一般而言标注较为细致整齐，绘制也较为精确。本图为一处宝座细底，全图以细墨线勾勒，座椅上的龙纹装饰非常精美，栩栩如生。

榻：古代一种无顶的小床，榻有四足，较小者可坐，较大者可坐可卧，榻前放几案，可置食物。榻是一种较为方便，随意的家具，榻的形式有杨妃榻、屏背榻等。

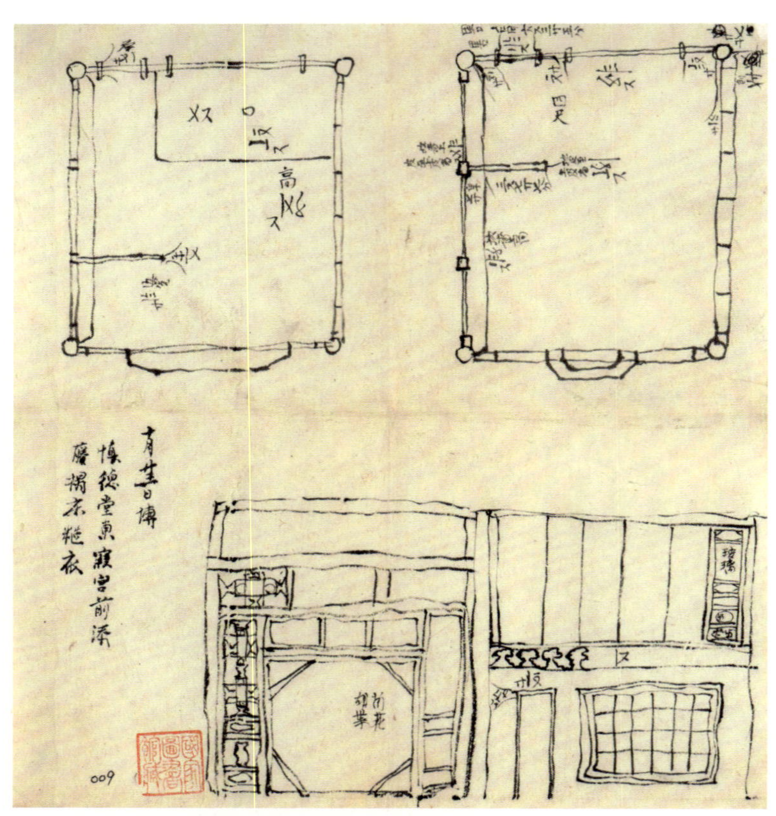

009−0032　慎德堂东寝宫前添藤榻床糙底

1 张，单色，31×28.1cm。慎德堂为圆明园内的寝殿建筑之一，位于九州清晏景区，是道光皇帝与咸丰皇帝在圆明园内的居所。此糙底由四个小图组成，以墨线绘制，表现了此处添设藤榻床的规制。图上各处以苏码标示尺寸，左下方有日期“十月廿三日”。

炕：一种用砖头或土坯砌成的长方台，上面铺着席子，下面有孔道和烟囱相通，可以烧火取暖。

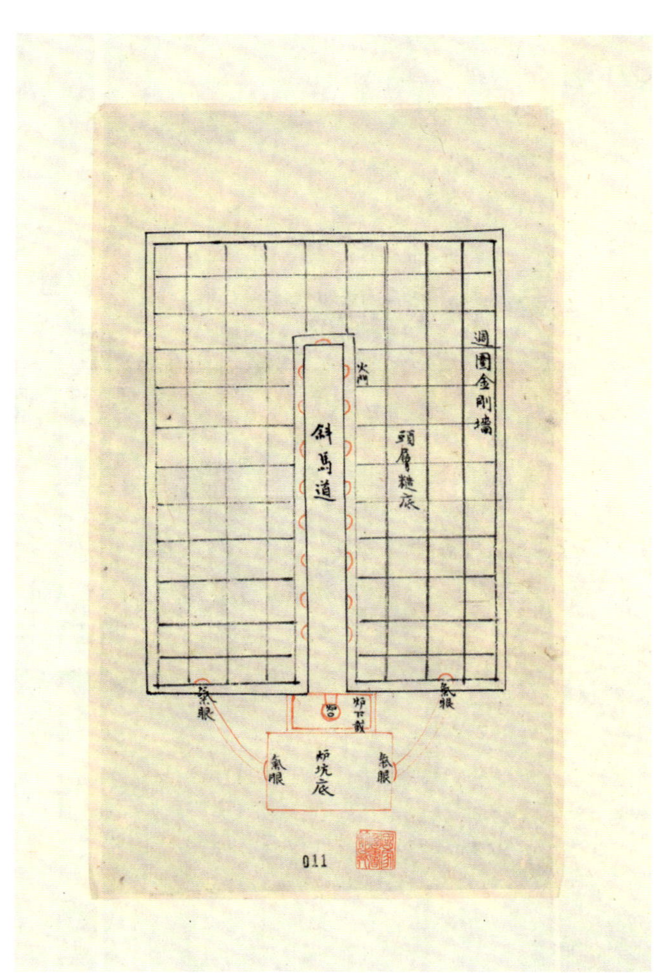

011-0016-02 ［地炕地盘画样］

1 张，多色，32.8×19cm。此图以红、墨双色线条绘制，是某处地炕的建筑图纸，图上有周围金刚墙、斜马道、炉炕底等名称，并以红色半圆形状表现火门或气眼。

案：案也是一种桌、几类的家具，与桌、几相仿，但是没有一般的高几、大桌高，平面呈狭长形。案根据用途可以分为食案、书案等。

337-0121　圆明园月台前平台式清秀亭内檐装修书案桌椅图样

1张，单色，43.1×58.3cm。本图为圆明园清秀亭内家具图样，包括琴桌、椅、凳、八仙桌、鱼桌、卷书炕案六种，较精细地展现了这些家具的形制和图案，图上有文字说明。

供桌：厅堂上置于天然几前的一种长方形桌子，高度约与方桌相等。常与天然几、八仙桌和两个独座，或一对扶手椅构成一组家具。

355-1864 ［颐和园佛香阁供桌立样］

1张，单色，34×41cm。佛香阁为颐和园内标志性建筑，建筑在万寿山上。供桌为传统家具之一种，为厅堂内的一种长方形桌子，由于祭祀时常用以供设香炉、祭品等，故名供桌。本图以细墨线勾绘，表现了佛香阁内一处供桌的形制。

第四章

样式雷相关建筑

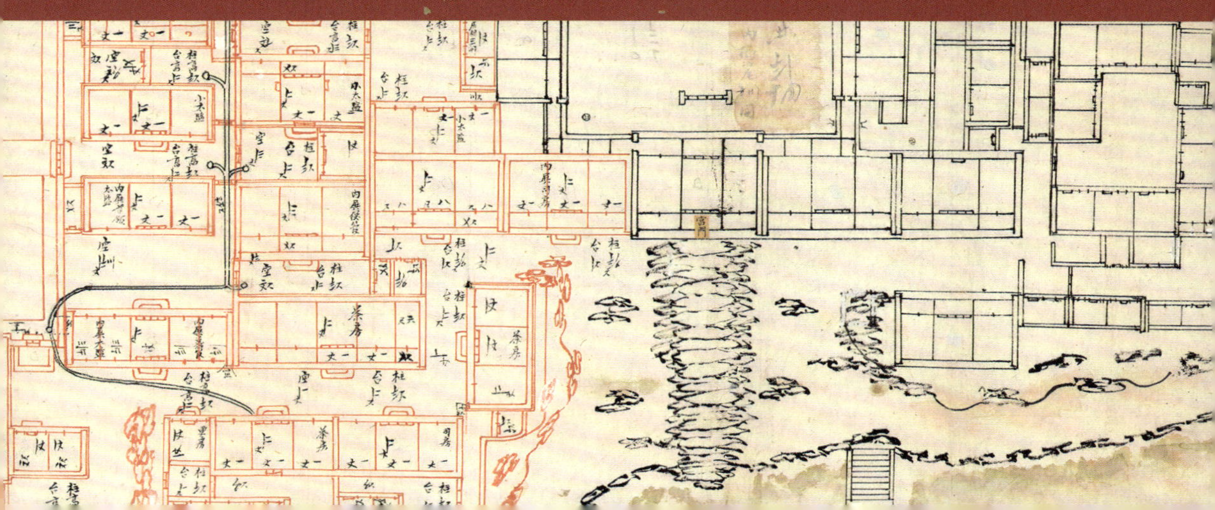

一、世界文化遗产

1. 故宫

紫禁城是中国封建时代的最后一个王城，也是中国古代建筑的集大成者。由明成祖朱棣于永乐四年（1406）下令修建，永乐十四年（1416）正式动工，永乐十八年（1420）落成，用工匠十万、民夫百万，前后历时十四年，工期四年。紫禁城的整体规划延续了明代南京城和金中都的方式，规模益闳壮，艺术构图更完美。《周礼·考工记》中谈及匠人营国，叙述如下“方九里，旁三门。国中九经、九纬，经涂九轨，左祖右社，面朝后市”，中国历代大都城的建制设计多因循此原则，比如西汉长安城、北魏洛阳宫、元大都等，明清紫禁城也不例外。左祖是祭祀祖先的太庙、右社是祭祀百谷大地的社稷坛，前朝是三大殿（太和殿、中和殿、保和殿）、文华殿、武英殿，后宫主要以三宫和东西六宫组成，前后之间以天街（乾清门广场）划分，街两端的景云、隆宗二门直通东西二宫区。

紫禁城作为天下之枢，在设计上以一条长达近 8000 米的中轴线从南北贯穿绵延，南及京城的永定门，北至钟楼，三朝五门莫不依轴线而建。建筑是凝固的音乐，这条象征帝王之气的轴线上也有节奏的起伏变化，从大明门（清代称大清门、即今中华门）到午门的外朝采用欲扬先抑的手法，由含蓄一步步推进，穿过五重大门达到太和殿广场，节奏由平淡进而激昂。由此也可看出中国古代建筑的群体式特点，由多个单体建筑构成一个完整的有机统一体，每个建筑都与这个整体相呼应，作为有机体的一部分。

如此庞大的一座宫城，其营建除了“天时、地利、材美”外，更离不开“工巧”，在明清两代参与修建宫城的工匠们不计其数，但是载入史册的名字并不多，明代有陈珪、蒯祥、蔡信、杨青等，及至清代有梁九、雷发达等。而宫中负责建筑样式设计的机构称为样式房，雷发达曾任样式房掌班，“样式雷”的称谓便也由此而起。雷发达木作[①]技术超群，创立了“烫样”，自此雷家八代人掌管清宫样式房长达 240 多年，其中最有声誉者当属雷发达之子雷金玉。此后清宫殿设计图样也多出自雷家，这些图纸即故宫样式雷图档。而这些图档之所以能保存下来要归功于雷发达的曾孙雷景修，他“一生中工作最勤，家中裒集图稿、烫样模型甚夥，筑室三楹为储藏之所”。

时代更迭，样式雷图档也几经易主，目前和故宫有关的样式雷图档主要保存在中国国家图书馆、故宫博物院和中国第一历史档案馆等处，而国家图书馆藏样式雷图档总量约为 1.5 万件，其中和故宫有关的图样和烫样约计 500 件。这些图样的名目繁多，图纸的命名主要依据两个方面，其一是建筑表现，可分为地盘样、立样等；其二是绘制进度，可分为糙样、糙底、细底等，比如《［毓庆宫地盘糙样］》指的就是毓庆宫平面图的设计草图。国家图书馆收藏的故宫样式雷图档多为清末绘制，目前年代可考的图档早至嘉庆十九年（1814），晚至民国年间。

---

① 中国古代木构建筑离不开屋顶、屋身、台基三段组合，完成这一建筑需要八种匠作合力为之，即八作“木作、瓦作、石作、土作、油作、裱糊作、彩画作、搭材作”。其中木作又分为大木作和小木作，由于房屋以木结构为主，所以整体设计也归大木作。

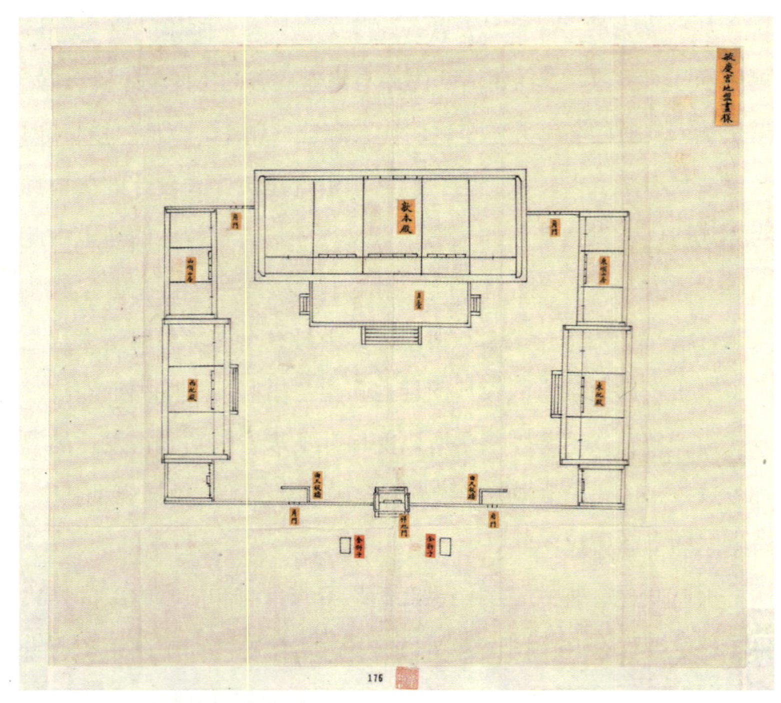

176-0001　毓庆宫地盘画样

1 张，单色，45.5×50cm。

从历史的角度看，样式雷图档制作于中国古代建筑集大成时期，是对中国古代建筑文化最好的总结和流传。试想如果凡尔赛宫的设计师们看到了故宫的样式雷图档，亦会对这座位于遥远东方的皇宫产生浓厚兴趣，南北走向的中轴线、方正有序的布局、黄瓦朱墙层层进深无不暗示着礼制文化，含蓄而内敛地显露着古代中国的帝王之气。

如果说城市是一本书，那么阅读紫禁城，我们看到的是中国古代宫城的营造智慧和文化传统，样式雷将这一传统具象于图档，巨至 6 米长的《［大清门至坤宁宫中一路图样］》，微达 4 厘米的《响堂炕气眼火车门立样》，加上红色或黄色的文字说帖，成为具体而明晰的图像文献。这些画样既是清代烫样的制作依据，也是如今宫殿修复时所用建筑模型的重要参考，可见其作为图像文献的宝贵实用价值，这也是样式雷图档的独特之处。它不同于一般的历史文献文物只具备历史价值、资料价值和艺术价值，它现在仍被作为修复和建造的依据，可以说它是一批“活着”的文物。

174-0030　[养心殿明窗表盘指针画样]
1 张，单色，46×32.4cm。

2. 颐和园

清乾隆十五年（1750），乾隆皇帝为了筹备其母崇德皇太后的六十大寿，开始修建清漪园，这便是颐和园的前身。咸丰十年（1860），清漪园被英法联军焚毁。光绪十四年（1888），清漪园得以重建，改称颐和园。光绪二十六年（1900），颐和园又遭八国联军破坏，园内珍宝被劫掠一空。1961 年，颐和园被公布为第一批全国重点文物保护单位，与同时公布的承德避暑山庄、拙政园、留园并称为中国四大名园。1998 年，颐和园被列入《世界遗产名录》。2009 年，颐和园入选中国世界纪录协会中国现存最大的皇家园林。作为我国保存最完整的一座皇家行宫苑囿，颐和园也被誉为“皇家园林博物馆”。

中国皇家园林最大的特色当属规模宏大，颐和园也不例外。颐和园囊括了万寿山和昆明湖两大部分，园内山大、水大、建筑物数量多且体量大。鼎盛时期，全园占地面积达 293 公顷，其中水面占了四分之三。园内建筑以佛香阁为中心，园中有景点建筑百余座、大小院落 20 余处，亭、台、楼、阁、廊、榭等不同形式的建筑 3000 余间，古树名木 1600 余株。万寿山下的长廊长 700 多米，号称“世界第一廊”，光是长廊枋梁上的彩画就有 8000 多幅。水面上桥梁众多，有著名的十七孔桥、西堤六桥等，至今尚有近 20 座桥留存。颐和园整体构思巧妙，既彰显了中国皇家园林的恢宏富丽之势，又充满自然天成之趣，是中国古典园林中讲究“虽由人作，宛自天开”造园准则的典范。

据有关学者调查，除国图以外，目前中国第一历史档案馆收藏有颐和园相关样式雷图档 70 余件，故宫博物院图书馆收藏有

60余件。此外，中国国家博物馆、清华大学、中国人民大学、中国科学院图书馆、日本东京大学东洋文化研究所、法国吉美博物馆等国内外机构也存有少量相关图档。国图作为样式雷图档最大的收藏机构，目前明确与颐和园相关的图档有700余件，其中图样620余件、文档80余件。颐和园相关样式雷图样大致包括总图、景点图、装修图和交通工具图四类。

总图是指涉及颐和园全园以及全部万寿山或昆明湖的图样，因此大致分为三类：一类是颐和园全园图，如《清漪园地盘画样》《清漪园河道地盘样》《万寿山全图》等；一类是万寿山图，如《万寿山前山中路地盘样》《万寿山颐和园中御路添盖房间准底样》《万寿山后山中路全部地盘样》等；一类是昆明湖图，如《昆明湖挖船道路线丈尺细图》《昆明湖西墙至西船坞挖河图》《昆明湖鉴远堂至藻鉴堂船道图》等。

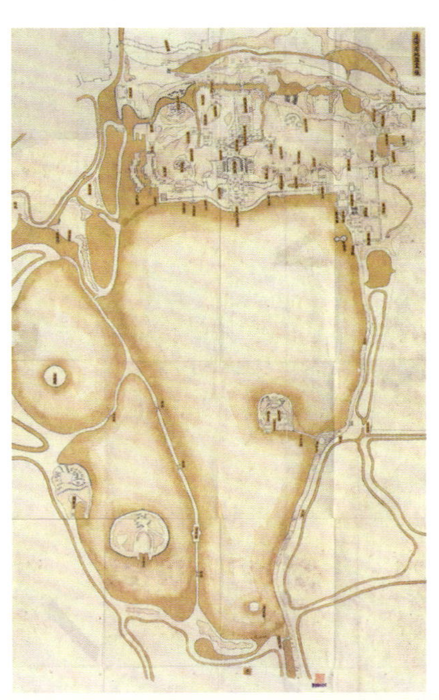

343-0666　清漪园地盘画样

1张，多色，114×70cm。乾隆十五年（1750），乾隆皇帝为筹备其母崇庆皇太后六十寿筵，同时也为了治理京西水系，下令修建清漪园。乾隆二十九年（1764），清漪园落成。该园以万寿山和昆明湖为基础，以杭州西湖为蓝本。昆明湖及南湖岛、治镜阁岛、藻鉴堂岛的设计秉承了中国古代“一池三山”的造园手法。

清漪園地盤畫樣
雲繪軒
知春堂
小東門
澄碧亭
霽清軒
涵遠堂
清琴峽
諧趣園
東宮門
對鷗舫
勤政殿
軍機處
怡春堂
曇華閣
文昌閣
玉瀾堂
知春亭
藕香榭
樂壽堂
重翠亭
養雲軒
千峰彩翠
善現寺
寫秋軒
無盡意軒
留佳亭
須彌靈境
香巖宗印之閣
智慧海
佛香閣
大報恩延壽寺
雲會寺
羅漢堂
靜佳齋
嘉蔭軒
綺望軒
賅春園
秋水亭
魚藻軒
清遙亭
湖山真意
繪芳堂
畫中游
水周堂
石丈亭
荇橋
貝闕
五聖祠
西宮門
青龍橋
水村居
多寶塔
耕織圖

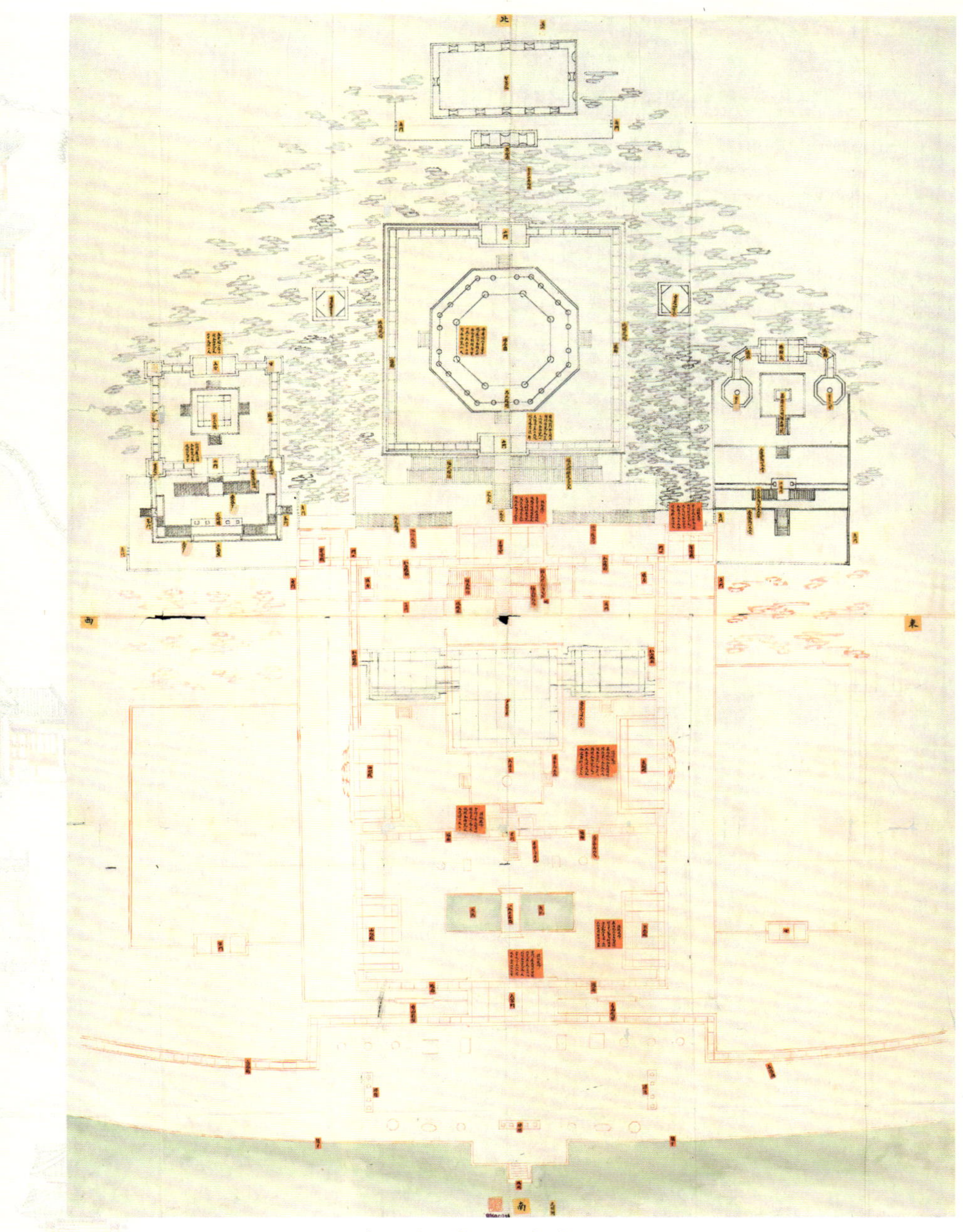

343-0693 万寿山前山中路地盘样

1张，多色，134×95.4cm。万寿山为燕山余脉，原名瓮山，前临昆明湖。中轴线上建筑层层上升，从山脚的云辉玉宇牌楼开始，经排云门、二宫门、排云殿、德辉殿、佛香阁，直至山顶的智慧海。

景点图是指涉及颐和园内某一建筑或建筑群的图样。与颐和园相关的样式雷图中，以这类景点图居多，几乎囊括了颐和园中所有的景点建筑。景点图按建筑物类型大致分为两类：一类是殿宇图，如《万寿山颐和园内听鹂馆接修扮戏房图样改准底》《谨拟建修宜春堂内三重檐大戏台看戏楼殿宇房间地盘画样》《万寿山颐和园内谐趣园以南添修库房值房等图样》等；一类是桥、亭等图，如《颐和园内练桥南边添修木桥图》《颐和园内西堤草亭立样》《豳风桥以南五方草亭立样》等。从展示建筑物的角度来区分，景点图又可分为平面图和立面图，如《颐和园内听鹂馆地盘平样》《颐和园听鹂馆地盘立样》等。

354-1792　颐和园内西堤草亭立样

1 张，多色，31×43cm。西堤是昆明湖中自西北向东南逶迤的一道长堤，仿杭州西湖的苏堤修建而成。除著名的西堤六桥外，样式雷也曾设计其他点景建筑，如草亭、扇面房等，或者未有实施或者早已无存。

装修图包括外檐装修、内檐装修、室内陈设、室外陈设等。外檐装修一般指门、窗、栏杆等，如《仁寿殿改安外檐装修图样》《颐和园龙神祠迤西垂花门及角门立样》《宜芸馆万福万寿鼓儿群墙槛窗立样》等；内檐装修一般指各种室内隔断，如《写秋轩添安内檐装修图样》《万寿山颐和园内谐趣园以北座落房内檐装修图样》《颐和园餐秀亭内部装修栏杆罩样》等；室内陈设包括各种家具，如《仁寿殿内围屏宝座地平床图样》《颐乐殿内围屏宝座床图样》等；室外陈设图有《宜芸馆日晷铜龟立样糙底》《长廊亭露天陈设分位图样》《乐寿堂露天陈设分位图样》等。从展示建筑物的角度来区分，装修图也可分为平面图和立面图，如《谐趣园内涵远堂添安内檐装修地盘样》《涵远堂内檐装修栏杆罩立样》等。

348-1188　涵远堂内檐装修栏杆罩立样

1张，多色，96.5×88cm。

颐和园是一座以水为主的园林，水面面积占了四分之三。因此，船是园内重要的交通工具之一。样式雷同样也负责船的设计。与船相关的图档有《颐和园扑拉船立样》《颐和园布棚式御船立样》《颐和园平台式船样》等。

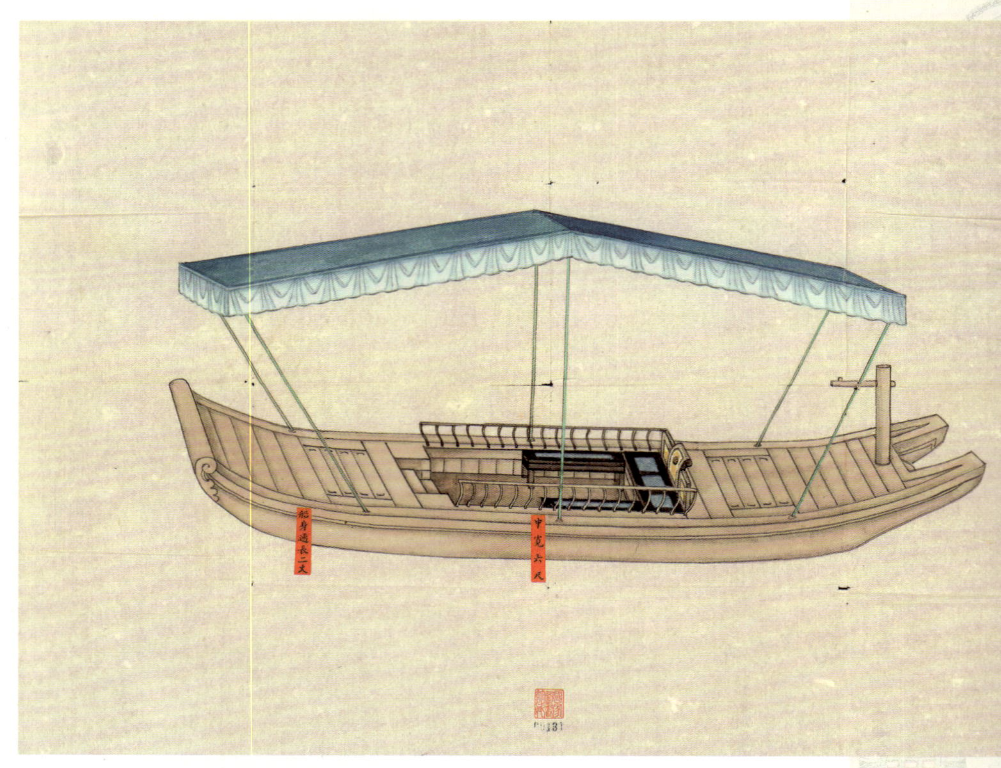

337-0131　**颐和园布棚式御船立样**

1 张，多色，40.5×57cm。皇家舟舆是样式雷设计中比较稀少的一个种类。样式雷图档中的御船样包括黑白草图、彩色准图及精细烫样。颐和园上通行的御船包括游船、茶膳船、水操战船等。光绪时期的御船大多为慈禧太后和光绪皇帝专门设计，装饰华丽，颐养与长寿的元素较多。

与颐和园相关的样式雷图档内容丰富，涉及旧址勘察、建筑设计、做法说明、山石设计、游船设计、点景设计等，体现了雷氏家族参与颐和园工程的方方面面。从国图所藏颐和园相关图档来看，数量最多的是东宫门外建筑群，总计有100余幅图样。因为慈禧晚年在颐和园长期居住并处理政务，东宫门外是衙署聚集地，修缮、新建较多。在颐和园内，现有图样较多的景点有畅观堂、听鹂馆和贵寿无极建筑群、谐趣园和霁清轩建筑群、治镜阁等。

在国图收藏的将近1.5万件样式雷图档中，约有1.1万件图样和近4000件文档，图文比例约为三比一。与颐和园相关的样式雷图档中，图样相对于文档的比例明显更大，图样有近620件，文档有近80件，图档比例高达八比一。由此可见，样式雷图档中有关颐和园的文字记载较少，文档缺失情况较严重。现存文档基本为做法册、估料册、销算册、丈尺册、查工册和单页等，如《颐和园乐寿堂起揭摘撤字画匾对格眼等项搭拆接手架木料估册》《昆明湖周围并各处添修拆修码头等工丈尺做法细册》《清漪园望蟾阁宫门前琉璃影壁一道拆工销算清册》《昆明湖内治镜阁元城丈尺查工册》《听鹂馆迤东值房尺寸单》等。

3. 天坛

中国古代帝王自称“天子”，即天之元子。在古代，天被认为是宇宙最高的主宰，世间万物都是天地孕育的后代，天为父，所以号“皇天”，地为母，所以叫“后土”。一般认为，在春秋战国时期，天子的说法就已经开始出现，但未成为正统的称呼，周王朝和各诸侯国依然沿用着“大王”称呼，到了汉朝，皇帝们才把天子挂在嘴边，天子也就渐渐成为历代皇帝的尊称。司马迁《史记》中记载：“于是帝尧老，命舜摄行天子之政，以观天命。”所以中国古代帝王对天地非常崇敬，祭天是最隆重、最庄严的祭祀仪式。

中国祭天的历史源远流长，最早的正式祭祀天地的活动，可追溯到公元前 2000 年的夏朝。到了明代，明成祖朱棣将北京作为都城，对北京进行了大规模的改造，尤其重视祭坛宗庙的营建。天坛最早是明永乐十八年（1420）仿南京形制所建的天地坛，合祭皇天后土，当时是在大祀殿行祭典。到嘉靖年间，嘉靖帝认为“天地合祭”不合古代礼制，因此在嘉靖九年（1530），恢复了“天地分祭”制度，又分别建造圜丘祭天，方泽祭地。

以现在的地图来看，天坛位于今北京市南部，东城区永定门内大街东侧。天坛主体建筑分为祈谷坛和圜丘坛，坛墙南方北圆，象征天圆地方，二坛同在一条南北轴线上，中间由丹陛桥连接。祈谷坛位于天坛北部，是举行孟春祈谷大典的场所，主要建筑有皇乾殿、祈年殿、东西配殿、祈年门、神厨、宰牲亭、长廊，附属建筑有内外围墙、具服台，内坛墙上东南西北各设天门，西外坛墙设祈谷坛门，内坛东部有七星石。圜丘坛别名祭天台，位于天坛南部，为皇帝冬至日祭天大典的场所，由圜丘、皇穹宇及配殿、神厨、三库及宰牲亭等组成。

皇乾殿是一座庑殿式大殿，覆盖蓝色的琉璃瓦，下面有汉白玉石栏杆的台基座。它是专用于平时供奉“皇天上帝”和皇帝列祖列宗神版的殿宇。皇乾殿向南走就是天坛颜值最高、各种北京相关宣传片必有镜头的祈年殿。

祈年殿前身为大祈殿，始建于明永乐十八年（1420）。明嘉靖二十四年（1545）改建为三重檐圆攒尖形制，名为“大享殿”。清乾隆十六年（1751）修缮后，改名为“祈年殿”。绘于乾隆十五年（1750）的《乾隆京城全图》中祈年殿仍被标为“大享殿”。光绪十五年（1889）毁于雷火，数年后按原样重建。

祈年殿为砖木结构，殿高38米，直径32米，鎏金宝顶、蓝瓦红柱、金碧辉煌的彩绘三层重檐收缩作伞状，殿为圆形，象征天圆；瓦为蓝色，象征蓝天。祈年殿采用的是上殿下屋的构造形式，大殿建于高6米的白石雕栏环绕的三层汉白玉圆台祈谷坛上，颇有拔地擎天之势，壮观恢宏。祈年殿的内部结构比较独特：不用大梁和长檩，仅用楠木柱和枋桷相互衔接支撑屋顶。殿内柱子的数目，据说也是按照天象建立起来的。内围的四根“龙井柱”象征一年四季春、夏、秋、冬；中围的十二根“金柱”象征一年十二个月；外围的十二根“檐柱”象征一天十二个时辰。中层和外层相加的二十四根，象征一年二十四个节气。三层总共二十八根，象征天上二十八星宿。再加上柱顶端的八根铜柱，总共三十六根，象征三十六天罡。殿内地板的正中是一块圆形大理石，带有天然的龙凤花纹，与殿顶的蟠龙藻井和四周彩绘金描的龙凤和玺图案相互呼应。六宝顶下的雷公柱则象征皇帝的“一统天下”。祈年殿的藻井是由两层斗栱及一层天花组成，中间为金色龙凤浮雕，结构精巧，富丽华贵，使整座殿堂显得十分富丽堂皇。

祈年殿东面有七十二长廊和宰牲亭，长廊南面的广场上有七星石，是嘉靖年间放置的镇石。祈年殿南面还有东西配殿，穿过祈年门就是丹陛桥。“丹”意为红，“陛”原指宫殿前的台阶，丹陛桥又叫海墁大道，长约 360 米、宽约 30 米，是一座巨大漫长的砖石平台，因其下面有两孔涵洞而称桥。丹陛桥上有三条石道，桥面中心线的石板大路称“神道”，这条路却不是给皇帝走的，而是祭天时由宦官捧着神灵排位走的，皇帝只能屈尊走东侧的“御道”，王公大臣走西侧的“王道”。丹陛桥南端高约 1 米，北端却高约 3 米，由南向北逐渐升高，一是象征皇帝步步高升，寓升天之意；二是表示升天不仅要步步登高，而且要经过漫长路程。

从丹陛桥向南走，穿过成贞门就是皇穹宇，明嘉靖九年(1530)初建时名为“泰神殿”，嘉靖十七年（1538）改称皇穹宇，是供奉圜丘坛祭祀神位的场所。初建为单檐圆形建筑，是圜丘坛的正殿，清乾隆十七年（1752）改建为今式。皇穹宇的围墙呈圆形，起到传音的作用，因此也叫回音壁。皇穹宇再向南走，就是天坛正式祭天的场所——圜丘。

圜丘是皇帝举行冬至祭天大典的场所，又称祭天坛。圜丘始建于明嘉靖九年（1530），为三层蓝色琉璃圆坛，清乾隆十四年（1749）扩建，并改蓝色琉璃为艾叶青石台面，汉白玉柱、栏。四周绕有两层蓝色琉璃瓦矮墙，第一层外墙为方形，第二层内墙为圆形，象征“天圆地方”。

圜丘坛共分三层，每层四面各有台阶九级，每层周围都设有精雕细刻的汉白玉石栏杆。栏杆的数字均为九或九的倍数，即上层72根、中层108根、下层180根。最上层的中心是一块圆形大理石，称作天心石或太极石，从中心石向外，各层铺设的扇面形石板，也是九或九的倍数。同时，上层直径为9丈（取一九），中层直径为15丈（取三五），下层直径为21丈（取三七），合起来45丈，不但是九的倍数，而且还有“九五”之尊的含义。用九或九的倍数来设计建造祭坛，一是因为象征九重天，以表示天体的至高与至大；二是因为我国古代把奇数看作阳数，天为阳、地为阴，天坛是用来祭天的，只能用阳数进行建筑。而“九”又是个位数中最大的奇数，被视为“极阳数”，这是最吉祥的数字。这种设计规制反映出当时工匠们高超的数学知识和计算才能，实在令人叹服。

此外，附近建筑南侧还有棂星门、燔柴炉、具服台、望灯等；东侧有神厨、宰牲亭；西侧有神乐署、斋宫等。

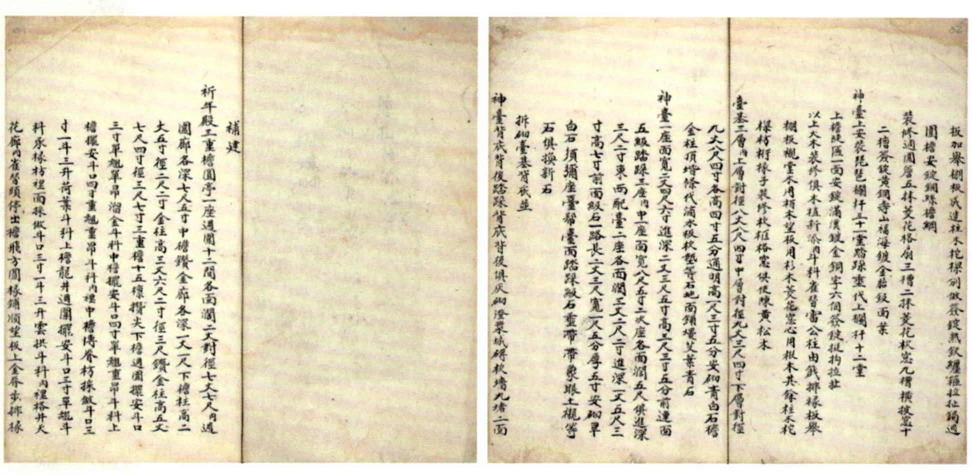
補建
祈年殿三重檐圓亭一座通圍十二間各面闊二丈對徑七丈七尺内通
圍廊各深七尺五寸中檐鑽金廊各深一丈一尺下檐柱高二
丈五寸徑二尺二寸金柱高三丈六尺二寸徑三尺鑽金柱高五丈
七尺四寸徑三尺七寸三重檐十五檩攢尖下檐週圍擺安斗口
三寸單翹單昂溜金斗科中檐擺安斗口四寸單翹重昂斗科上
檐擺安斗口四寸重翹重昂斗科内裡中檐博脊枋採做斗口三
寸一斗三升荷葉斗科上檐龍井週圍擺安斗口三寸單翹斗
科承椽枋裡面採做斗口三寸一斗三升雲拱斗科内裡格井天
花廊内雀替頭停出檐飛方圓椽鋪順望板上金脊步排椽

板加楔棚板並(?)達柱木挖槽剜做簽錠熟鐵攀箍拉扯鋦過
圍檐安錠銅絲檐網
裝修週圍層五抹菱花格扇三槽二抹菱花檻窗九槽横披窗十
二槽簽錠黄銅壽山福海鍍金葉鈕面葉
神臺上安琵琶欄杆三十二堂踏跺垂代上欄杆十二堂
上檐陡匾一面安錠滿漢鍍金銅字六個簽錠挺鈎拉扯
以上大木裝修俱木植新添内斗科雀替雷公柱由戧排椽板舉
棚板襯雲木用楠木望板用杉木菱花窗心用椴木其餘柱木花
樑枋桁椽子裝修枕框格窗俱使陳黄松木
臺基三層内上層對徑八丈八尺四寸中層對徑九丈三尺四寸下層對徑
九丈八尺四寸各高四寸五分通明高一丈三寸五分安砌青白石檐
金柱頂增添代滿水板枕墊等石地面鋪墁艾葉青石
神臺一座面寬二丈四尺六寸進深二丈三尺五寸高三尺三寸五分前連面
五級踏跺三座内中一座面寬八尺五寸二次座各面闊五尺俱進深
三尺二寸東西配臺二座各面闊三丈二尺二寸進深一丈五尺三
寸高七寸前面級石一路長二丈三尺寬一尺五分厚五寸安砌旱
白石須彌座壘砌臺面踏跺級石垂帶象眼土襯等
石俱換新石
拆砌臺基背底並
神臺背底背後踏跺背底背後俱灰砌澄漿城磚枕墻九堵二面

375-0419-01　天坛补建祈年殿工程做法册

1册，单色，24×14.7cm。

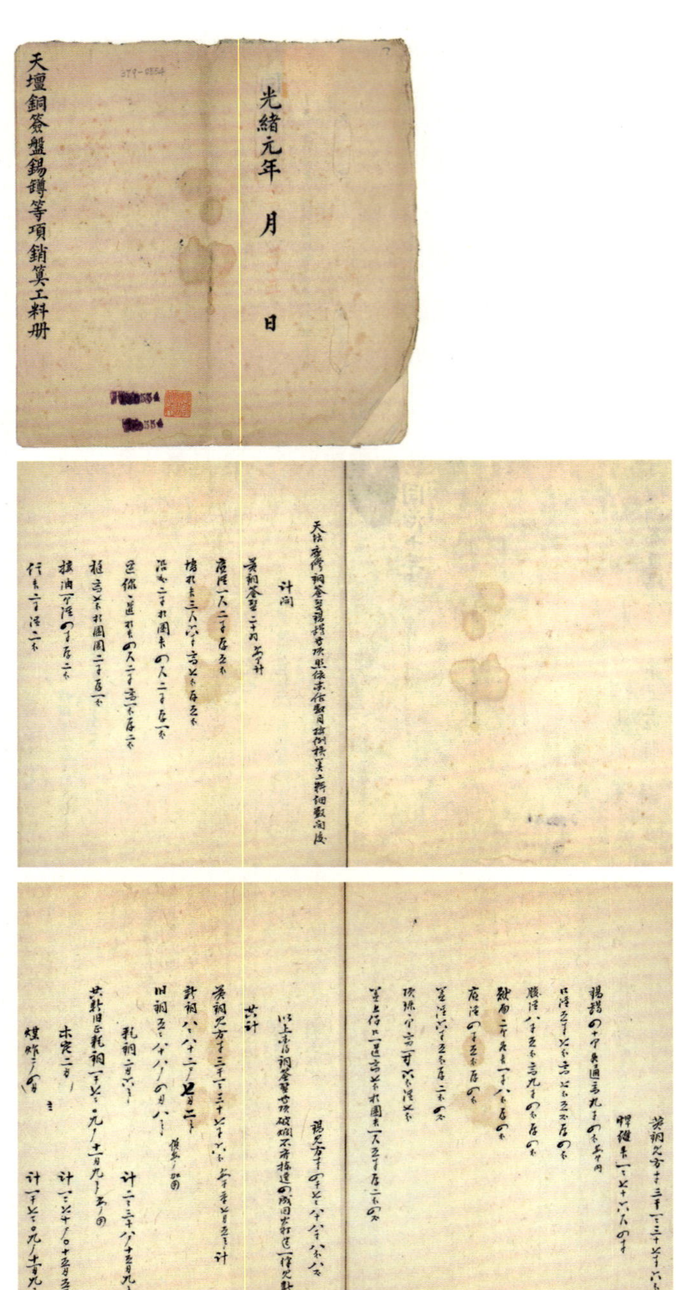

天壇銅簽盤錫鐏等項銷算工料册

光緒元年　月　日

379-0554　**天坛铜签盘锡罇等项销算工料册**

1册，单色，25×24cm。清光绪元年三月（1875.4）。

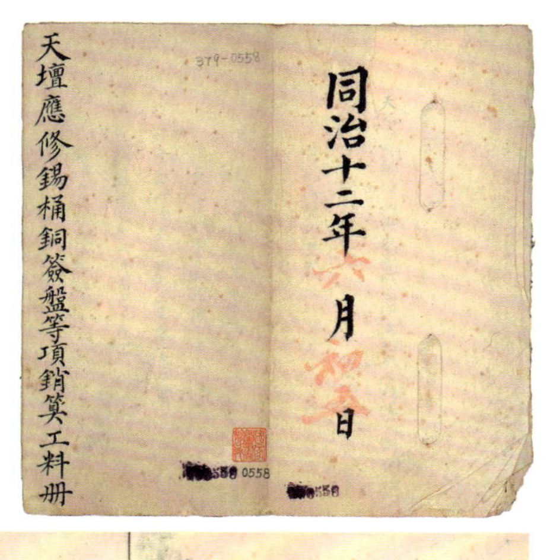

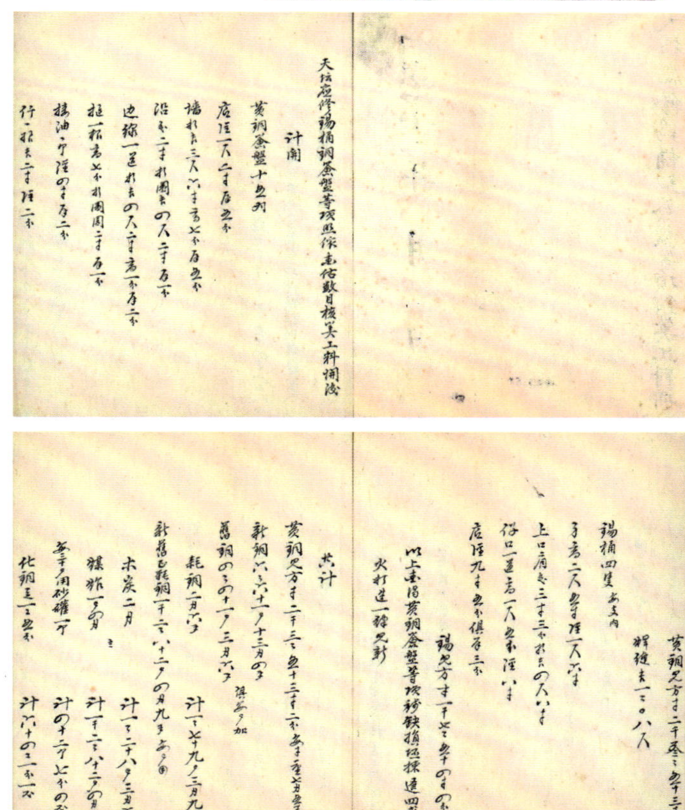

379-0558　天坛应修锡桶铜签盘等项销算工料册

1册，单色，24×24cm。清同治十二年六月（1873.6）。

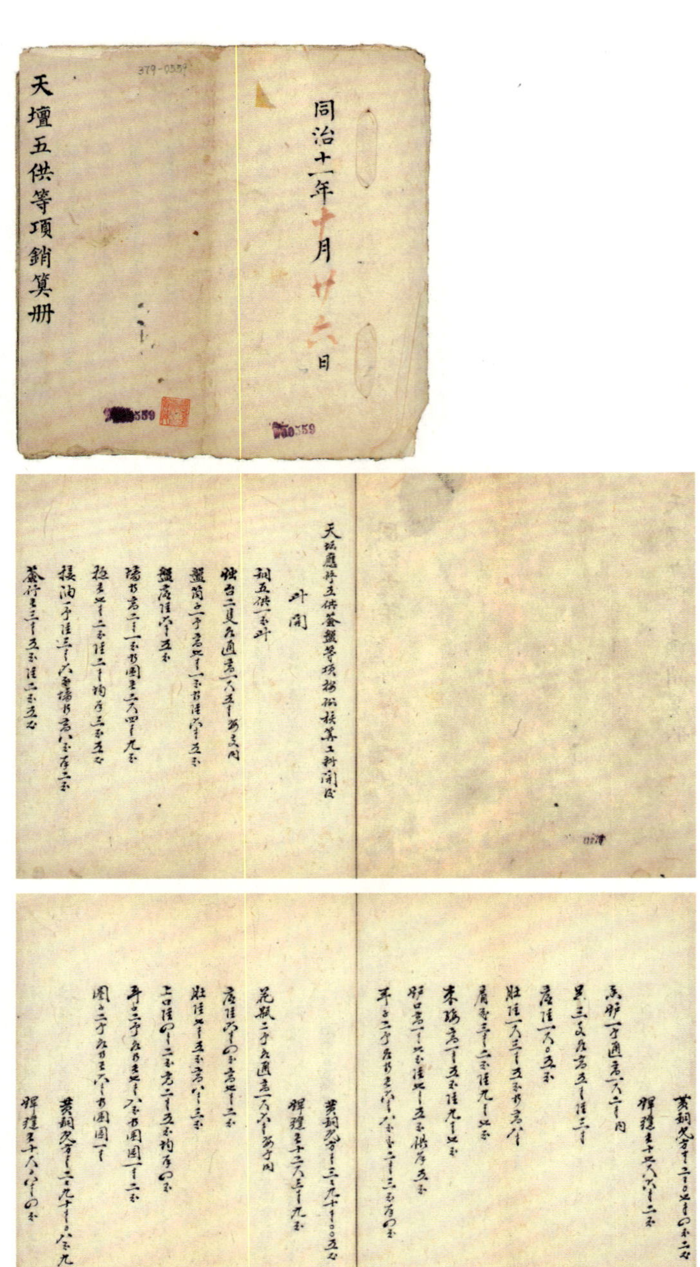

379-0559　天坛五供等项销算册

1册，单色，24×23cm。清同治十一年十月（1872.11）。

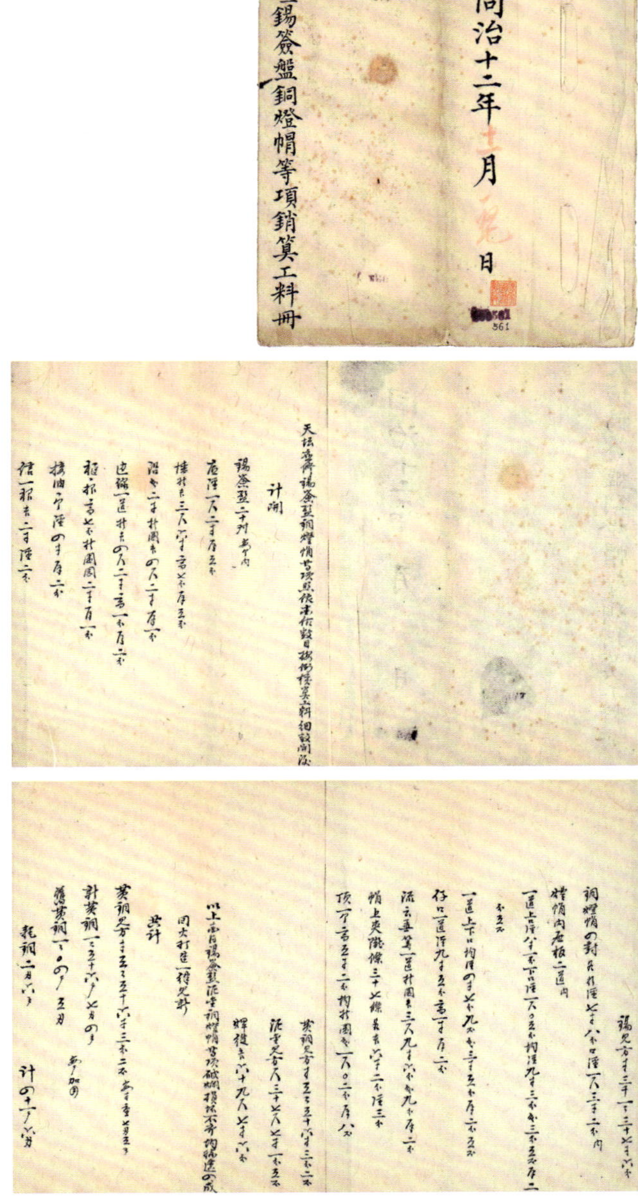

379-0561　天坛锡签盘铜灯帽等项销算工料册

1册，单色，26×23cm。清同治十二年十一月（1873.12）。

4. 清东陵

满清入关之后，接受了汉人的丧葬文化，大规模建造陵寝。《皇朝文献通考》记载：“我朝尊祖敬宗之典，超轶往古，而于山陵大礼尤为隆备。兴京永陵，敬奉肇祖，衣冠之所而兴祖卜兆正中。景祖、显祖，昭穆序列，天钟福地，允为发祥所自。盛京则福陵在东北，昭陵在西，远拱长白山，近带辽水，郁郁葱葱，佳气所聚。世祖定鼎燕京，预定山陵于遵化州之昌瑞山，是为孝陵，而景陵在其东，重峦叠嶂，四面环抱，用启佑我万年有道之长焉。泰陵在易州之永宁山，脉厚力丰，堪与昌瑞并峙。遵化在京东，故称东陵；易州在京西，故称西陵云。”从这段记载来看，清人对帝陵的重视可见一斑。

样式雷家族承接了清东陵和西陵的大量修建、重修工程，保留下较完整系统的文字、图纸档案，清代陵寝建筑，从选址勘探、确定设计方案，到施工、完工的进程，都全面地反映在样式雷图档中。

选址勘探方面，清代接受了汉人的堪舆风水理论，陵寝选址皆由堪舆家仔细实地勘探、查看风水后决定，选定的地址被称为“万年福地”“万年吉地”，在选址中要考虑的因素众多，包括山的走势，水源和水流，土壤、植被等等，最终的选址需要“遵照典礼之规制，配合山川之盛势”，“乾坤聚秀之区，阴阳和会之所，龙穴砂水，无美不收，形势理气，诸吉咸备”，形成人文与自然相互融合的空间格局。以定东陵为例，当时的官员详细考察了周围的普陀山、羊肠峪、成子峪、松树沟等多处，留下的相关文档有《普陀山吉地说［帖］》《成子峪吉地说》《成子峪来脉》等。

工官机构方面，清代大型陵寝工程一般设有专门工程处，工程处在京城和工地分别设立办事机构，称为“京档房”与“工次档房”。档房内设有样式房和算房。目前留存的相关陵寝工程记事和随工日记等档案，详细记载了当时雷氏参与样式雷设计的工程情况，也保留了清代工官制度的重要史料。

规划设计方面，陵寝选址定好之后，接下来就会按照钦定规制，开始设计建筑方案，有关工程的规格、做法、尺度，都需要有相应图说，进呈御览之后，再根据旨意进行调整修改，最后制作工程全分烫样和地宫烫样各一件，与相关说明文档一起进呈，获批准之后，即可择吉期开工。样式雷图档中也保存了大量此类图档，如《普祥峪菩陀峪万年吉地山向志桩图》《金龙峪崇陵志桩图》《［东陵风水志桩地盘全样］》等等。

施工进程方面，皇家陵寝工程规模宏大、工序繁多，因此往往工期漫长，在施工进程中需要有明确的流程，还需定时将已做工程上报，以及时进行相关调整，在样式雷图档中也保存了许多工程各阶段的“已做现做活计图”等，还有大量工程告竣后的“竣工地盘图”，这些图纸能够反映出陵寝工程的施工程序，对于相关研究有重要参考价值。

部分工程方面，样式雷中除了一些对于工程进行整体描绘的图纸外，还有许多工程的细节图纸，如陵寝的树池、砂山、神厨库、宝城、地宫等，一般都会分别绘制具体图纸。例如《［龙须沟地盘准底］》《［隆恩殿地盘样糙底］》等。

（1）清东陵概况

清东陵位于河北省遵化市马兰峪镇以西。从顺治十八年

（1661）兴修第一座皇陵孝陵起，到光绪三十四年（1908）慈禧陵墓重修的完成，共经历了247年。在清东陵里，共有皇陵五座、皇后陵四座、妃园寝五座、公主园寝一座。皇陵五座是：顺治帝的孝陵、康熙帝的景陵、乾隆帝的裕陵、咸丰帝的定陵、同治帝的惠陵。皇后陵四座是：皇太极之妻孝庄文皇后、孝惠章皇后的昭西陵和孝东陵、咸丰帝的皇后孝贞显皇后的普祥峪定东陵、孝钦显皇后慈禧的菩陀峪定东陵。五座妃园寝包括：景陵皇贵妃园寝、景泰妃园寝、裕陵妃园寝、定陵妃园寝、惠陵妃园寝。清东陵总计共葬有皇帝5位、皇后15位、皇贵妃14位、贵妃8位、妃28位、嫔18位、贵人22位、常在16位、答应9位、福晋4位、格格17位、阿哥1位，共157位皇室成员。清东陵的布局很有特色，基本上是以顺治帝的孝陵为中心，其他四座皇陵大体呈扇形左右对称分布，辈分越高者越接近孝陵。另一方面，同清西陵相同，清东陵中皇后和妃子陵寝都建在本朝皇帝陵寝附近，且皇后陵的神道同本朝皇帝陵寝的神道相连，而皇帝的神道又同孝陵的神道相连，组成了一个网络。

国家图书馆馆藏的清代样式雷图档《东陵地势全图》很好地印证了清东陵的布局格式，各个陵寝的神道彼此如神经脉络般相连在一起，清晰可见。

195–0001　**东陵地势全图**

1 张，多色，67.2×70.1cm。有黄签和说明。图中形象绘制出清东陵的山形水系等地势情况，明确标示出孝陵、景陵、裕陵。咸丰帝的定陵未标出，在慈禧定东陵处标注“菩陀峪万年吉地”，应是为慈禧太后选取万年吉地所绘。

（2）孝陵概况

孝陵是埋葬顺治皇帝的陵寝，其修建工程始于顺治十八年（1661），竣工于康熙三年（1664）十一月底。孝陵除了安葬顺治帝，还埋葬着他的皇后孝康皇后佟佳氏和孝献皇后董鄂氏。

作为清东陵第一座修建的陵寝，孝陵有着无可撼动的地位。它处于整个清东陵皇室陵寝的中心，规模也是清朝陵寝中最大的。

孝陵石牌坊位于孝陵最前方，规模巨大：高 12.48 米、宽 31.35 米，全部由重量在几吨到十几吨的青白石料建造；孝陵的大红门，也是清东陵的总门户，高 38 米，有三个拱券式的门洞；孝陵具服殿，也称作更衣殿，是谒陵更衣、休息的场所。

以上三个建筑一般不见于其他陵寝，这显示了孝陵的尊贵地位。

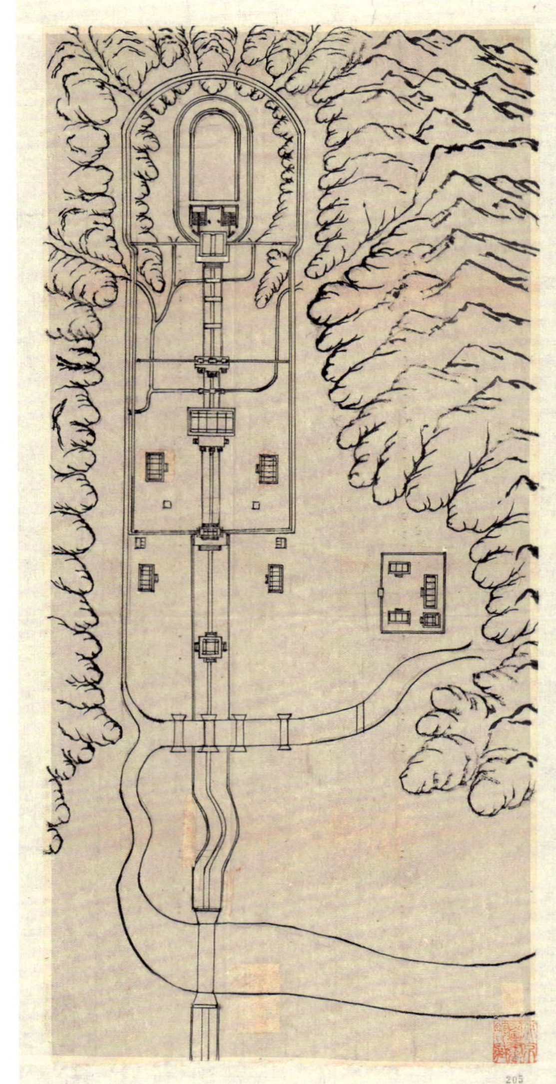

205–0004　孝陵［地盘］样

1 张，单色，65.5 × 29.2cm。清孝陵位于河北省遵化市，始建于顺治十八年（1661），是清东陵第一座修建的陵寝。孝陵同时也是清世祖顺治皇帝、孝献皇后、孝康皇后的合葬墓。

（3）景陵概况

景陵是清圣祖玄烨的陵墓。其特点体现在，在孝陵的基础之上做了许多革新，在清陵建筑史上具有承前启后的地位。

相较于其他皇帝即位之初便选择万年吉地的做法，康熙皇帝因登基年幼且国内诸多事务繁忙，直至康熙十三年（1674）其元配皇后孝诚皇后逝世才开始计划建陵。

康熙十五年（1676）陵寝动工，约于康熙二十年（1681）年底建成。景陵是继孝陵之后清王朝在关内修建的第二座陵寝，规制上遵从孝陵，基本上类似，但又有诸多突破。譬如，景陵树立了建立双碑的制度，一碑书写汉字碑文，一碑书写满文碑文。至此，后世陵寝尽皆效仿，双碑遂成定制，无论碑文长短皆立双碑。

此外，景陵还确立了圣德神功碑亭、神路桥、石像生、牌楼门的相对位置，它没有刻意模仿孝陵，而是根据实际需要和地形特点进行了重新布置，这也成为以后陵寝修建的定制。景陵还确定了帝后陵寝碑匾由继位皇帝书写的定制。

除了安葬康熙皇帝本人，景陵还同时葬有他的四位皇后和一位皇贵妃，她们是孝诚仁皇后赫舍里氏、孝昭仁皇后钮钴禄氏、孝懿仁皇后佟氏、孝恭仁皇后乌雅氏和皇贵妃章佳氏。

178–0002　景陵［地盘尺寸全样］糙底　（见下页图）

1 张，单色，122.2 × 50.7cm。清景陵位于河北省遵化市，始建于康熙十五年（1676），于康熙二十年（1681）竣工。这座皇陵为清圣祖玄烨与孝诚仁皇后、孝昭仁皇后、孝懿仁皇后、孝恭仁皇后合葬，敬敏皇贵妃从葬的陵寝。

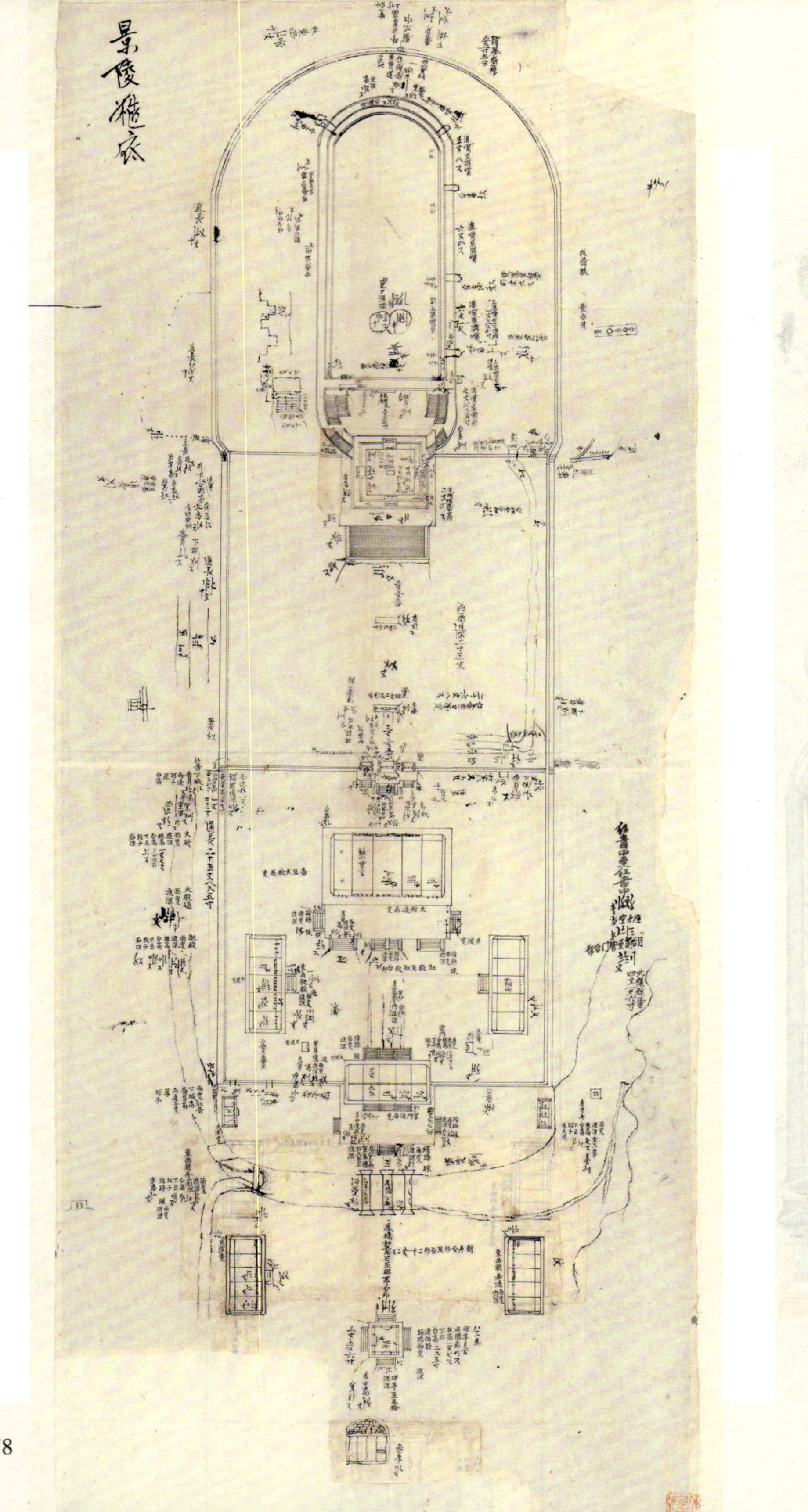
景陵糙底

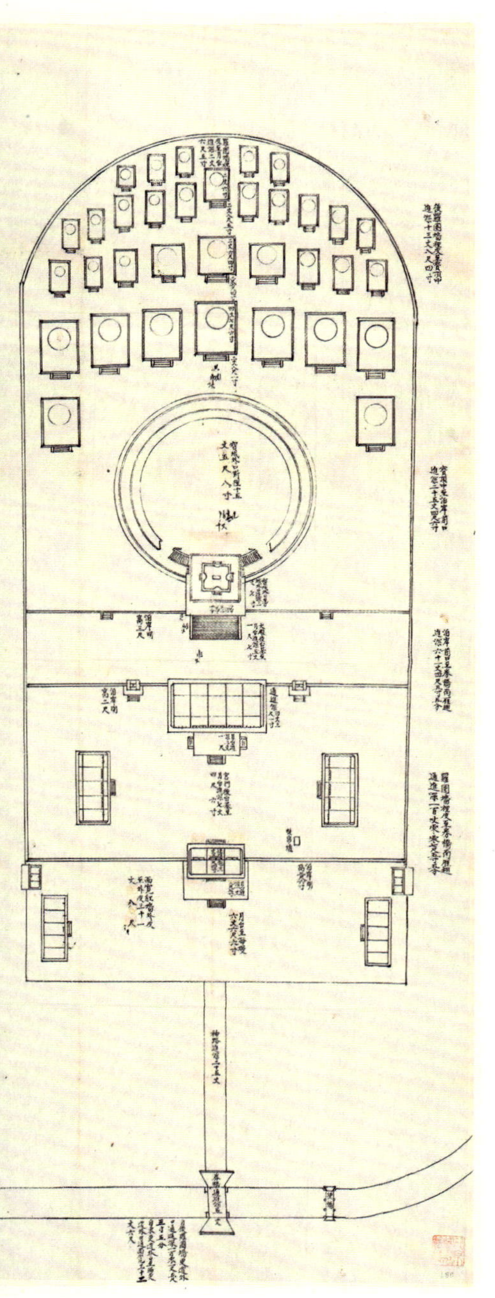

（4）裕陵概况

裕陵是康熙之孙乾隆皇帝的陵寝。其在位期间，清朝的发展达到顶峰。由于国库充盈，乾隆陵寝修建得很是富丽堂皇。

裕陵在规制上基本与景陵一致，但是石像生增加到了八对，规模仅次于孝陵。此外，裕陵还将大殿内东暖阁辟为佛楼。

裕陵地宫石雕精美，有用整块石料雕刻而成的瓦垄、脊吻、走兽，还有在石面上雕刻的众多菩萨、天王、宝塔、狮子、宝珠等图案，裕陵地宫是我国所有已开放地宫中最精美豪华的一座。

裕陵除安葬乾隆皇帝之外，还安葬了两位皇后、三位妃子。她们是：孝贤皇后富察氏、孝仪纯皇后魏佳氏、慧贤皇贵妃高氏、哲悯皇贵妃富察氏、淑嘉皇贵妃金氏。

186-0043　裕陵妃园寝底盘画样

1张，单色，99×44cm。有说明。裕陵妃园寝位于河北省遵化市裕陵之西，始建于乾隆十二年（1747），于乾隆二十七年（1762）完工。裕陵妃园寝共葬有乾隆皇帝皇后1位、皇贵妃2位、贵妃5位、妃6位、嫔6位、贵人12位、常在4位，共36人。

（5）定陵概况

定陵是咸丰皇帝的陵寝，于咸丰九年（1859）破土动工，直至同治五年（1866）完工。由于时值清朝后期国家动荡，内有起义烽火，外受列强侵略，国家财政紧张，因而定陵工程质量较为低下，使用了大量旧料。

定陵的规制吸收了慕陵的一些特点，又有一些创新。比如，去掉了大碑楼、二柱门，地宫内不雕刻经文佛像等。在创新上，定陵的月台只在前面及两侧设石栏杆，大殿两侧及后面则不设石栏杆。定陵建设有方城、明楼，地宫则为九券四门。陵寝门是三座琉璃花门，大殿为重檐歇山顶，有五间。月台上有铜鹤、铜鹿各一对。宫门前则有三路三孔拱券桥，牌楼门前建有五对石像生。定陵的整体规制可以对照国家图书馆馆藏样式雷图档《定陵全图地盘画样》。定陵的规制被同治皇帝沿用，惠陵亦是如此。

182-0060　定陵全图地盘画样　（见下页图）

1张，多色，122×47cm。定陵系清咸丰皇帝的陵寝，位于清东陵界内最西端的平安峪。始建于咸丰九年（1859），完工于同治五年（1866）。该图大体可视为平剖面图，绘图准确公正、图例清晰，贴签详细说明了定陵各处工程做法。其中河道水流用绿色涂刷，砖墁地面用青色，汉白玉台座等留白，院落与建筑大墙用土红，各处内外檐装修类型则用朱红标出，一目了然。

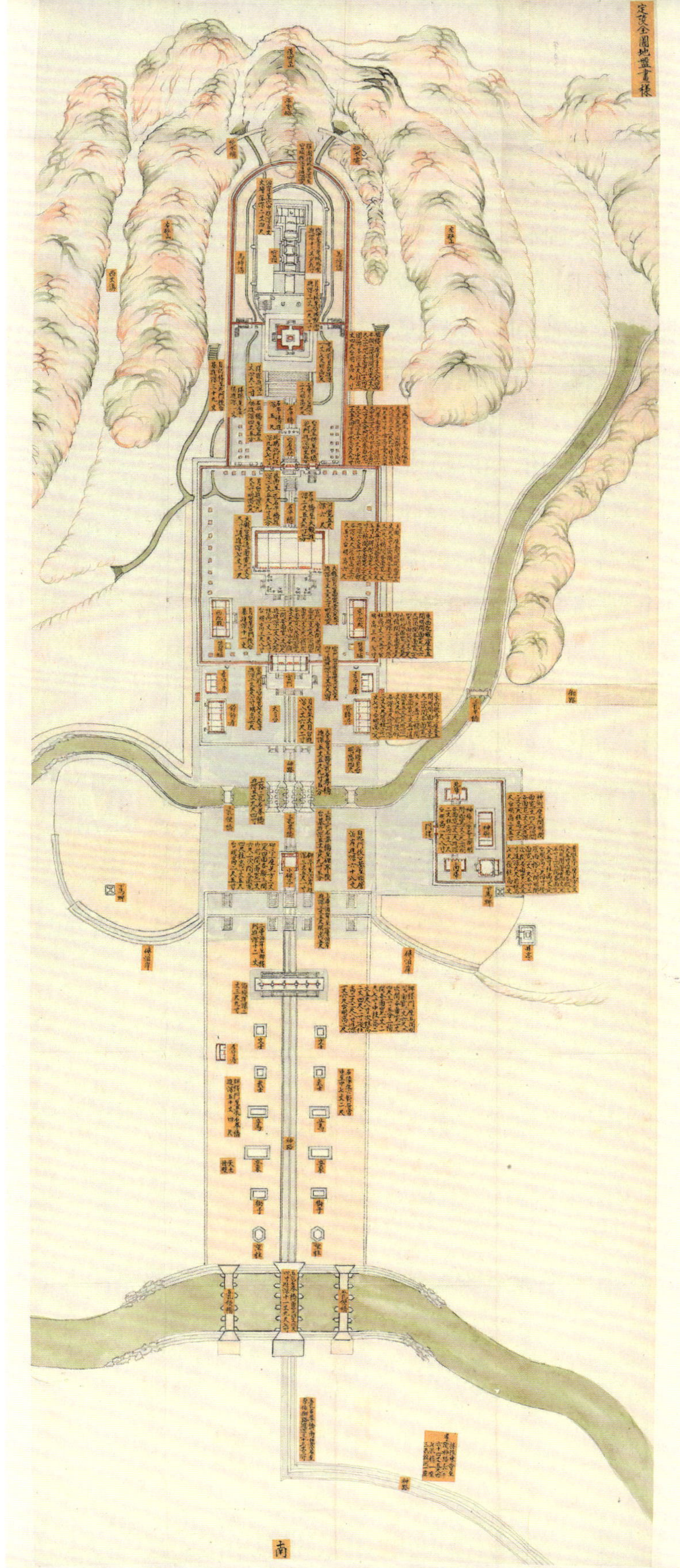

定陵全圖地盤畫樣
南

（6）惠陵概况

惠陵是清代第八位皇帝同治的陵寝，是清东陵中规制最低的一座。惠陵于光绪元年（1875）定址并动工，整个工期只用了四年，于光绪四年（1878）完工。

惠陵的规制除了没建石像生，神路不与孝陵神道相接之外，其余均与定陵相同。这种情况可参见样式雷图档《惠陵各座规制丈尺全图》，和《定陵全图地盘画样》相比，可见二者的相似之处。

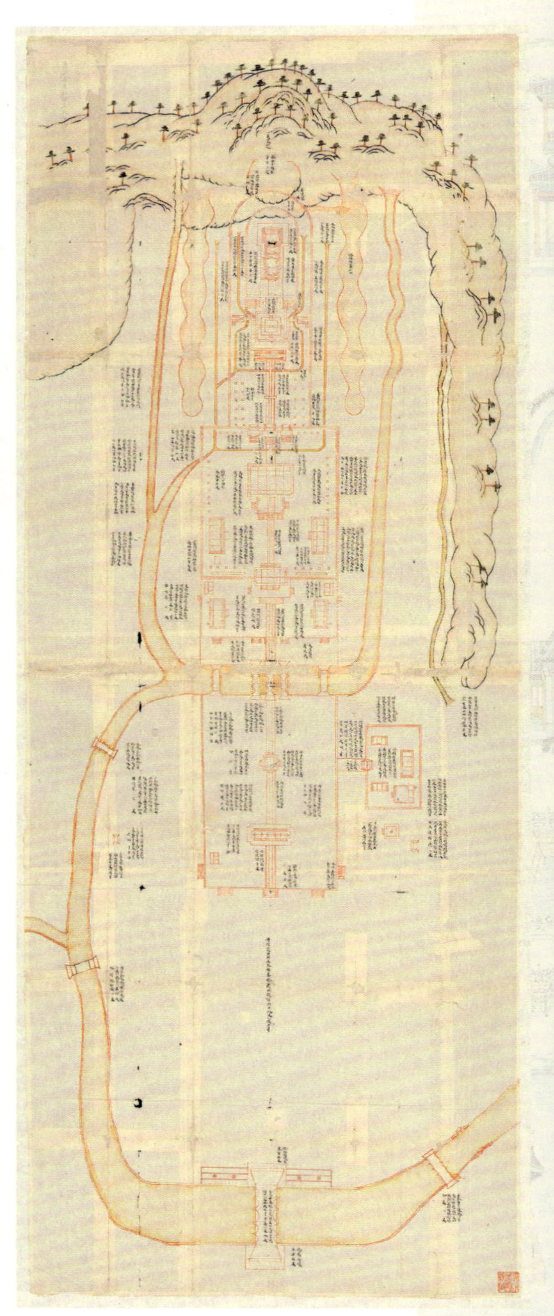

190-0001　惠陵各座规制丈尺全图

1张，多色，163×62.5cm。惠陵为清同治帝与其皇后阿鲁特氏的合葬陵寝，位于清东陵景陵东南的双山峪，于光绪元年（1875）动工，光绪四年（1878）竣工。本图为惠陵规制平面全图，以红线表现陵寝各处建筑规制，以墨线表现陵寝周围地势情况。图中用文字标注了各处尺寸，有修改痕迹。

5. 清西陵

（1）清西陵概况

清西陵是位于今河北易县梁各庄西部的大型清王室陵墓群，它是清朝在关内继清东陵之后兴修的第二处规模宏大的陵园。

清西陵整个陵墓群开始于雍正八年（1730）泰陵的修建，这是清西陵修建的第一座陵寝。而后，直至1914年最后一座皇陵崇陵竣工，清西陵的营建宣告结束。从泰陵到最后的崇陵，共历时185年，贯穿了清朝276年中三分之二的时间。

清西陵共有皇帝陵四座：雍正皇帝的泰陵、嘉庆皇帝的昌陵、道光皇帝的慕陵和光绪皇帝的崇陵。此外，清西陵还建有皇后陵3座：泰东陵、昌西陵和慕东陵，分别对应泰陵、昌陵、慕陵。还有妃园寝3座、王爷园寝2座、皇子园寝1座、公主园寝1座，一共14座陵寝。总计葬皇帝4位、皇后9位、妃嫔57位、亲王2位、皇子5位、公主2位，共79位皇室成员。

作为我国最后的封建皇室陵墓群，相较于前朝的皇陵，清东陵和清西陵的革新之处在于每座陵园都共用祖山、石牌坊、大红门。陵墓周围均围绕着风水围墙、火道和界桩。在布局上，陵寝分主和从，皇后和妃子的陵寝为从，以皇帝陵墓为中心，分列左右，体现它们的从属关系，比如前文所说到的泰东陵、昌西陵、慕东陵分别对应着皇帝陵寝的泰陵、昌陵、慕陵。皇帝神陵道同主陵道相连。皇后陵寝神道又与本朝皇帝陵寝神道相连，共同组成一个神道的网络。

作为安葬皇帝及其亲眷的万年吉地，清西陵的所在自然是风光秀丽、景色宜人。皇陵四周有群山环绕：雄伟的泰宁山居其北，西陵八景之一的云濛山居其左，金龙峪等山峦居其右，元宝山则居其南，在大红门两旁又有九龙山和九凤山左右遥望，如同一对守护陵寝的护卫。除了山峦，也有河流穿行其间：西面有拒马河，南面有易水河。陵区内则是苍松翠柏一片绿海，同红墙、黄瓦石雕相映成辉。

国家图书馆馆藏样式雷图档西陵《万年吉地总样》，是对上述文字描述生动而形象的图画对照。其中泰陵、昌陵、泰东陵、妃园寝、九龙山、九凤山等地的位置清晰可见，整体布局以及周遭形势一目了然。

194-0005　万年吉地总样

1 张，多色，30.6×66.8cm。有黄签、说明和涂改。该总样为清西陵地盘图样。

（2）泰陵概况

泰陵是雍正皇帝的陵寝，也是清西陵中兴修的第一座皇陵。泰陵始建于雍正八年（1730），但它的筹备却要更早，可追溯到雍正四年（1726）。在即皇帝位的最初三年，雍正帝将主要精力都放在了巩固自己的皇位上。到了雍正四年（1726），开始指派怡亲王允祥和文渊阁大学士，也是《明史》编修的主要负责人张廷玉同工部采办万年吉地楠木。

到雍正五年（1727），雍正派总兵官李楠、钦天监监正明图带领精通风水的官员在遵化昌瑞山一带考察风水。先选址九凤朝阳山，后因破土动工之后穴中含有沙石而放弃。

再重新勘察之后，最终选择了太平山下的太平峪，并于雍正八年（1730）八月正式破土动工。泰陵的修建直到雍正帝驾崩尚且未完工，直到乾隆元年（1736）九月才竣工，并于同一年选定用“泰”字命名这座陵墓。

泰陵以一条长约五华里的砖石为中轴线，从南到北共建有五孔拱桥、三座石牌坊、大红门、更衣殿、圣德神功碑亭、七孔拱桥、石像生、龙凤门、三孔拱桥、三路三孔拱桥、神道碑亭、东西朝房、东西值班房、隆恩门、东西燎炉、东西配殿、隆恩殿、陵寝门、二柱门、石五供、方城、明楼、宝城、宝顶、地宫、神厨库以及井亭。在清西陵所有陵寝当中，泰陵是规模最大且建筑最齐全的陵墓，也因而经常被之后修建的皇陵所模仿。

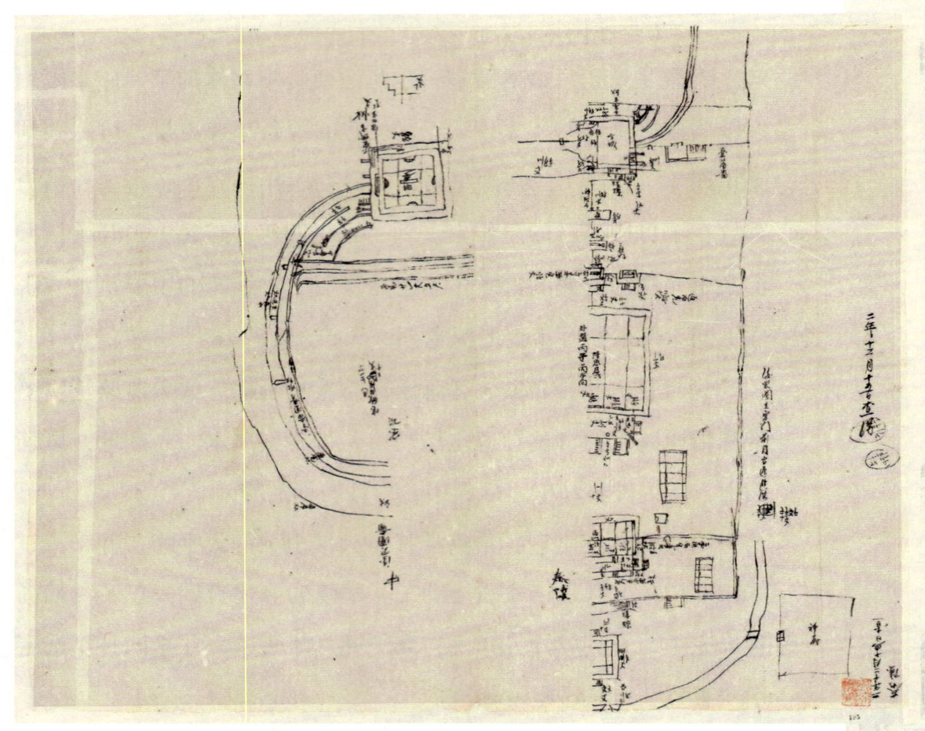

195-0006 泰陵［地盘样糙底］

1张，单色，65.4×80.3cm。有说明和“二年十二月十五日查”字样。泰陵位于河北易县永宁山下，始建于雍正八年（1730），葬有清世宗雍正、孝敬宪皇后和敦肃皇贵妃。

（3）昌陵概况

昌陵是嘉庆皇帝的陵寝，嘉庆即位当年开始兴建。昌陵的规制采用了“外式照泰陵，内式照裕陵”的形式。负责操办承修万年吉地的员工包括兵部右侍郎江兰、孝淑睿皇后之兄盛住、户部尚书汪承霈等人。

在陵寝建造的设计方案中，所用木材大多为楠木。但因楠木主要产地在嘉庆初年正值苗民和白莲教起义，不便采办，因而除

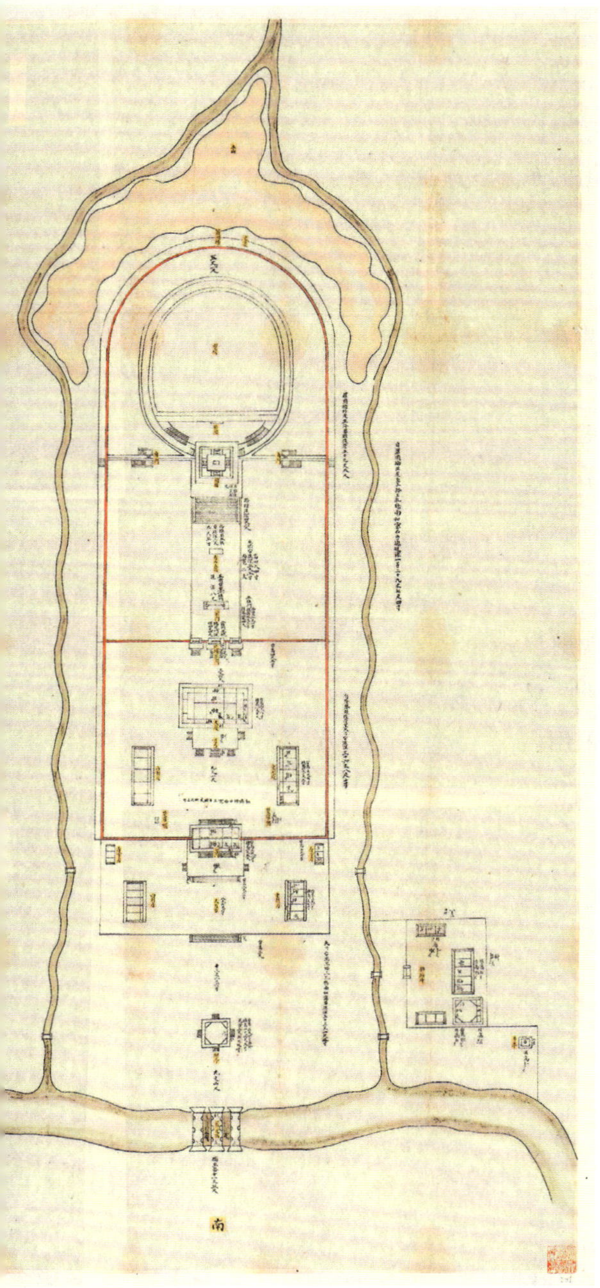

隆恩殿内暖阁、神龛等之外，其余如隆恩殿、东西配殿、隆恩门、神道碑亭、明楼等都改用松木。嘉庆八年（1803）昌陵竣工。嘉庆二十五年（1820）七月，嘉庆帝于避暑山庄驾崩。同年，道光皇帝从拟定的六个陵名中钦定昌字作为陵寝的名字。

与泰陵相比，昌陵的规制除大红门、石牌坊、更衣殿外，基本一致。在竣工不久，昌陵进行了一次比较大的修缮。

221-0004　昌陵地盘画样

1张，多色，118×60cm。清昌陵位于泰陵之西，始建于嘉庆元年（1796），竣工于嘉庆八年（1803）。清昌陵安葬了嘉庆皇帝和孝淑睿皇后。

（4）慕陵概况

慕陵是道光皇帝旻宁的陵寝。起初，慕陵选址于京城西南郊的王佐村，但因不合祖训，道光皇帝不得不在遵化的东陵界内选址，最后选定了绕斗峪，后改其名为宝华峪。

经过六年的施工，宝华峪陵于道光七年（1827）完工。但在道光八年（1828），其地宫出现渗水现象，道光皇帝大怒，又重新改址，选龙泉峪为万年吉地，并于道光十一年（1831）动工，历时四年于道光十五年（1835）竣工。

慕陵修建的费用，加上宝华峪陵的费用，在清朝陵墓中是耗银最多的。这主要体现在，陵寝三殿木件全部采用名贵稀有的金丝楠木，三殿天花板、雀替、格栅裙板采用高浮雕手法雕刻的云龙一千三百八十条，等等，这些工程都耗费了巨额的银两。

慕陵除了安葬道光皇帝本人，还葬有孝穆成皇后、孝慎成皇后和孝全成皇后。

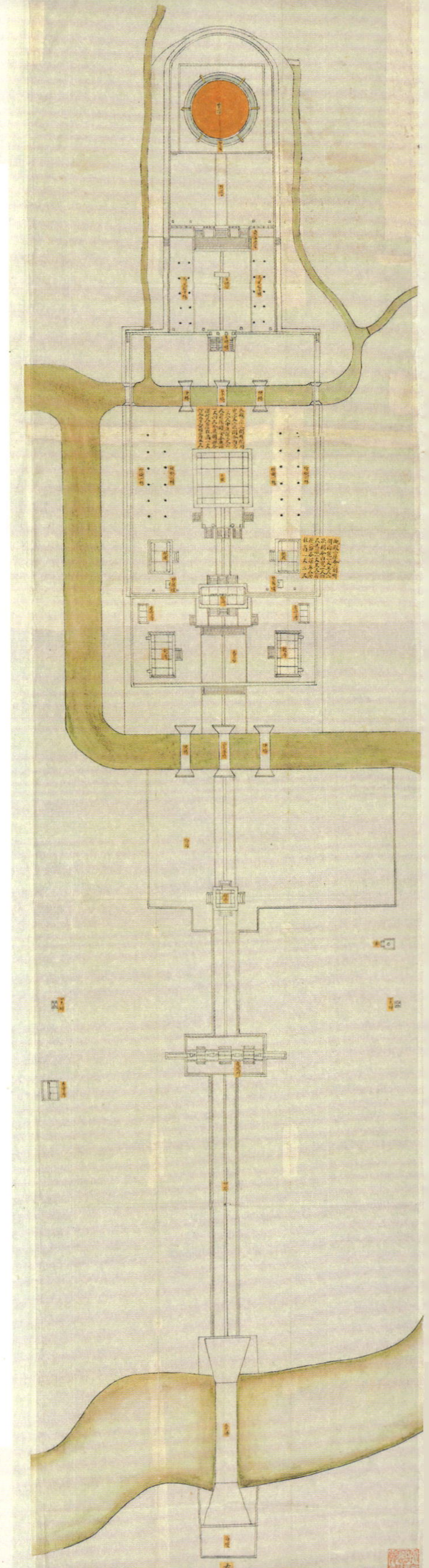

188-0002-02 慕陵地盘画样

1 张，多色，140.6×33.2cm。慕陵为清道光帝与其三任皇后的合葬陵寝，位于清西陵昌陵西南的龙泉峪，是清代帝王陵寝中规模最小的一座。本图为慕陵规制平面全图，绘出了宝顶、宝城、大殿、碑亭等。从图中看来，慕陵没有方城和明楼，建筑规模与其他帝陵相比较为特殊。图中贴黄签注明各处建筑名称及规制。

（5）崇陵概况

崇陵是清代倒数第二位皇帝光绪帝的陵寝。相比于其他皇帝生前择址选择万年吉地的做法，崇陵是在光绪帝驾崩之后才明确确定皇陵陵址的。崇陵于宣统元年（1909）破土动工。到清朝末期，陵墓的施工也发生了变化，由多家木厂及工程公司负责崇陵的修建。

崇陵还未修建完毕，末代皇帝宣统帝就宣布退位，中华民国成立，两千多年的封建帝制终结。根据民国政府同清皇室签订的《优待清室条件》中的第五款，民国政府出资继续修建崇陵，至1915年崇陵全部修建完成。

崇陵的整体规制仿照同治皇帝的惠陵，基本上是一致的。尽管已至清朝末期，但崇陵的随葬品依然达到了很高的规格。

国家图书馆馆藏《崇陵方城前添搭芦殿丈尺立样》，是一幅崇陵中芦殿的样式雷图档，绘图比例准确、线条清晰流畅。

355-1820　崇陵方城前添搭芦殿丈尺立样

1张，多色，34.5×45cm。清崇陵位于清西陵泰陵东面的金龙峪，始建于宣统元年（1909），竣工于民国四年（1915）。该陵葬有光绪皇帝和孝定景皇后，是中国封建王朝的最后一座帝王陵墓。

二、其他建筑

1. 圆明园

国家图书馆收藏样式雷图档中，关于圆明园的图档有近 2000 张，这些图档中，既有反映全园总体规划的总平面图；也有各景区景点的总体平面图、局部平面图，还有单体建筑的平面图、立样图；以及反映室内外檐装修的图样以及装修部件的图样。以上各类图样中有糙图，也有准底。这些图档为我们了解和研究圆明园盛时的情况，提供了大量可信的重要史料。通过圆明园样式雷图文档案，我们看到了以样式雷为代表的建筑师们在皇家园林建筑中的创造，由此也可管窥这一历史时期建筑水平的发展。

能反映全园各景群建筑轮廓的图纸即为圆明园总平面图。图档中总图数量并不多，表现三园全景的有《圆明园附近河道全图》一幅、《圆明园全图》二幅、《圆明长春万春三园总图》一幅和《圆明园大墙尺丈并外围水道地盘全样》一幅。几幅总图虽不十分详尽，但足以看出全园的总体规划。

各景点图档数量最多，或为各景点总体平面图、景点局部平面图，或为单体建筑图，有平面图，有立样图，有糙图，有准底。这些图档涉及圆明三园多处景点。各个景点图纸从一幅到几幅、几十幅不等，多者上百幅，像九州清晏图档就有 600 余幅。

装修图分为外檐装修和室内装修。外檐装修是指建筑物外部与室外相分隔的装修构件，起到围护、遮挡、通风和采光等功能，比如门、窗、栏杆等。内檐装修是指位于建筑物的室内，作为分隔室内空间，并起到美化室内环境的作用，在其用材和形式上都体现了很大的自由性，大都反映主人的喜好，形式多样。圆明园样式雷图档的装修图中，出现了多种不同式样的装修部件，有碧纱橱、宝座屏风、木围屏、博古书格、炕罩、落地罩、圆光门、仙楼等。

样式雷世家作为样式房机构的负责人，随时要根据皇帝和内务府官衙关于修建圆明园等皇家宫殿园囿的谕旨和指示工作。这些谕旨包括《旨意档》（上谕档）、《堂谕档》、《司谕档》。其中《旨意档》记录的是同治皇帝和慈禧皇太后的谕旨，《堂谕档》记载的是内务府堂的指示，《司谕档》是内务府营造司的指示和通知。这些遗存谕档资料中，保存了大量同治年间重修圆明园的珍贵资料，如天地一家春内檐装修的旨意档中记载了慈禧亲自操笔绘制图样。“同年十二月二十二日，天地一家春明间西缝碧纱橱单扇大样，皇太后亲画瓶式如意上梅花要叠落散枝”。

记述建筑尺寸、装修做法等的文档资料称为略节。图样资料形象直观地展现内、外檐装修的样式，文字档案却是如实记录其尺寸和用料，图、文资料相结合更是可以如实再现当年建筑之辉煌。

知会为口头通知的意思，知会单应为非正式的通知单。如有堂档房因为文源阁等处画样事着传样式房的知会单，也有九州清晏寝宫内檐装修的知会单，它们都反映了样式房与内务府内堂档房等府衙的关系。

通过各类型的样式雷图档我们可以看出，圆明园是一座以水为主题的水景园林，其园中有园、层层嵌套的格局，以及多样的建筑形制更是在图档中反映的一目了然。

园中有园、层层嵌套的格局是圆明园景区的一个重要特征。每个景点都以一组建筑为中心，并搭配若干山形水系而成。每组建筑又都包括了若干个院落，而每一个院落又分别由多个单体建筑构成。比如九洲景区是圆明园的核心景区，它由九州清晏、镂月开云等九个独立的景点组成，九个景点分别位于九个小岛之上围绕着后湖，寓意九洲大地河清海晏，天下升平，江山永固。九州清晏景点位于九洲景区的中轴线上，是圆明园中最早的景点之一。

园内建筑既吸取了历代宫殿式建筑的特点，又在平面配置、外观造型、群体组合诸多方面突破了官式规范的束缚，广征博采，形式多样，创造出许多在我国南方和北方都极为罕见的建筑形式，如卍字轩、眉月轩、田字形、扇面形、弓面形、圆镜形、工字形、山字形、十字形、方胜形、书卷形等等，因景随势，千姿百态。0053-0004《圆明园万方安和全样》图中可见其建筑平面呈“卍”字型。“卍”不是文字，而是符号，意寓四海承平、国家统一、天下太平。这是一座包含了佛教教义、儒学经典与民间信仰等多重政治、宗教、哲学内容的建筑，是华夏建筑史上绝无仅有的，也是世界唯一的建筑形制。

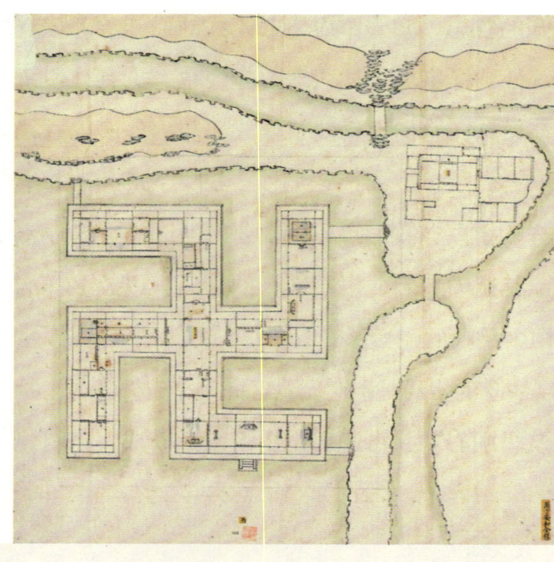

0053-0004　圆明园万方安和全样

1张，多色，92.4×92.5cm。图中贴黄签，有说明和贴页，有涂改。

圆明园是一座以水为主题的水景园，水域面积占全园面积的一半以上。其水源主要来自玉泉山，通过颐和园的昆明湖和清河支流万泉河注入圆明园，然后散布于各园。国图藏 0043-003《圆明园河道全图》、国图藏 064-0001《长春园内围河道全图》、国图藏 0097-0002《绮春园河道》三图形象地描绘了圆明三园的水系特征，水面形态各异，大中小相结合。回环萦流的河道作为全园的脉络和纽带，把这些大大小小的水面串联为一个完整的河湖水系。同时在功能上能提供舟行游览之便利。

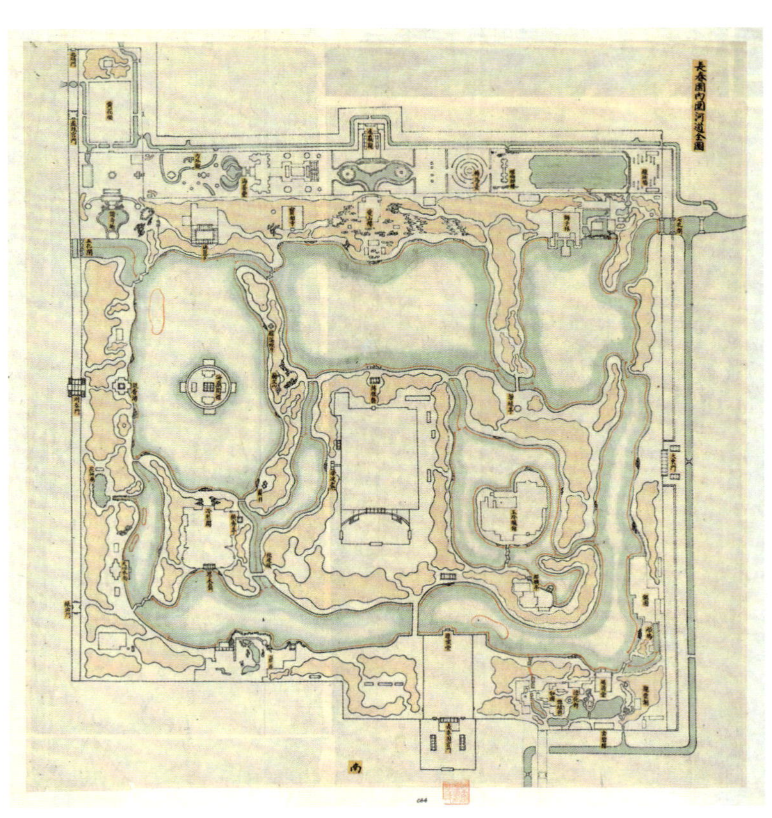

064–0001　**长春园内围河道全图**

1 张，多色，71×56cm。图中有黄签和说明。

圆明园的景观大量取材于中国的神话传说和诗画意境，汇集了当时江南若干名园胜景的特点，融中国古代造园艺术之精华，将诗情画意融化于千变万化的景象之中。如武陵春色（再现陶渊明《桃花源记》境界）、杏花春馆（仿杜牧杏花村诗意）等。园内仿建了许多江南名胜，称为“缩景”，如平湖秋月、雷峰夕照等是仿建杭州的“西湖十景”，连名称也照搬。除此之外，圆明园还吸收和融合了国外的建筑和园林艺术，如舍卫城是仿效印度古代桥萨罗国的国都兴建的。在长春园北墙建造六大欧式建筑群和三大喷泉，俗称西洋楼。正所谓：“谁道江南风景佳，移天缩地在君怀。”

078-0001　长春园西洋楼全部地样

1 张，单色，20 × 226cm。石印本。

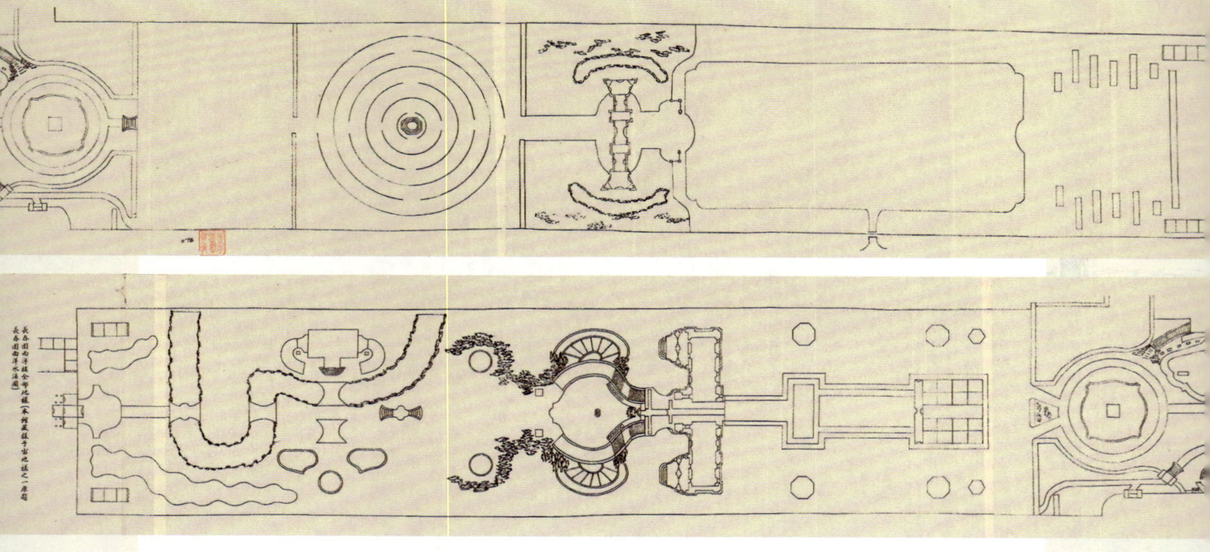

从“样式雷”藏图中，可以清楚地了解到圆明三园20余处风景群的园林布局变迁情况。九州清晏的园林建筑在嘉庆、道光、咸丰三朝曾先后有过多次较大规模的布局改变，是三园中变化最为频繁的，尤其是九州清晏殿在历史上经历了几个时期的形制变化。圆明三园诸多园林风景群的建筑形制、体量、数量，基本上都能从“样式雷”图中找到依据。据现存的圆明园样式雷图档，不仅可以摹绘出三园所有园林风景群的全部山水、建筑布局，而且对圆明园遗址保护、整修及学术研究，具有极大的现实意义和长远影响，其历史文物价值怎么估计都不为过。随着样式雷图档资料的进一步揭示，越来越多的专家、学者，甚至普通人士越发认识到样式雷资料的重要性，而样式雷图档也在圆明园挖掘旧址、复原建筑、保护利用、研究等方面起到了不可估量的作用。

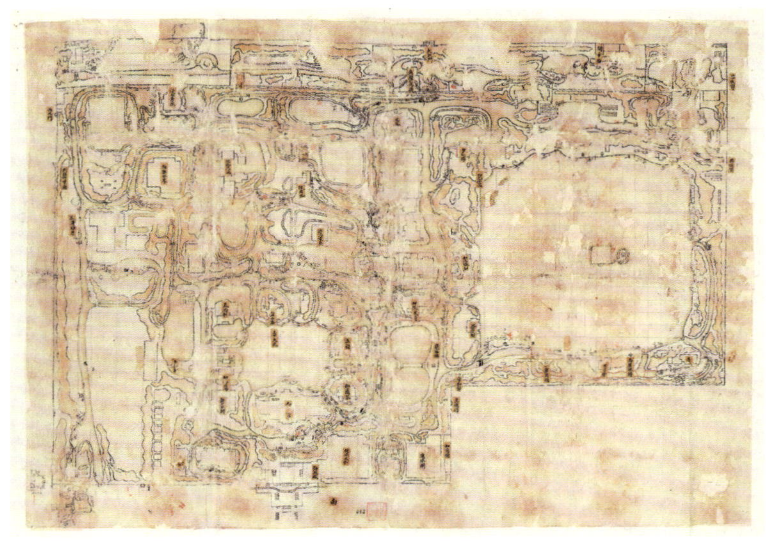

043-0003　［圆明园地盘全图］

1张，多色，78.5×114.2cm。又名“圆明园河道全图”，图中详细绘制了圆明园的全景，包括建筑、水系、山体等，并用黄签标注各景点的名称。

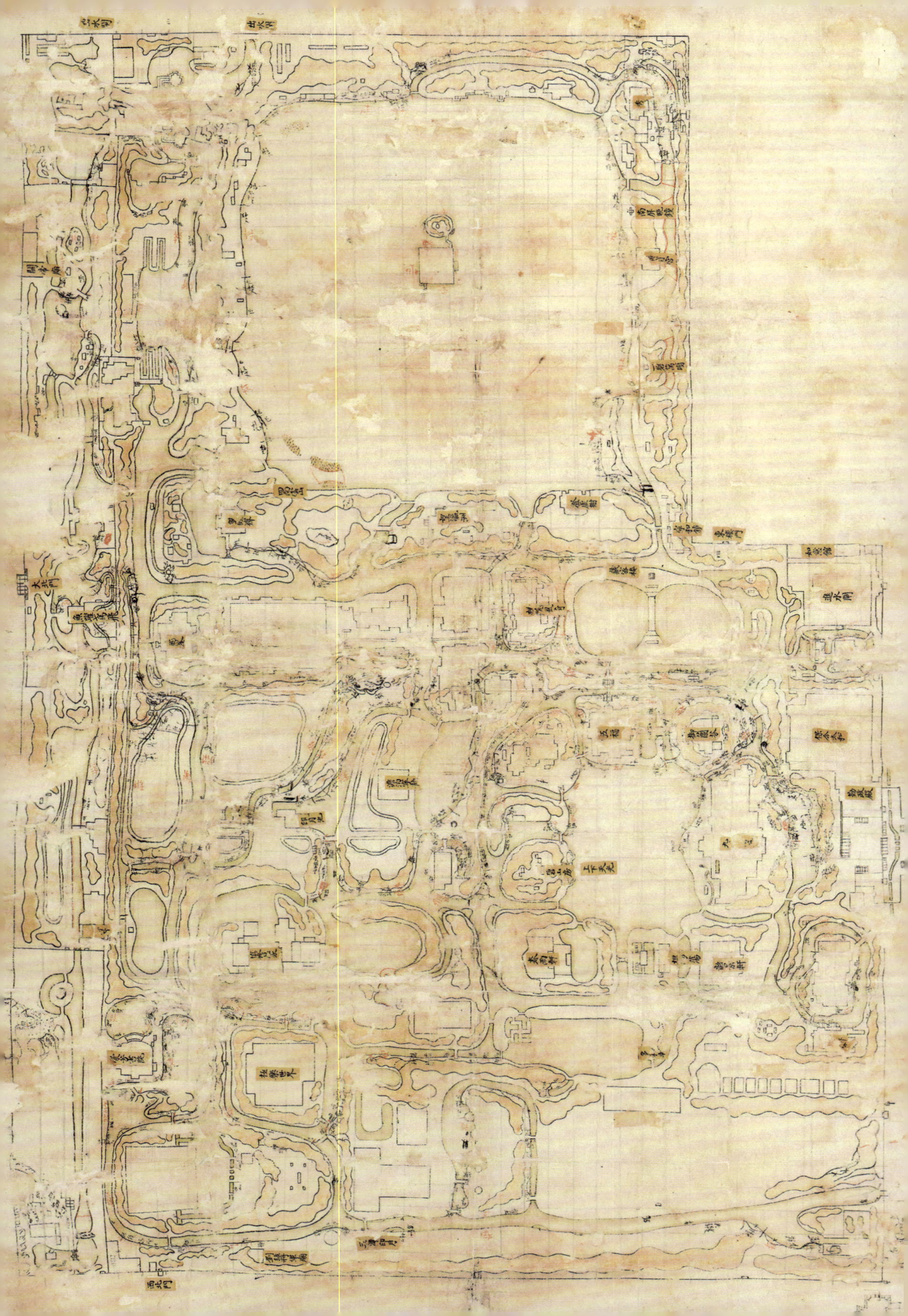

国家图书馆收藏的样式雷图档已进入世界记忆名录，作为全世界人民共同的珍贵档案，其史料价值众所周知，尤其对于圆明园这座被英法联军纵火焚烧三天三夜且目前只能作为遗址展示的公园，现今仅有山形水系、园林格局和建筑基址留存，因此，不论是要对圆明园进行考古挖掘，还是重修重建，样式雷图档都是开展各项工作的第一手可信史料。

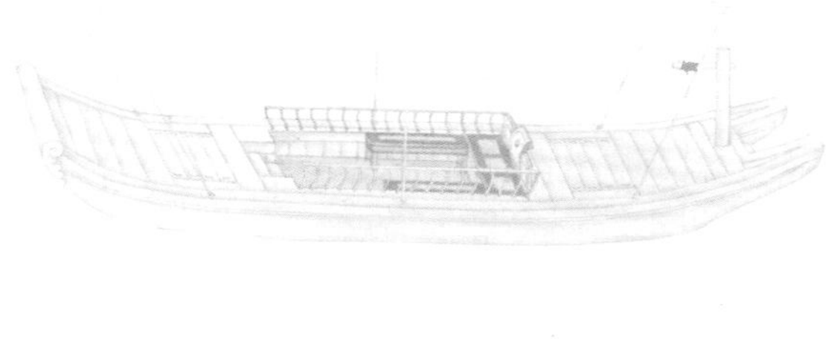

2. 香山静宜园

香山静宜园，始建于乾隆十年（1745），是乾隆皇帝在清代香山行宫的基础上扩建而成的。其可见于《御制诗初集》中的《静宜园二十八景诗》，《勤政殿》诗序中即有“予既以‘静宜’名是园”。《总管内务府条例》亦有“十一年正月奉旨：香山行宫命名为静宜园”之记载。

乾隆帝修建静宜园的原因也可在《静宜园记》中找到答案：“乾隆癸亥，余始往游而乐之。自是之后，或值几暇，辄命驾焉。盖山水之乐不能忘于怀，而左右侍御者之挥雨汗而冒风尘亦可厪也。于是乎就皇祖之行宫式葺、式营，肯堂肯构。”一者，自然是香山景色宜人，皇帝想常来赏景，但又心疼近侍往来奔波鞍前马后服侍之苦，是以修建静宜园；“殿曰勤政，朝夕是临，与群臣咨政要而筹民瘼”，二者，可于此与群臣商谈国事，国事赏景两不相误；“山居望远村平畴，耕者、耘者、馌者、获者、敛者，历历在目。杏花菖叶，足以验时令而备农经也”，三者，赏景的同时远眺农稼，可留心农事，关心民间疾苦，做个体贴百姓的好皇帝。如此一石三鸟的好事怎可不做？于是在筹备了两年之后，香山工程处在原行宫基础上开始动工。

从乾隆十年七月（1745 年 8 月）破土动工，到乾隆十一年三月（1746 年 4 月）竣工，静宜园的修建不到一年，诚可谓“修葺未经年”了。在此园落成的同一年，乾隆正式赐名“香山静宜园”。通过国家图书馆馆藏的静宜园样式雷图纸，我们可以一窥这一清代名园的整体布局和规划。

125-0001 **静宜园地盘画样全图**

1张，单色，118×89cm。静宜园位于香山，是一座依山而建的清代皇家宫苑，于清乾隆年间建造完成并定名静宜园。本图表现了静宜园的整体建筑规制。图右下角有“香山地盘”字样，图上贴黄签注明各处建筑名称，并有贴页。

要说园内美景，静宜园二十八景可谓园内的标志性风景和建筑群了。这二十八景由内垣二十景和外垣八景组成。内垣二十景分别是：勤政殿、丽瞩楼、绿云坊、虚朗斋、璎珞岩、翠微亭、青未了、驯鹿坡、蟾蜍峰、栖云楼、香山寺、知乐濠、听法松、来青轩、唳霜皋、香岩室、霞标蹬、玉乳泉、绚秋林和雨香馆。外垣八景则是：晞阳阿、芙蓉坪、香雾窟、栖月崖、重翠崦、玉华岫、森玉笏和隔云钟。

二十八景建成之后，静宜园还陆续增修多出新景。如修建于乾隆十三年（1748）的致远斋；乾隆二十七年（1762）的仁芳楼、净界慈云、水容峰翠、采香亭、延月亭、超然堂、胜亭等；乾隆四十五年（1780）的宗镜大昭之庙和见心斋。这一系列前后陆陆续续或新建或补缮的建筑，结合香山秀美的自然风光，共同组成了如诗如画的优美意境。

静宜园的景观大致可分为三类：宫殿建筑、佛教建筑和自然景观。这其中，宫殿建筑主要由勤政殿、中宫和南宫组成。

作为二十八景之一的勤政殿，殿内上悬一匾额，曰“与和气游”，有乾隆帝御书对联：“林月映宵衣，寮寀一堂师帝典。松风传昼漏，农桑四野绘豳图。”乾隆在自己的勤政殿御制诗序中揭示了勤政殿何谓“勤政”：“皇祖就西苑跃台之陂为瀛台以避暑，视事之所颜曰勤政。皇考圆明园视事之殿亦以勤政名之。予既以静宜名是园，复建殿山麓，延见公卿百僚，取其自外来者近而无登陟之劳也。晨披既勤，昼接靡倦，所行之政即皇祖、皇考之政，因寓意兹名，昭继述之志，用自勖焉。”皇祖就是乾隆的爷爷康熙，皇考则是他的父亲雍正。原来，乾隆帝是要仿效其祖其父，再建“勤政”之殿，继承和发扬光大老一辈勤于治国的优良传统。勤政殿南侧为中宫；出中宫的东宫门向东，过城关可达南宫。这两处是皇帝的生活区，是乾隆皇帝赏画、观景和听戏曲的地方。此为静宜园的宫殿建筑。

说到静宜园的佛教建筑，自然首推大名鼎鼎的香山寺了。香山寺一般认为建于金世宗大定年间，原名永安寺。乾隆帝在修建静宜园之后，因为永安寺所处之山名“香山”，因而赐名“香山大永安禅寺”，即香山寺，他于御制诗《香山寺诗序》中不无任性地解释道："山名既同，即以山名寺，奚为不可？"香山寺由五层佛殿组成，由上往下看金碧辉煌，可以清晰地数出层级数目。除却香山寺，宗镜大昭之庙也是一处有名的香山佛教建筑。宗镜大昭之庙亦称昭庙，始建于乾隆四十五年（1780）。它为何而建？为迎"神僧"而建："昭庙缘何建？神僧来自暇。"这位"神僧"是谁？乃是班禅六世。当时班禅来北京为皇帝祝七十大寿，乾隆帝感其志诚，于是修建了这座寺庙。

作为一座在天然山水上修建起来皇家园林，自然景观也是必不可少的。静宜园中分布的自然风景包括璎珞岩、青未了、蟾蜍峰、玉乳泉、芙蓉坪等二十八处景观。乾隆帝曾在其《璎珞岩》诗序中称赞其清泉"倾者如注""散者如滴"，足见其对此处的喜爱；青未了则名字大有来头，取自杜甫《望岳》"岱宗夫如何，齐鲁青未了"，由青未了东侧群峰俯瞰玉泉山，确有"一览众山小"之概；蟾蜍峰之名取自于其形，乃是一巨石，状如蟾蜍，好像张着嘴巴向山下望；玉乳泉是另一处泉水，如"玉液流甘"，是乾隆皇帝烹茶品茗的所在。

在静宜园，乾隆皇帝可理政、可观景、可赏花、可品茶，难怪他对此处流连忘返了。现如今，昔日的皇室禁苑已经不再是皇帝的私家花园，早已向普通公众敞开大门，让更多的人体会它别有韵致的美。

3. 玉泉山静明园

地处北京西山东麓支脉的玉泉山，是自康熙朝即开始兴建的“三山五园”中“三山”中的一山，同香山、万寿山并称；而“五园”中的一园静明园，也坐落于此。《日下旧闻考》卷八十五有载：“静明园在玉泉山之阳，园西山势窈深，灵源浚发，奇征趵突，是为玉泉。”由于静明园中山上山下散布着许多泉眼，其中最大的一眼名为“玉泉”，所以时间久了，静明园也就被称为“玉泉山”。

玉泉山南北走向长 1300 米，东西最宽处达 450 米，大小共六个峰头。金代时，就有多次皇帝游览玉泉山的记载，《金史》：“明昌元年八月，幸玉泉山。六年四月，幸玉泉山。承安元年八月，幸玉泉山。泰和元年，幸玉泉山。”金章宗评定“燕山八景”时，玉泉山的“玉泉垂虹”也在其中。到了清朝，玉泉山更受帝王青睐。《康熙起居注》记载：“十四年乙卯闰五月……初六日癸巳早，上幸玉泉山观禾。”清康熙十九年（1680），康熙帝下旨于玉泉山在原有基础上扩建、修建行宫。二十一年（1682），扩建的行宫初步告成，最初命名为澄心园，“澄心”二字其义为“心情清静”“静心”之意。《文子·上义》有载：“老子曰‘凡学者能明于天人之分，通于治乱之本，澄心清意以存之，见其终始，反于虚无，可谓达矣。’”晋朝陆机《文赋》云：“罄澄心以凝思，眇众虑而为言。”唐朝的王鲁亦有逸句：“清泉绕屋澄心远，曙月衔山出定迟。”

康熙三十一年（1692），澄心园奉旨更名为“静明园”，这是清王朝在北京建立的第一座行宫。《清史稿》中有相关记载：“玉泉山静明园初为澄心园，康熙三十一年更名。”“三十一年……九月……壬申，上大阅于玉泉山。”“冬……壬辰，上大阅于玉泉山。”“厥后行阅，或卢沟桥，或玉泉山，或多伦诺尔，地无一定，时亦不以三年限也。”大学士张玉书写于康熙三十三年（1694）的《赐游畅春园玉泉山记》也有“上御玉泉山静明园，诸臣俱集，从园西门入，园在山麓、环山为界”的记载。由此也可见玉泉山受皇家重视。乾隆十五年（1750）至十八年（1753），曾对静明园进行又一次大规模扩建，增建了玉峰塔等景观，并且在扩建过程中引进了江南园林的建筑风格，最终形成“静明园十六景”，这时也是静明园整个历史中最为鼎盛时期，钦定的静明园十六景分别为：廓然大公、芙蓉晴照、玉泉趵突、竹炉山房、圣因综绘、绣壁诗态、清凉禅窟、采香云径、峡雪琴音、玉峰塔影、风篁清听、镜影函虚、裂帛湖光、云外钟声、碧云深处、翠云嘉荫。

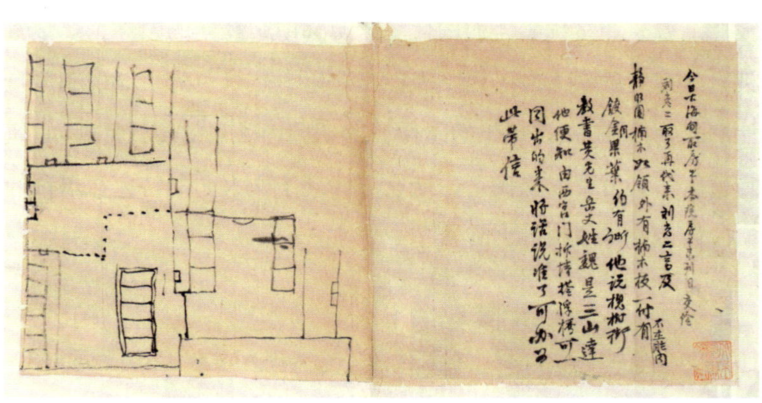

224-0029　*静明园局部地盘糙底*

1张，单色，23×47cm。相传金朝第六位皇帝金章宗完颜璟（1168—1208）曾在此处建有玉泉山行宫、芙蓉殿。到元明两代，此地成为皇帝游幸避暑之地。清康熙十九年（1680），原有行宫、寺庙被翻修扩建。康熙三十一年（1692），原先的“澄心园”改名为“静明园”。

静明园以山景与清泉闻名。“静明”二字出自《庄子·庚桑楚》篇：“正则静，静则明，明则虚，虚则无为而无不为也。”这句话的意思是说，只要心神端正就能保持宁静，常保持宁静则内心明澈，明澈的内心则把人引向心灵的虚空，而心灵虚空也就能顺应自然而有所作为。“静明”指人所向往的一种内心境界，以此为园名，表达了统治者希望于此处因“静”而“明”，达到修身养性的目的。

说到静明园，就不得不提到静明园的造园艺术。像所有园林艺术一样，静明园的景观也可分成人工景观和自然景观两类。静明园的自然景观主要依托于自然山水。而静明园内的人工景观也可细分，主要可以分为三种类型：宗教建筑、帝王宫殿以及园中园，但三种类型的景观并非彼此孤立，相反却是相互之间紧密地关联在一起，布局或疏朗或紧密。玉泉山上的三座佛塔：玉峰塔、妙高塔和华藏塔，互相呼应，展现了玉泉山的山形之美；塔与山又彼此结合，非常优美。而清代皇家园林中最经典的园林，要数重视自然审美的文人园（由文人参与，以自然景色为主导，利用自然的景物，寄托文人理想的园林）。静明园内著名的园林景观如“风篁清听”和“翠云嘉荫”，就充分体现了文人园的特色，堪称静明园内最富诗情画意之所。

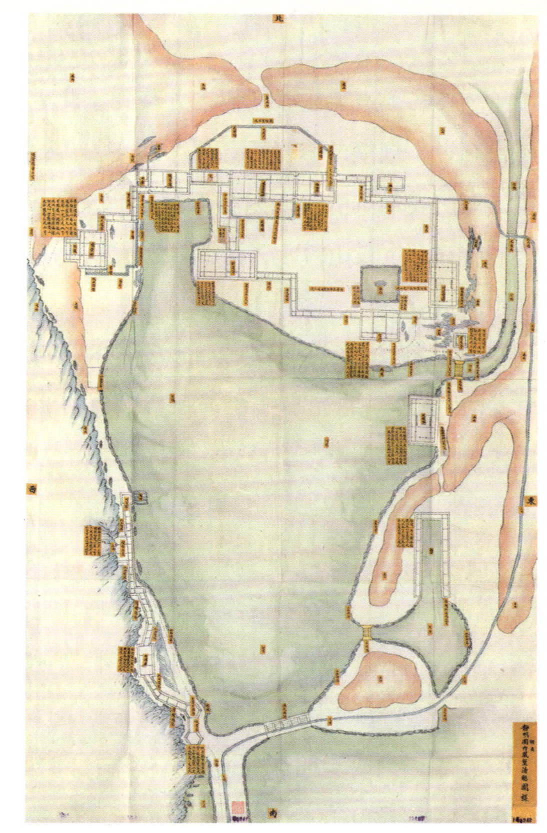

339-0242　谨查得静明园内风篁清听图样

1张，多色，111×68.5cm。图中有贴黄签说明。

对于静明园形胜之美，《赐游畅春园玉泉山记》亦有生动描绘：

结构精雅，池台亭馆，初无人工雕饰，而因高就下，曲折奇胜，入者几不能辨东西径路……称臣等生平经历山水胜概，从未得如此耳目开涤，心神怡旷，真天作地成。

尽管静明园有着悠久的历史，然而遗憾的是，静明园于咸丰十年（1860）遭英法联军侵占并焚毁。此后，于光绪年间，静明园曾有过小规模的修复，慈禧太后亦曾从颐和园乘船到玉泉山游览，但历经劫难的静明园已不复昔日辉煌。辛亥革命后，静明园内一度开办玉泉山汽水公司，亦曾作为公园向部分游客开放游览。新中国成立之后，玉泉山为国家机关所有，进行了大规模的修缮和绿化。1957 年玉泉山被公布为北京市文物保护单位。2006 年 5 月 25 日，静明园作为清代古建筑，被国务院批准列入第六批全国重点文物保护单位名单。

4. 畅春园

作为清代在北京西郊修建的第一座大型皇家园林，畅春园是“三山五园”皇家园林群修建的起始。

畅春园前身为明朝外戚武清侯李伟的私人园林。《帝京景物略》曾描述这座园邸“以水胜”。而整个园子的风格也充满了“水”的元素：“亭如鸥，台如凫，楼如船，桥如鱼龙。”难怪清圣祖康熙皇帝对此地青睐有加，在其旧址基础上加以改建，并赐名畅春园。据《日下旧闻考》记载，康熙帝在去慈宁宫向皇太后请安之后，常于此休憩。由于畅春园在圆明园的南面，亦被称为“前园”。李伟的私园景色秀美。对此，康熙亦在其御制《畅春园记》中有详细的记述，称这一带“沃野平畴，澄波远岫，绮合绣错，盖神皋之胜区也”。他难得闲暇，在宅邸附近闲逛，“清风徐引，烦疴乍除”，一阵清风吹来，打了一个激灵，所有烦心事儿、老毛病都在这一瞬间抛之脑后。过去明朝武清侯李伟所修建的院落依旧依稀可见，“爰稽前朝戚畹武清侯李伟因兹形胜，构为别墅。

当时韦曲之壮丽，历历可考”。古树老藤也都还存在。在此基础上，康熙下诏内司，在这座别园的基础上扩建。他要求建园所需之石料，尽量使用原有的，以节省劳役；为体现节俭，他同样要求庭院的修建不使用繁琐的雕梁画柱。

关于畅春园的建造时间，各种史料说法不一，一般认为约为康熙二十三年（1684）。在畅春园的修建过程中，首先要提及的当属样式雷家族的雷发达、雷金玉父子。作为畅春园的第一批建造者，雷金玉因在正殿九经三事殿中的优异的工作，被皇帝召见。在听了他关于建筑施工的奏对，康熙帝非常满意，钦赐其内务府总理钦工处掌班，赐七品爵、食七品禄，开始担当畅春园工程的总指挥。

尽管康熙在修建畅春园之初力求节俭，但这座园林依旧不失为一座规模庞大、建筑宏伟的皇家园林。畅春园的景观，由西向东可分为西、中、东三个部分。

东部景观主要有无逸斋、纯约堂、集凤轩、大西门等。无逸斋门上有一块康熙皇帝书写的匾额。起初，无逸斋是赐给皇子胤礽居住的，自胤礽移居西园之后，无逸斋成为年幼的皇子皇孙们读书的地方。乾隆登基之后，又对无逸斋进行了修葺，每次在畅春园向皇太后问安之后，于无逸斋传膳办事。斋内有屏风，正面有御书《无逸篇》，背面有御题《十韵》。纯约堂曾于乾隆十二年（1747）重修，并御题匾额“导和颐性”。其右河厅三楹为迎旭堂，东则为招凉精舍。河厅之西为转弯桥，桥北圆门为“憩云”。迎旭堂后面的回廊折而向北为晓烟榭，河岸的西面为松柏室，松柏室之左为乐善堂。别院还有一处名为“天光云影”的亭子。从松柏室向后，临河为红药亭。集凤轩、大西门为一对相邻的景观。

集凤轩内外匾额皆为乾隆皇帝御书："执中含和"和"德言钦式"。而在集凤轩附近的大西门则为皇帝骑射的场所。乾隆十四年（1749）的集凤轩御制诗对此做了记录。乾隆在诗序中还不无得意地说道："去岁习射，于此发矢二十中十九，因用齐召南韵成诗四首勒于壁间。兹以侍膳视事之暇，陈马技以娱慈颜，亲发十矢，复中九，且破其的者三焉。"

中路景观主要有九经三事殿、春晖堂、寿萱春永殿等。九经三事殿在大宫门以北，殿内有康熙皇上御题对联："皇建有极，敛时敷锡，而康而色；乾元下济，亏盈益谦，勉始勉终。"其匾额同样出自康熙之手。春晖堂则有五楹，东西配殿则各还有五楹。正殿后方为垂花门，内殿有五楹名为"寿萱春永"，并有一楹联："璇阁香清，露华滋蕙畹；萱阶昼永，云锦蔚荷裳。"左右另有配殿五楹，东西耳殿各三楹，后照殿十五楹。这其中，春晖堂、寿萱春永殿以及西耳殿匾额"松鹤延年"都是乾隆御书。

东路景观主要有澹宁居、渊鉴斋、清溪书屋等。澹宁居的前殿为康熙皇帝听政、选馆、引见的场所，匾额为其手书。后殿则为皇上旧时读书的地方。后来的乾隆皇帝也曾在此读书。对此，他曾写道："予十二岁时，皇祖养育宫中，于畅春园赐住之处，即名曰澹宁居。"他又在御制诗《澹宁堂》中对这段经历进行了记述："忆昔垂髫岁，赐居曰澹宁。无忘斯黾勉，有勤在轩庭。远致要心泰，志明德惟馨。虽云述格语，而每切聪听。"看得出来，他对幼年读书的地方有很深的感情。东北角的清溪书屋为康熙帝宴寝之处。

在大东门土山以北，循河岸向西则为渊鉴斋，有七楹南向。斋后临河为"云容水态"；左廊为佩文斋五楹；斋后西侧为葆光，东侧为兰藻斋。渊鉴斋的前面，水中敞宇三楹，为藏辉阁；阁后为清籁亭。佩文斋的东北向为养愚堂。对面正方七楹为藏拙斋。渊鉴斋、佩文斋、藻光斋、兰藻斋、藏辉阁、清籁亭、养愚堂、藏卓斋的匾额，皆为康熙帝手书。

畅春园全盛时期始于康熙年间，衰落于乾隆、嘉庆年间。由于畅春园的主要功用是供奉皇太后的居所，而乾、嘉之间并无皇太后，因而闲置，自然所得修缮与护卫守护之人也少了。在第一次鸦片战争后，由于财政拮据，畅春园甚至一度成为废园。

到了第二次鸦片战争，英法联军进逼北京，同圆明园、静明园、静宜园一样，畅春园也没有逃脱魔爪，遭到了焚毁，只残存土岗和水洼。现如今，只有残存在东北角的恩佑寺、恩慕寺两座山门，仿佛在诉说着往事。

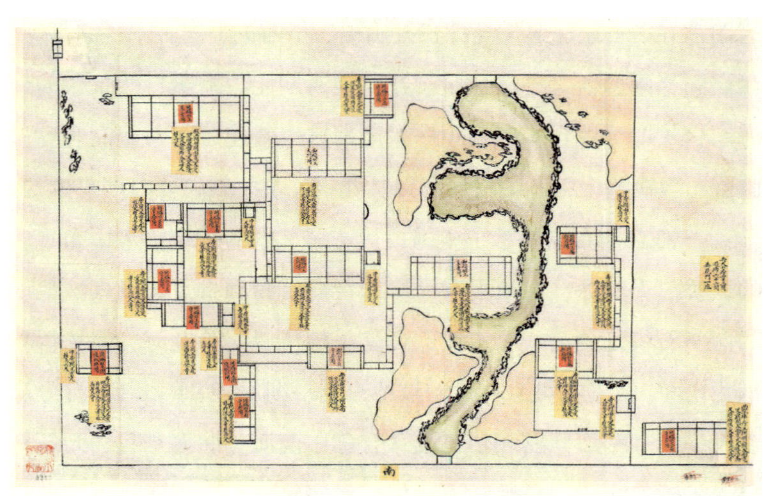

217–0035 ［无逸斋地盘全图］
1张，多色，42.2×65.9cm。

5. 三海

三海，位于北京皇城之西，由北海、中海、南海所组成，明清时期称为西苑。三海始建于金大定十九年（1179），在今北海当时称为瑶屿的地方大兴土木，建造了许多精美的离宫别苑，先名大宁宫，后更名为万宁宫。元朝以琼华岛为中心建大都，称琼华岛为万寿山，称水面为太液池，移北宋艮岳之石于岛上。明代迁都北京后，在元代禁苑基础上进行了扩建：开辟南海，扩充了太液池的范围，完成了今北海、中海、南海三海的布局，填平了仪天殿与紫禁城之间的水面，砌筑了团城。因园在城西，故名西苑。清代，对西苑又作了许多新建和改建：顺治八年（1651）拆除了琼华岛山顶上的主体建筑广寒殿和四周的亭子，修建了巨型喇嘛塔和佛寺，并将万岁山改名为白塔山。乾隆年间，除了对北海琼华岛（白塔山）的大部分建筑物进行重修以外，还在北海东建造了阐福寺、蚕坛、西天梵境、万佛楼、小西天、澄观堂、静心斋、濠濮间、画舫斋等许多建筑。在明朝时期比较富于自然景色的南海南台（即今瀛台）以及中海东岸地区也修建了宫殿楼阁和庭院幽谷。现在整个三海的格局和园林建筑，主要是乾隆时期完成的。

三海总体布局继承了中国古代造园艺术的传统：水中布置岛屿，桥、堤交通，在岛上和沿岸布置建筑物和景点。以太液池上的两座石桥划分为三个水面：金鳌玉蝀桥以北为北海，蜈蚣桥以南为南海，两桥之间为中海。“液池只是一湖水，明季相沿三海分。”由于中海和南海紧密相依，故又合称中南海。北海是我国乃至全世界延续使用时间最长、遗存格局最完整、文化内涵最丰富的古代皇家园林杰作。

粗略统计，国图所藏三海图档近900件，其中三海相关文档30余件，内容涉及三海水道、清淤工程、踏勘丈尺工程、房间略节、装修记工、内檐用料呈文、免税执照等建筑踏勘、设计及施工内容。

北海相关图档约有60件，涉及景点包括北海全图、承光殿、琼岛、悦心殿、漪澜堂、琼岛点景房、濠濮间、画舫斋、静心斋、快雪堂、澄性堂、大西天、五龙亭、极乐世界及其他，图样有各景点地盘画样、平样、准样、大木立样等，文档有清淤略节、内檐装修领用物料禀文、尺寸单、工程作法册等。绘图年代多为同治、光绪朝重修期间。

中海相关图档近700件，内容涉及河道清淤、摄政王府装修、仪銮殿装修、海晏堂装修等工程。图样为各景点地盘图样、寸样、平样、立样、分样、内檐装修图样、船坞画样，准底等。尽管图样很多，但文档却只有《中海清淤略节》和《中海仪銮殿喜福堂东西配房装修略节》两件。图样涉及景点包括海晏堂、仪銮殿、集灵囿、仿俄馆、摄政王府、怀仁堂、福昌殿、大元宝镜等。其中海晏堂图档数量最多，其中又以内檐装修图样为最。

南海相关图档80余件，内容主要涉及南海清淤工程、丈量工程、内檐装修等。图样多为各景点地盘全图糙底、细底、样底、准底、地盘图样、地盘画样，内檐装修立样等，文档有丈尺禀文、核计土方银两略节、尺寸说帖、清淤略节等。涉及景点包括南海全图、瀛台、大元镜、春耦斋、春及轩、日知阁、牣鱼亭、丰泽园、同豫轩、宾竹室、颐年殿、菊香书屋及各配殿、值房。通过对这些图档的整理，弥补了长久以来同治、光绪朝三海档案文献挖掘整理工作的缺环，为三海的保护与利用提供了扎实的理论及史料基础。

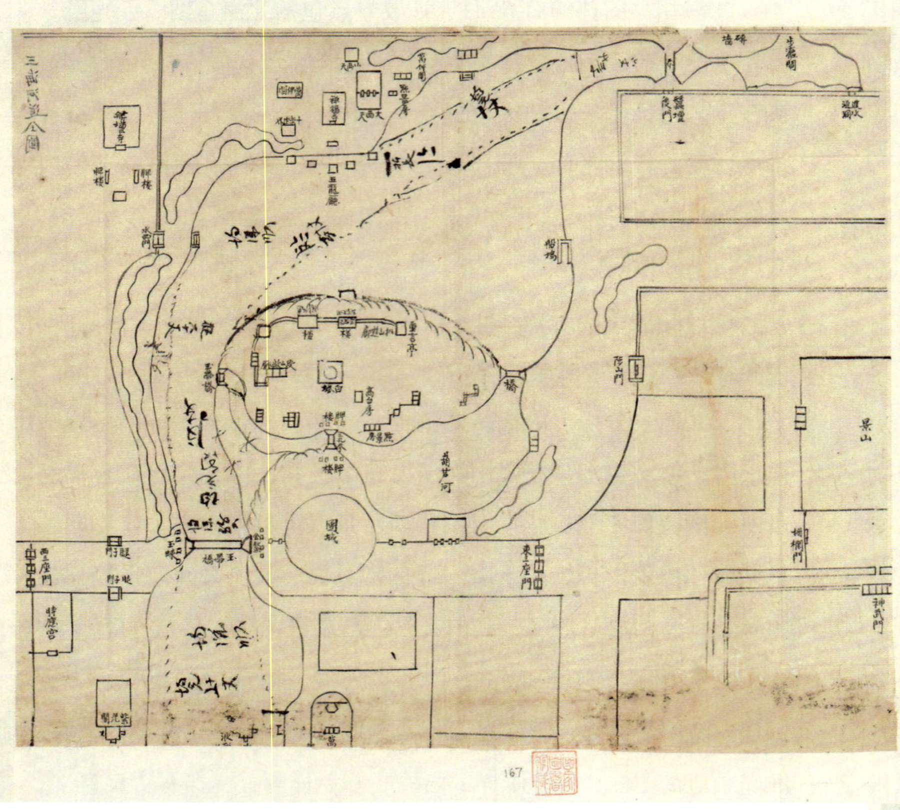

167-0052　三海河道全图

1 张，单色，40 × 47cm。三海为北海、中海、南海，位于故宫和景山西侧。本图以墨线勾勒，反映了三海区域的河道情况，并标识出相关区域的建筑情况。

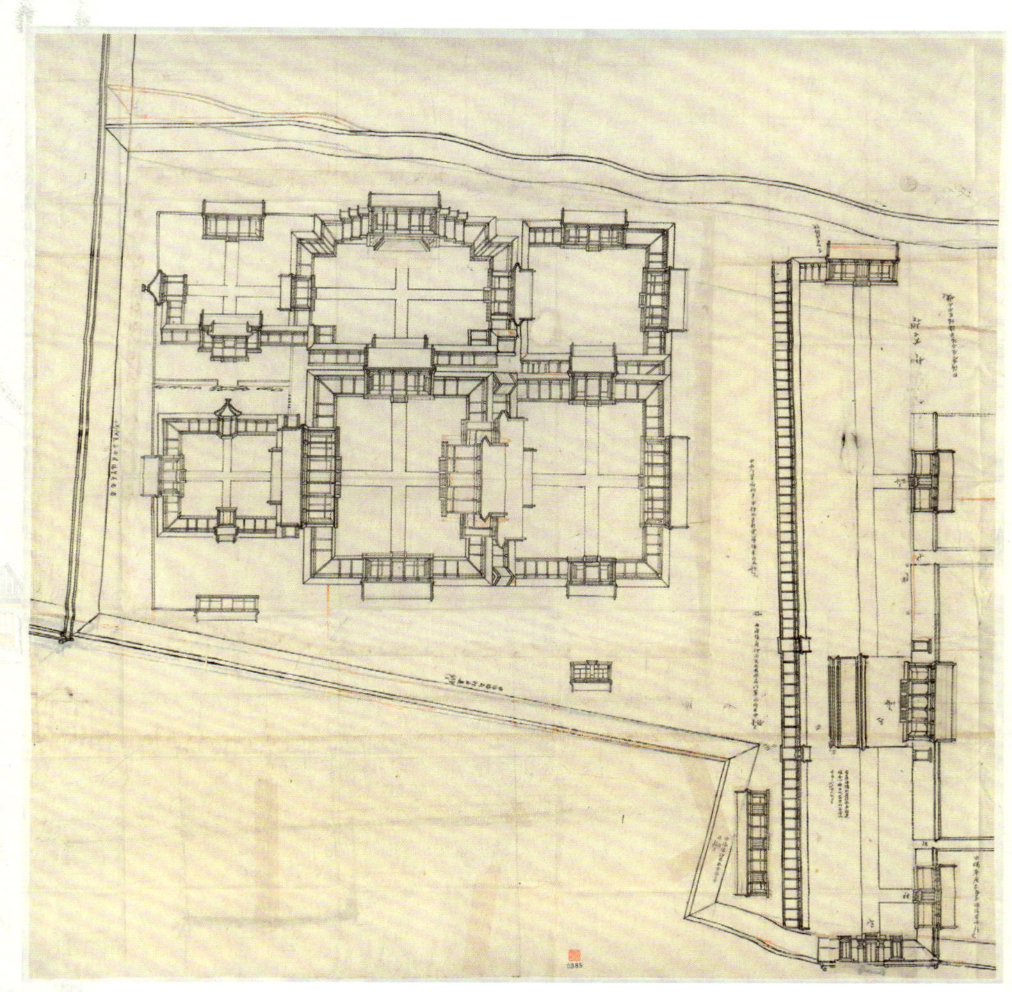

385-0046 ［三海内宫苑地盘全立样］

1张，单色，130.5×118cm。本图为三海内各处宫苑的立面图，全图以平立面结合的方式绘制，附有尺寸和规制说明。有贴改。

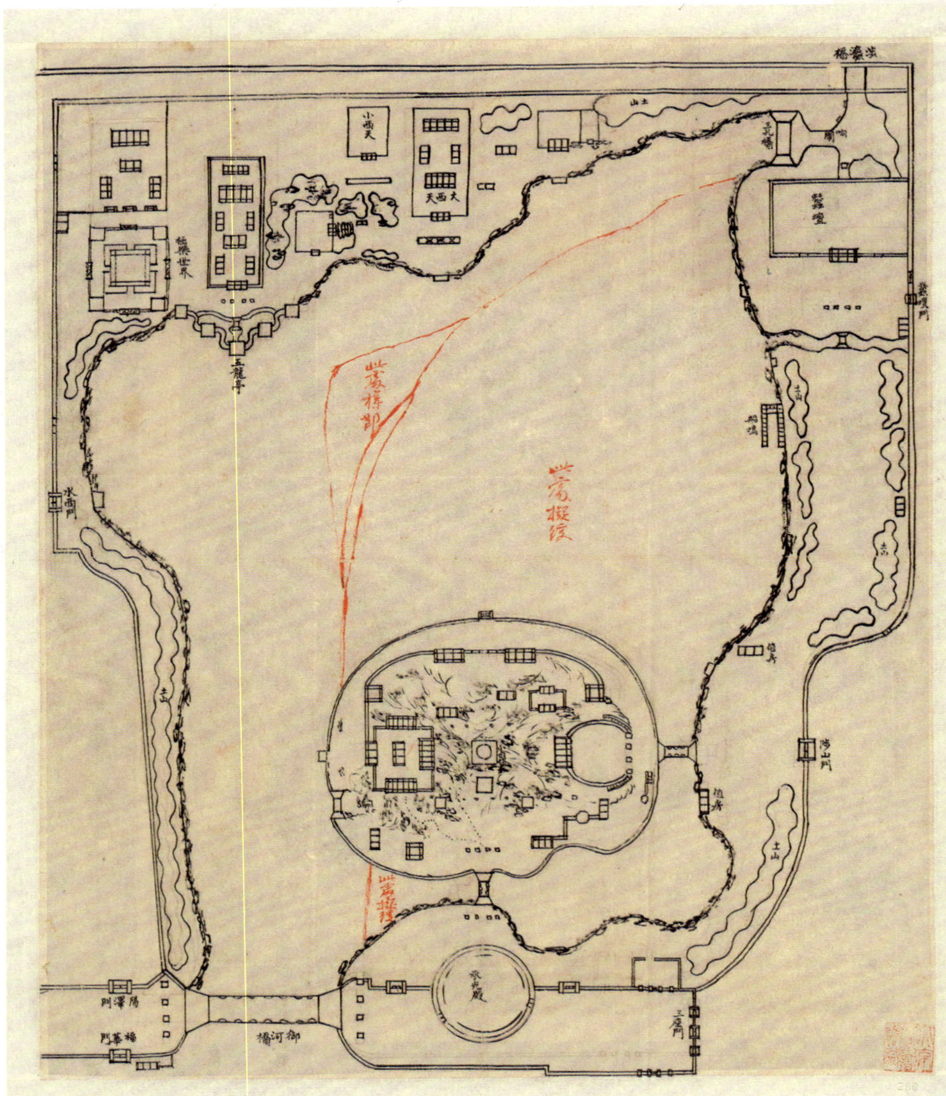

286-0028 ［北海地盘全图］

1 张，多色，57 × 46.8cm。本图以墨线勾勒北海区域的建筑、水道情况，绘制了承光殿、五龙寺、极乐世界等，并以红笔批注。

6. 行宫

行宫即离宫别苑，是位于皇城以外，供帝王出行时居住或休息的宫室。清朝随着康熙、乾隆等皇帝各式各样的巡视活动，全国各地曾营建了大量行宫，成为清代皇家建筑的重要组成部分。如为北巡修建了热河等行宫，为南巡在扬州等地修建行宫，为谒祖陵修建了隆福寺等行宫，为打猎修建了团河行宫。行宫修建的工程设计也成了样式雷家族职业生涯的重要部分，留下了大量行宫设计图档。

样式雷家族从雷发达起就一直参与各处行宫的建设，康熙年间，雷发达与其子雷金玉修建香山行宫，后又修建玉泉山行宫，之后雷金玉承建避暑山庄及热河行宫藏传寺庙。乾隆年间，样式雷第三代雷声澂则承办承德避暑山庄的扩建、盘山行宫静寄山庄的修建。在雷思起所著《精选则善而从》一文里，记载了第四代样式雷家族的翘楚雷家玺，自其父去世后，开始在圆明园样式房当差，承办万寿山、玉泉山、香山园庭、热河避暑山庄、南苑团河行宫等的建造，长期参与京城以外的皇家园林和陵寝的建造，他的兄长雷家玮也经常到外地查看各地行宫等事宜，并在皇帝南巡时随銮供奉，对为数众多的各地皇家行宫建设付出了大量心血，也使包括园林艺术在内的皇家建筑设计和营造技艺传播开来。

（1）东陵沿路行宫

东陵，位于今河北省遵化市城西的马兰峪乡，其中帝陵5座，从康熙到光绪，皇帝们专程到东陵谒陵行礼共30多处。《畿辅通志》

卷十五记载，清朝皇帝、后妃谒东陵时，自北京紫禁城出发后，“沿途以驻跸行宫之所凡四”，即三河市的燕郊行宫、蓟县城西的白涧行宫、蓟县东南的桃花寺行宫、蓟县东的隆福寺行宫。这四座行宫均有样式雷图档留存，除行宫平面图外，还有殿宇立样图、细部装修图样等等。

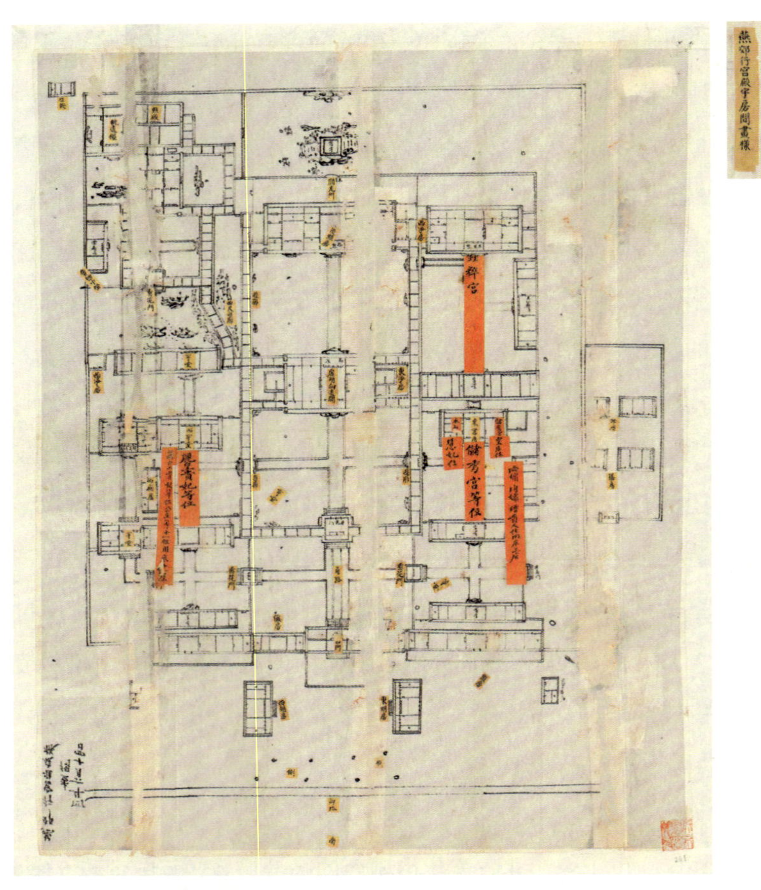

201-0001　燕郊行宫殿宇房间画样

1张，单色，72.5×55cm。图背后题“燕郊行宫准底样”。

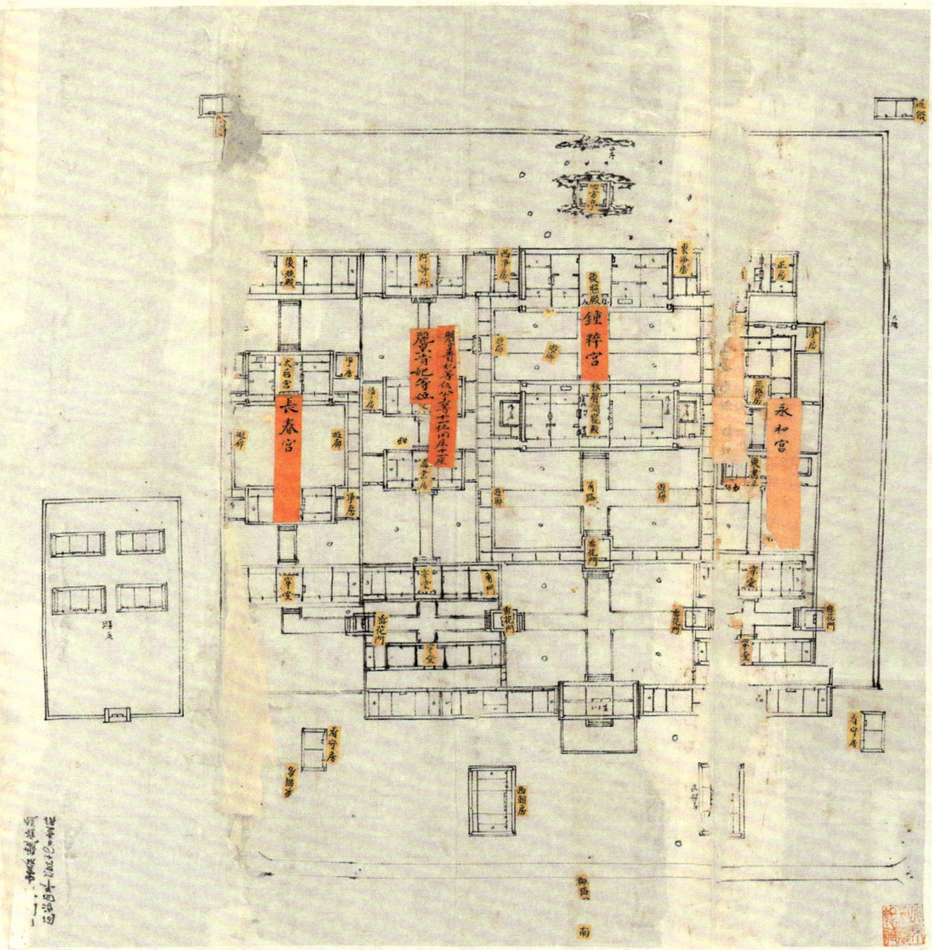

白涧行宫殿宇房间畫樣

201-0002　白涧行宫殿宇房间画样

1 张，单色，63.3×59.5cm。图背后题“白涧行宫底盘准样”。白涧行宫，位于天津市蓟县城西的白涧镇白涧村，建于清朝乾隆十八年（1753）。

桃花寺行宮殿宇房間畫樣

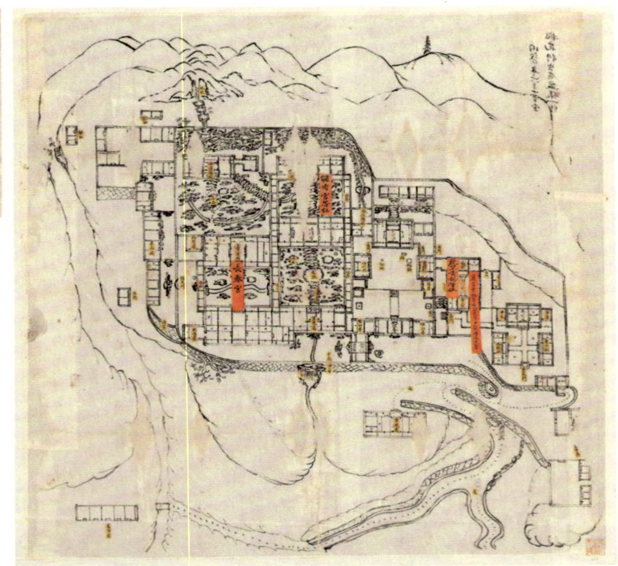

201-0003　桃花寺行宫殿宇房间画样

1张，单色，82×81.5cm。图背题“桃花行宫底盘样”。桃花寺行宫位于蓟县城东的桃花山上，建于乾隆十八年（1753），桃花寺行宫有乾隆御题八景，即：涌晴雪、小九叠、吟晴簌、坐霄汉、云外赏、涤襟泉、点笔石、绣云壁，桃花寺行宫于民国间被毁，现仅存基址。

隆福寺行宮殿宇房間畫樣

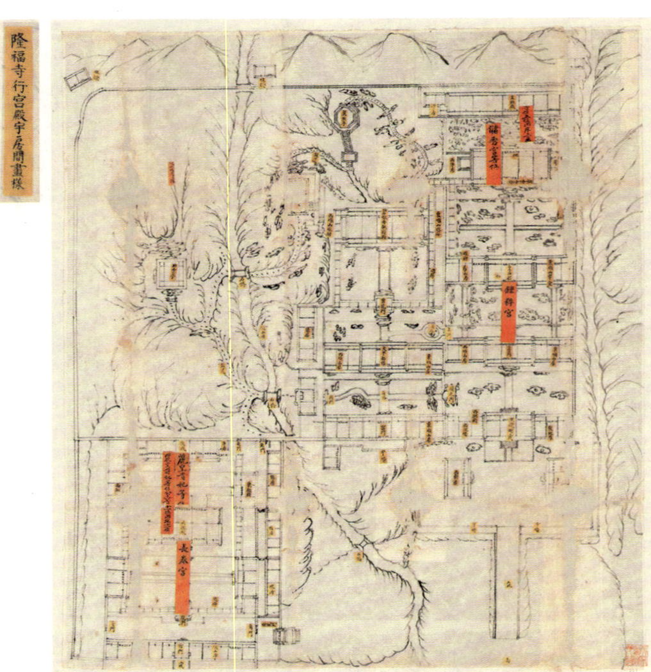

201-0004　隆福寺行宫殿宇房间画样

1张，单色，80.5×70cm。隆福寺行宫位于蓟县城东北50里的隆福山下，隆福寺村村北，清东陵陵区之南。隆福寺行宫修建于康熙年间，乾隆五十二年（1787）重修。

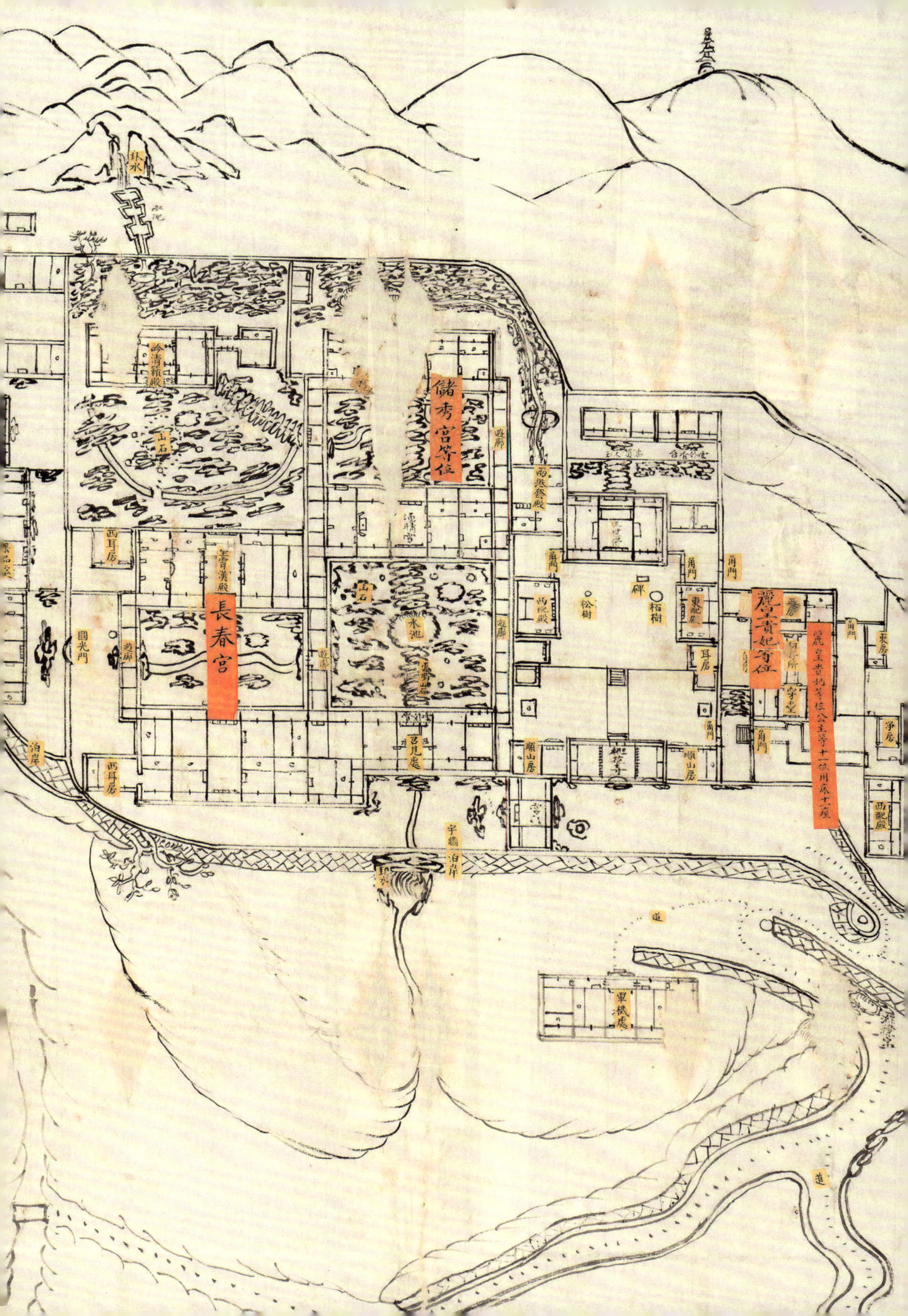
儲秀宮等位
長春宮
麗皇貴妃等位
麗皇貴妃等位八公主等十一位用床十八座
吟清籟殿
山石
西耳房
含霄漢殿
圓光門
遊廊
西耳房
泊岸
遊廊
山石
水池
遊廊
乍見處
宇牆
泊岸
西捲蓬殿
角門
西配殿
松樹
碑
柏樹
東配殿
角門
角門
耳房
順山房
順山房
角門
穿堂
角門
東房
淨房
西配殿
軍機處
道
道

（2）西陵沿路行宫

乾隆二年（1737），雍正帝的泰陵在易州建成，随后为了乾隆帝谒陵驻驿的需要，乾隆帝在今房山区良乡城北的黄新庄、半壁店，涞水县的秋澜村，易州城的梁各庄四处修建了泰陵一路四座行宫，也称西路行宫。泰陵一路行宫是仿照先前完成的燕郊等处东路行宫的样式建造的。行宫大宫门前左右为相对的东西朝房，朝房之后各设更房。大宫门后，中路依次为垂花门、五楹内政殿、皇后宫和照殿。四面皆建回廊。西路依次为膳房、执事房、阿哥房、太监所、西书房和太后宫。东路依次为膳房、执事房、阿哥房、东书房、三卷殿和春丽斋。斋后假山屏列，植松柏数株，是行宫内难得的休闲之地。

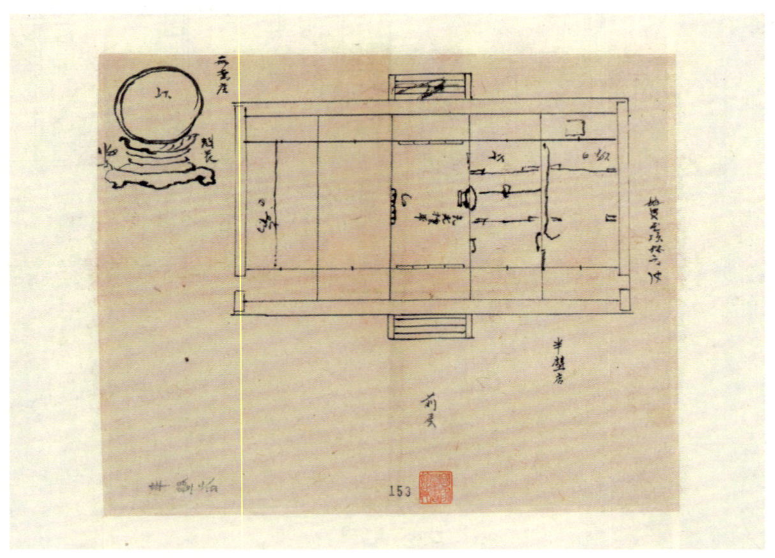

153-0007　半壁店前殿地盘样

1张，单色，23×27.7cm。半壁店行宫位于北京市房山区半壁店村，是清朝皇帝谒西陵时的驻跸之所。

（3）避暑山庄、木兰围场

康熙二十年（1681），清帝康熙为锻炼军队，在今河北省围场县境内辟建了“木兰围场”。木兰围场既是清朝皇帝避暑行围打猎之所，也是布阵习武之地。皇帝每年都要率王公大臣、八旗精兵来这里举行射猎，史称“木兰秋狝”。康熙四十二年（1703），避暑山庄开始修建。避暑山庄又称热河行宫，为皇帝每岁巡幸驻跸、临朝听政之所。为了皇帝经常往来于避暑山庄和木兰围场，从京师至两地沿路，修建了大量行宫。包括顺义县的三家店行宫，密云县的刘家庄行宫、罗家桥行宫、瑶亭行宫、南天门御书房，昌平县的蔺沟行宫、汤泉行宫，顺义县的南石槽行宫，怀柔县的祇园寺行宫、巴克什营行宫、两间房行宫、长山峪行宫、王家营行宫、喀喇河屯行宫，然后到达避暑山庄。自避暑山庄到木兰围场，一路有钓鱼台行宫、黄土坎行宫、中关行宫、十八里台行宫、黄姑屯行宫等等。这沿路众多的行宫，几乎没有相关的样式雷图档传世，就连避暑山庄相关样式雷图档也寥寥无几。

（4）奉天行宫

天命十年（1625），后金都城由辽阳迁往沈阳，天聪八年（1634）尊为盛京。顺治元年（1644）定都京师，以盛京为留都，又称“奉天行宫”。作为清王朝的陪都，盛京的建设得到了清朝历代皇帝的重视。清朝入关之前，努尔哈赤和皇太极都对都城进行了兴建，入关之后，历代清帝多次祭祖活动，使盛京的建设和发展继续得到重视。康熙十九年（1680），康熙东巡祭祖，命令在盛京城外增建了关墙和关门。乾隆时期，盛京城的皇宫进行了 2 次大规模的改建与扩建。新建了奉天行宫“东所”和“西所”，并对崇政殿前后的建筑进行改建与增加装饰。同时还修整了盛京城中的天坛和地坛，并将太庙移建于大清门之东侧。奉天行宫的样式雷图档较多，有全局平面图，有楼阁立样，有装修样图，有清单。

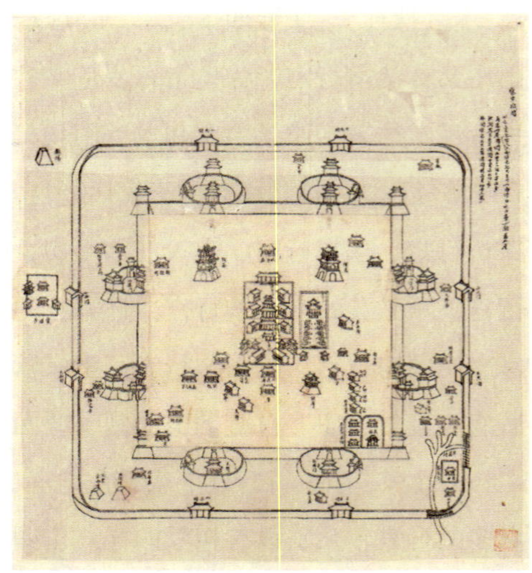

187-0002-46　盛京城图

1张，单色，60.6×54.4cm。本图用墨线勾勒了盛京城城门城墙以及城内建筑分布，仅绘有主要建筑，无道路及其他。城门及城内建筑采用形象画法，并标注名称，图右上方题有图名及丈尺说明。

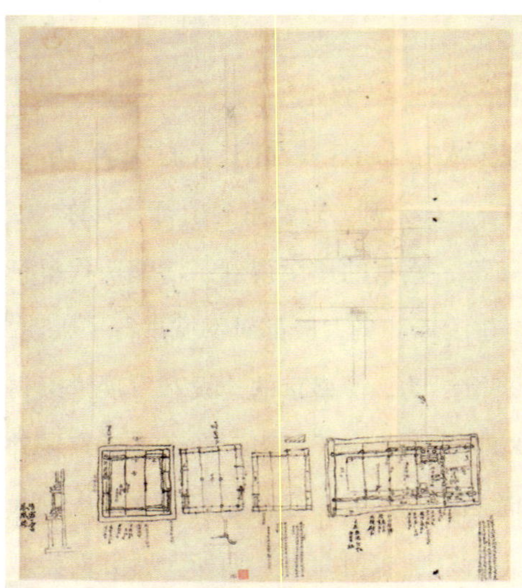

151-0009　［清宁宫凤凰楼平样］

1张，单色，91.9×80.2cm。凤凰楼又称翔凤楼，位于沈阳故宫中部，其前有崇政殿，后为清宁宫。宫与殿通连往来的唯一门户是清宁宫的门楼，也是全城的最高建筑。著名的“盛京八景”之一“凤楼晓日”，便是登临此楼，望东方旭日升腾。

（5）盘山行宫

盘山行宫又称静寄山庄，是乾隆皇帝“法皇祖避暑山庄之例”经营的行宫园林。乾隆九年（1744）清高宗下令修建盘山行宫，同年十月盘山行宫正式被命名为静寄山庄。盘山行宫是北京城外第二大清代皇家行宫式园林，其规模和地位仅次于热河行宫避暑山庄。整个山庄分内八景、外八景、新六景，附列十六景，是清代园林艺术的又一杰作。样式雷家族的雷声澂承担了静寄山庄的设计建造工作。

348-1109　京东盘山行宫全部地盘样

1张，多色，137×133cm。盘山行宫，又名静寄山庄，位于天津蓟县盘山南麓，是清代仅次于避暑山庄的第二大皇家行宫园林。清乾隆九年（1744）动工，十九年（1754）竣工。

（6）南苑行宫

南苑即历史上的南海子，在北京城南 10 公里处，是元、明、清朝的皇家园囿。从元代起，南苑就是皇家猎场，史称“下马飞放泊”。清朝入主中原后，即把南海子作为皇家园囿重加修葺，并在南苑修建了 4 处行宫，分别是旧衙门行宫、新衙门行宫、南红门行宫、团河行宫，其中团河行宫是最大的一处。关于南苑行宫的样式雷图档现存较多，约 200 余种，所存种类也比较丰富，包括总平面图、局部平面图、装修图样、河道地势图、清单、略节等等。

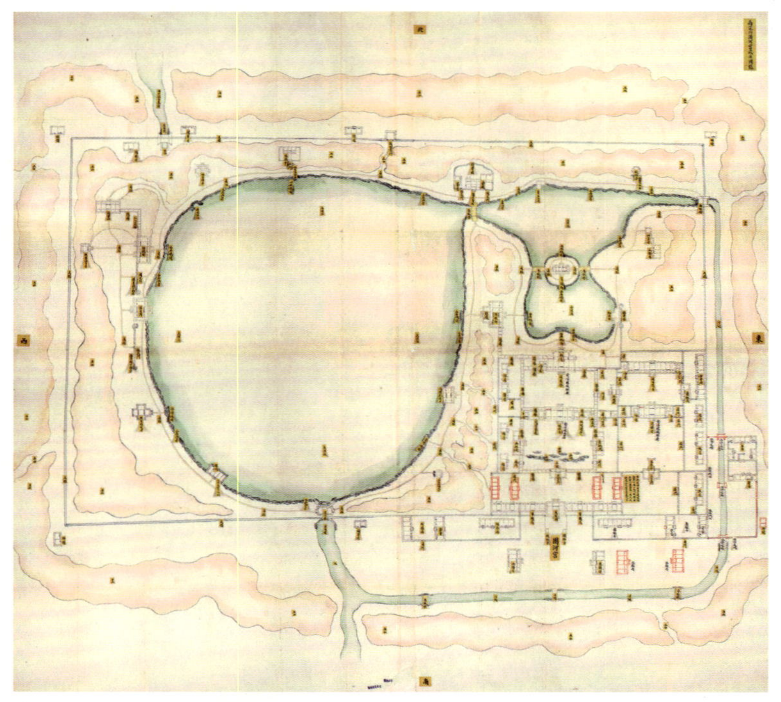

337-0142　［南苑内团河宫殿各座画样］

1 张，多色，130×138cm。团河行宫是清代皇帝前往南海子行猎时修建的四所行宫中最豪华的一座。图中黄签详细标注出行宫内的各种建筑，红色线条标出拟添修的值房、茶膳房、石桥、大墙以及拟安装洋玻璃纱屉的位置。

（7）五台山行宫

五台山是我国最著名的佛教圣地之一，其建寺历史之悠久，建筑规模之宏大，均居我国四大佛教名山之首。清代从康熙二十年（1681）至嘉庆十六年（1811）间，康熙、乾隆、嘉庆皇帝先后十余次巡行五台山。为筹备皇帝巡幸，地方及中央多次拨巨款维修扩建行宫、座落及尖营。至今，历经多次战争、水火之灾后，行宫主体建筑早已无存，但国家图书馆尚保存大体完好的样式雷手绘五台山行宫各处座落寺院图。

这些图档共有十三幅，均为地盘图，比例不等，画面细致，标识清晰详细。按照图名可分为三类：座落地盘图、尖营地盘图、行宫地盘图。其中以座落地盘图最多，共八幅，尖营地盘图两幅，行宫地盘图三幅。涉及五台山各处寺院村镇：菩萨顶、塔院寺、台麓寺、殊像寺、普乐院、大螺顶、寿宁寺、白云寺、镇海寺、涌泉寺、玉花池、台怀、甘河村。从图样看，座落的建筑规模一般不太大，多依托一座寺院，在寺院的某一侧、某一角有一独立院落，有座落、有值房、有净房。座落或为三间，亦有四间。普乐院座落规模较大，其东侧为座落楼房七间，并有万字楼梯和西洋门。寿宁寺座落也比较特殊，该寺东北角有座落三间，山门照壁外还有座落三间，由于图中没有文字记载，难以确切知道此处座落何以分成两所。

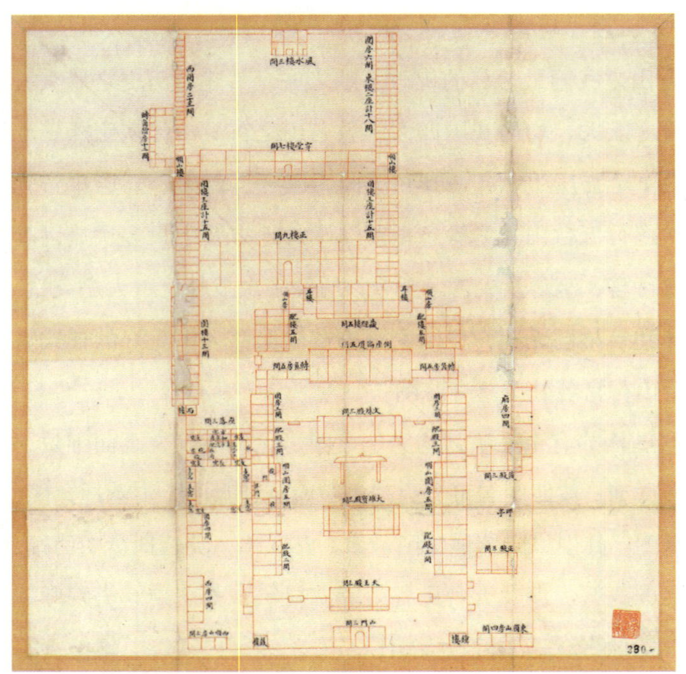

330-0047-01　菩萨顶座落地盘图

1张，多色，36.8×36cm。菩萨顶是山西省五台山中规模最大的黄教寺院，位于五台山台怀镇灵鹫峰上。据传为文殊菩萨道场，即文殊居住处，故又名真容院、大文殊寺。菩萨顶建于北魏孝文帝年间，曾多次重修。明永乐以后，蒙藏喇嘛教徒进驻五台山，遂成为五台山黄庙之首。清朝之康熙、乾隆帝曾数次朝拜五台山，住宿于菩萨顶。

常见样式雷图以北京皇家园林、陵寝、亲王府邸居多，涉及外省建筑较少，这部《五台山行宫各处座落寺院图》，尽管绘事远在山西，但仍是皇家工程，与雷家一向承接的工程性质相同，为我们研究雷氏工匠参与工程提供了更多信息。

清代后期，由于行宫长期不用，年久失修，还有些由于战乱，遭到破坏。如今，清代修建的大量行宫大多已经损毁，对于行宫的建制、建筑只能通过样式雷图档想象一下当时的情景了。

7. 王府

从数量、规模和对城市面貌的影响来说，清代王府建筑是北京城乃至中国古建筑中相当重要的一个门类。以府第为例，北京内城的亲王、郡王府第就有四十多处，这些王府建筑散落于内城各处，对北京城的城市格局、功能以及城市特色，都产生了极其深远的影响。北京的王府及其赐园一般是由皇家出资，按照严格的等级制度建造起来的，样式雷家族参与过多处王府和赐园的营建和修缮，留下了丰富的图档资料。

清代皇子封王前在紫禁城内阿哥所居住，封王后出宫住在北京内城的王府，成为摄政王之后则在皇城内拥有摄政王府。这三种类型的王府在样式雷图档中都有体现。样式雷图档中关于王府的部分，从完整程度来看，以恭亲王和醇亲王两个王府的资料最为详尽；从涉及的营建状况来看，有从设计到施工各阶段均较完整的项目（如恭亲王府花园），有部分利用原有建筑的改添建项目；有在原有基础上修改装修维护建新的项目，还有用他处拆卸装修抵用的翻新项目。

（1）恭亲王府

恭亲王府位于北京西城区什刹海附近的柳荫街，是目前保存最完整、唯一作为清代王府向社会开放的历史景点。和硕恭亲王奕䜣，道光帝六子，咸丰帝异母弟，是咸丰、同治、光绪三朝的重臣，道光三十年（1850）以宣宗遗诏被封为亲王，为第一代恭亲王。恭亲王府第一任府主为和珅，第二任为庆郡王永璘，恭亲王奕䜣于咸丰二年（1852）正式搬入此府邸居住。样式雷图档中恭亲王部分大多为道光三十年（1850）四月至十月期间绘制的，即奕䜣封王后修缮扩建府邸所绘制的。这部分图档也是保存最完整的王府工程图档，从勘察测绘，到总体设计及单体设计均有图样，还配有文字说明资料，并且测绘内容完整，不仅包括府第主体，还包括祠堂、铺面房、马圈等附属建筑。

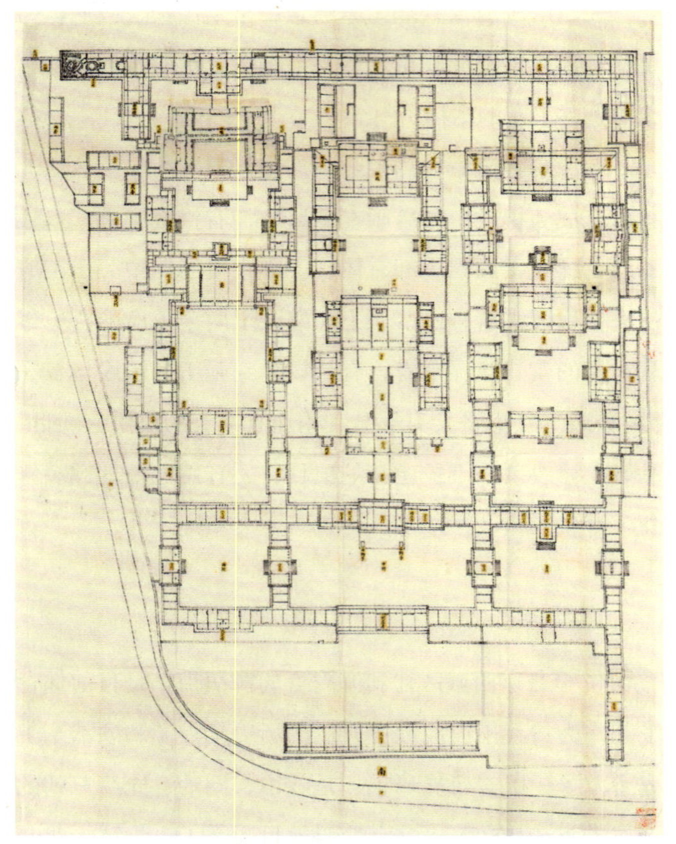

284-0023　*恭亲王府地盘画样*

1张，单色，103.5×78.9cm。恭王府是我国保存最为完整的王府建筑群，分为府邸和花园两部分。曾先后作为和珅、永璘的宅邸，咸丰元年（1851）恭亲王奕䜣成为宅子的第三代主人，恭王府的名称也因此得来。

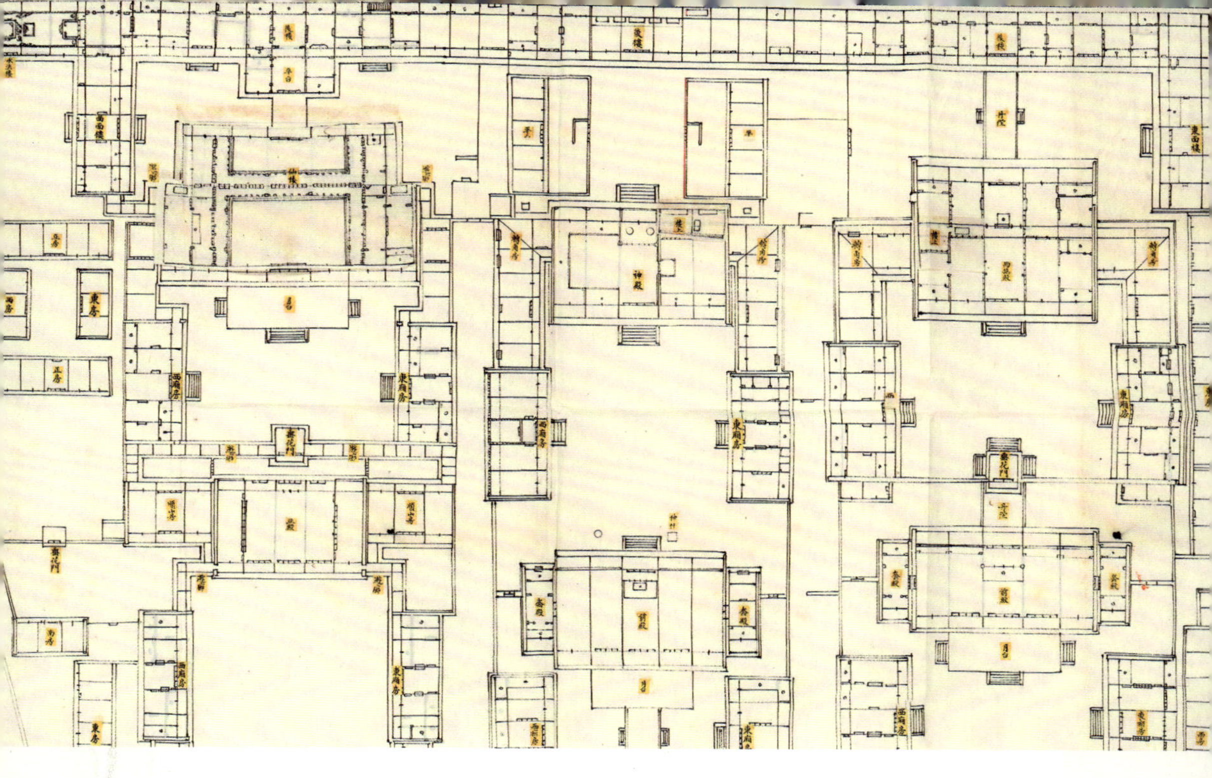

（2）醇亲王府

第一任醇亲王奕譞是道光皇帝的第七子，光绪皇帝的生父，奕譞于同治十一年晋封亲王，奕譞死后，其子载沣袭爵，后载沣之子溥仪成为宣统皇帝。醇亲王一爵连出两位皇帝，醇亲王府也因此两次成为“潜龙邸”，所以醇亲王一爵有两处王府，位于太平湖的南府和位于后海北沿路的北府。

醇亲王南府位于北京西城区太平湖附近，国家图书馆所藏样式雷图档中醇亲王南府相关图档有 20 多幅，绝大多数为奕譞入府邸之前的修缮工程相关图纸，包括府邸全样，西路地平样，南韵斋地盘样，东所、中所等图样及装修略节等。其中《府第全样》是样式雷图中最完整详细的府第总平面图，图中除了绘有府内建筑外，还绘制出了花园中详细的景物设置，另外从图上还可以看到周围的情况，西侧的太平湖，西侧南侧的北京内城城墙。

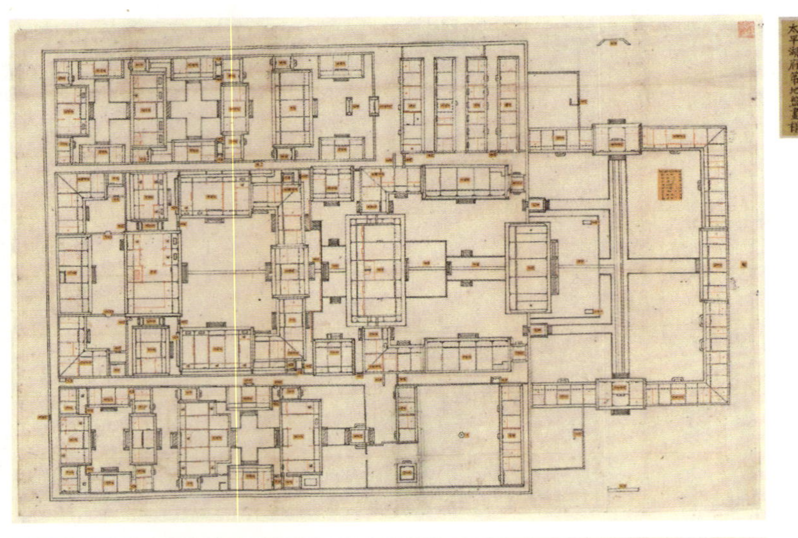

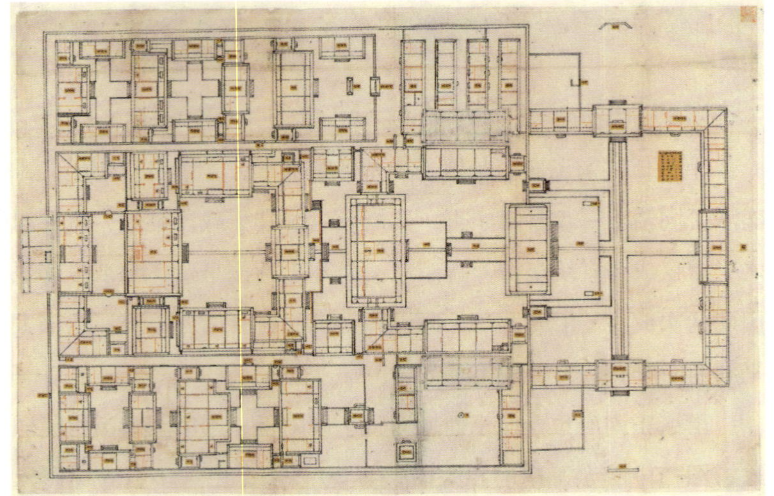

281-0002　太平湖府第地盘画样

1 张，多色，120×81.5cm。此图是一幅是关于府邸修缮的总平面图，图中只绘制出府邸的总平面图，没有涉及花园的部分。其中用墨线勾勒出房屋、楼阁、走廊、台阶、围墙的轮廓，用红线标记修改的部位。图中贴黄签标注各建筑物的名称，贴红签标注床的位置，右下角部分有黄签标出府邸房间数目。

太平湖府即醇亲王府，道光皇帝第七子奕譞的府邸。同治十三年（1874），其次子载湉继嗣为光绪皇帝。载湉嗣位后，王府成为“潜龙邸”。

醇亲王北府位于北京西城区后海北沿路北，现府邸部分为国家宗教事务管理局。国家图书馆藏醇亲王北府样式雷图档，主要是载沣入住之前进行修缮的图纸，修缮工程主要针对大墙和府主生活的西路建筑，图档包括《谨拟新府第现修周围大墙丈尺图样》、《北府平样过细准底》等。一般王爷在搬入王府之前，均要对府第进行翻修或者扩建，从这批样式雷图档可以看出，醇亲王在搬入府第之前，仅做了些修缮，没有大动土木。

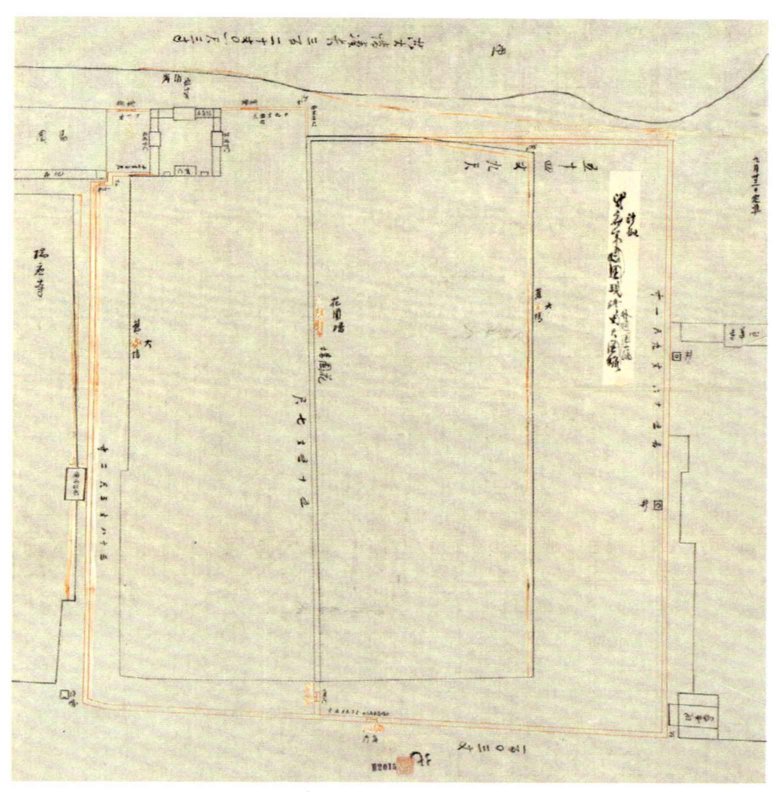

357-2015 谨拟新府第现修周围大墙丈尺图样

1张，多色，70×67cm。此图为醇亲王北府大墙丈尺图，有贴改。图上有“九月廿三日定准”字样。

（3）摄政王新府

清代历史上有过两位摄政王，第一位是清初的睿亲王多尔衮，另一位是末代皇帝溥仪的父亲载沣。样式雷图档中的摄政王府指的就是载沣居住的府邸。载沣在溥仪当皇帝后，在西苑中海集灵囿的旧址上又新建了一座摄政王府，这座王府是清代历史上规模最大规格最高的王府，也是清代建设的最后一座王府，从未入住。由于摄政王府建造时间晚、规模大，留下的图纸数量也相当丰富和完整。包括总平面图、东路建筑、中路建筑、西路建筑地盘样及平样、装修样，还有大量西花园平面图、房屋图样，此外连宫门外，马圈都有相关图纸。这些图纸里数量最大的是装修图纸，可见修建摄政王府之奢靡。另外这套图纸中有些样式雷图档中为数不多的立样图档。

357–2028　摄政王府洋式门立样

1张，单色，29×22cm。清中期后，西方建筑文化传入中国，并与中国传统建筑文化结合，洋式门就是最具代表性的中西合璧式的建筑。

摄政王府位于中南海西北角，宣统元年（1909）此地被拨给摄政王载沣修建摄政王府。摄政王府规制同旧醇王府相似，包括中路、东路、西一路、西二路、西花园。宣统三年（1911）清朝覆灭时王府仍未竣工。

（4）其他王府

除了上述王府外，国家图书馆还藏有多个王府的样式雷图档，其中图档较多的包括：

棍贝子府，棍贝子府位于西城区新街口东街，现为积水潭医院。

惠亲王府，惠亲王府位于灯市口西街路北。第一代惠亲王为嘉庆皇帝第五子绵愉，嘉庆二十五年（1820）被封为郡王，道光十九年（1839）年晋亲王。

荣公府，荣公府位于东交民巷台基厂东，是镇国公爱新觉罗·荣毓的府第。荣公府也称裕王府，荣毓是裕亲王爱新觉罗·福全的后代。

钧贝子府，为爱新觉罗载钧的府邸，位于西城区太平湖东里，咸丰五年（1855）底，府第赏给醇亲王奕譞，载钧搬到大佛寺附近居住。

庆亲王府，庆亲王府位于西城区定阜街。第一代庆亲王为嘉庆皇帝第十七子永璘。

洵贝勒府，位于西单北大街，宅第坐北朝南，西界临西单北大街。现宅路北的垣墙和一组四合院均保存完整。洵贝勒为醇亲王奕澴第六子载洵，出继给瑞郡王奕志为嗣，袭贝勒。

泽公府，位于地安门东大街路北，为康熙皇帝六世孙载泽的府邸。

另外，样式雷图档中还有少量其他王府的图档，包括奕果府、奕劻府、奕湘府、奕续府、裕公府、郑王府、庄亲王府等。

8. 庆典点景

样式雷家族设计建造的经典建筑，除了我们熟知的永久性清宫建筑设计，还有许多临时性的庆典建筑，“彩棚”就是这样的一类建筑。从绘制场景来看，彩棚图样包括展示整体效果的彩棚组合点景图和显示微观细部的单个彩棚设计图。藏于国家图书馆的《万寿典景图》展示了万寿点景的整体效果，从中我们大概可以了解万寿庆典中的一些细节。

彩棚是专门为节日庆典临时搭建的一类建筑。现存样式雷彩棚图样大都与万寿庆典有关。点景是帝、后万寿庆典的重要组成部分，彩棚又是万寿点景最重要的临时建筑。纵览清朝历史，布设万寿点景的帝、后包括康熙皇帝、乾隆皇帝、嘉庆皇帝、崇庆太后和慈禧太后五人。其中，康熙六旬寿典开创了清代万寿点景的规制和流程。最有名的万寿节以康熙皇帝六旬寿典和乾隆皇帝八旬寿典为代表。而让人印象最深刻的万寿节，则属慈禧太后的六旬万寿庆典。

144–0008　［彩棚立样］
1 张，多色，65×62cm。

随着京西皇家园林的变迁，清代早中期和清代晚期布设万寿点景的路线有一定差异。康熙时期，万寿点景的路线大致是自京西畅春园到西直门，进入内城，经神武门，与紫禁城的庆典仪式连接。近代以来，随着圆明园、畅春园等皇家园林陆续被毁，帝后的居所与活动区域与之前有一定变化。慈禧太后万寿庆典的布景设计具体路线由紫禁城西华门出宫城，经中南海与北海间的御河桥，从西安门出皇城，经西四牌楼向北，再由西直门出内城，经西直门外高粱桥石子路到颐和园东宫门。无论巡游路线怎样变化，巡游途经之处，彩棚不断。搭建彩棚的建筑包括沿路寺、观，还包括京城各部衙门、行宫等。此外还有各省进京臣民代表搭设的彩棚。

一张光绪时期的《颐和园至西直门路程图》，为我们清晰地描绘了万寿庆典路线在内城之外的各个细节。京师内城道路完好，出行方便。但京师西郊俗称海淀，道路泥泞难行。太后出行，凤銮龙辇出西直门，行程不便。为方便慈禧太后和光绪皇帝出行，光绪年间官方修筑了从西直门高粱桥到颐和园的石子路，也就是慈禧太后万寿巡游的路线。这张地图详细绘制了颐和园东宫门牌楼至西直门内海墁一路路程。其中包括土道一段，石板路十三段，全长共计 3363 丈。每段路都明确记载了里程数，并对沿途重要建筑、桥梁做标注。《颐和园至西直门路程图》的绘制方式采用仅绘制道路及与道路相关的标志性建筑和桥梁，道路里程和标志性建筑用贴黄签的方式说明。

慈禧太后六旬万寿庆典，拟在颐和园东宫门至紫禁城西华门沿途道路两旁搭建万寿点景 60 处。其中，颐和园至西直门段搭设点景 33 处，西直门至西华门段搭设点景 27 处。各处点景均以彩棚为主体。每处点景包括龙棚、龙楼、经棚、戏台、音乐楼、游廊、牌楼、彩幢、祝嘏牌等建筑。据档案数据记载，颐和园至西直门段点景由内务府负责筹备，西直门至西华门段由外臣筹备。每处点景均经过精心设计，不同的点景承担的祝寿功能也各不相同。各式彩棚在每处点景中均处最为重要的位置，承载了不同的功用职能。以样式雷图文件《万寿典景图十九号》为例，此处点景设置于万寿巡游路线途中，包括彩坊牌楼两座、彩亭两座、鼓亭两座、经庙及经棚一座、配楼及灯廊一座、各式幡旗若干。从这个点景的布置来看，为慈禧太后祝寿诵经的经棚是主体，配以戏台。彩棚在此处点景承担了为太后歌功颂德及增添节日气氛的功能。各处布景均以红色为主色，云纹为底纹，设计风格整齐统一，又华丽热闹。配楼及经棚另配各色灯笼，烘托节日气氛。夜晚，庆典活动在灯笼的映照下显得更加绚丽多彩。

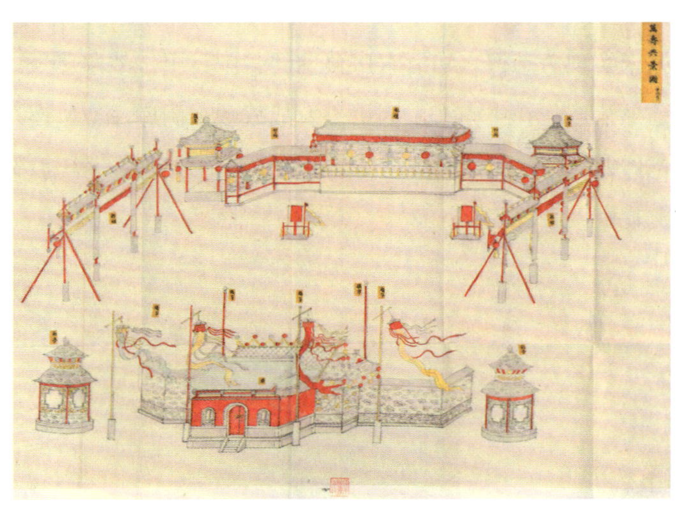

137-0002　万寿典景图

1张，多色，61×84cm。此图为慈禧太后举办六旬万寿庆典的一处典景图样，此处点景设置于万寿巡游路线途中，包括彩坊牌楼两座、彩亭两座、鼓亭两座、经庙及经棚一座、配楼及灯廊一座、各式旗杆、幡旗若干。此图色彩鲜艳，绘制精美，表现了较强的节庆氛围，图上贴黄签注明了典景各部分的名称。

慈禧太后六旬万寿巡游点景主要承担礼、乐、颂三方面的功能。首先，万寿点景中承担礼仪方面的彩棚包括龙棚、龙楼等，主要设在颐和园到紫禁城沿途的重要地方。此类彩棚设御座，慈禧太后在龙棚内休息，各地官员呈上特产，迎驾叩拜，恭贺万寿。各宫殿前彩棚属于礼仪性临时建筑。第二，承担活跃气氛的彩棚包括戏台、说书台、音乐楼等。这些彩棚在各处点景均为辅助临时建筑。慈禧太后巡游多路过不停辇，多为制造欢乐祥和的节日气氛而设。第三，承担歌功颂德功能的彩棚包括经坛、经棚等。此外，还有一些特点功能的彩棚遍布庆典各处。其中，规模最大的当属颐和园仁寿殿外支搭的寿宴彩棚，专门用于慈禧太后宴请皇亲国戚、高官重臣、外国使节等使用。

从样式雷图档可以看出，慈禧太后万寿庆典活动拟按旧有规矩举行万寿巡游。但从档案资料和现有文献来看，巡游点景布设并未实现。慈禧六旬万寿庆典期间，中日甲午战争爆发。万寿节前慈禧居住在中南海。因甲午海战战败，国库亏空，巡游点景大都停办，仅在北长街搭设部分点景。然而，即使只搭建部分点景，仍耗资巨大。

第五章 流传与收藏

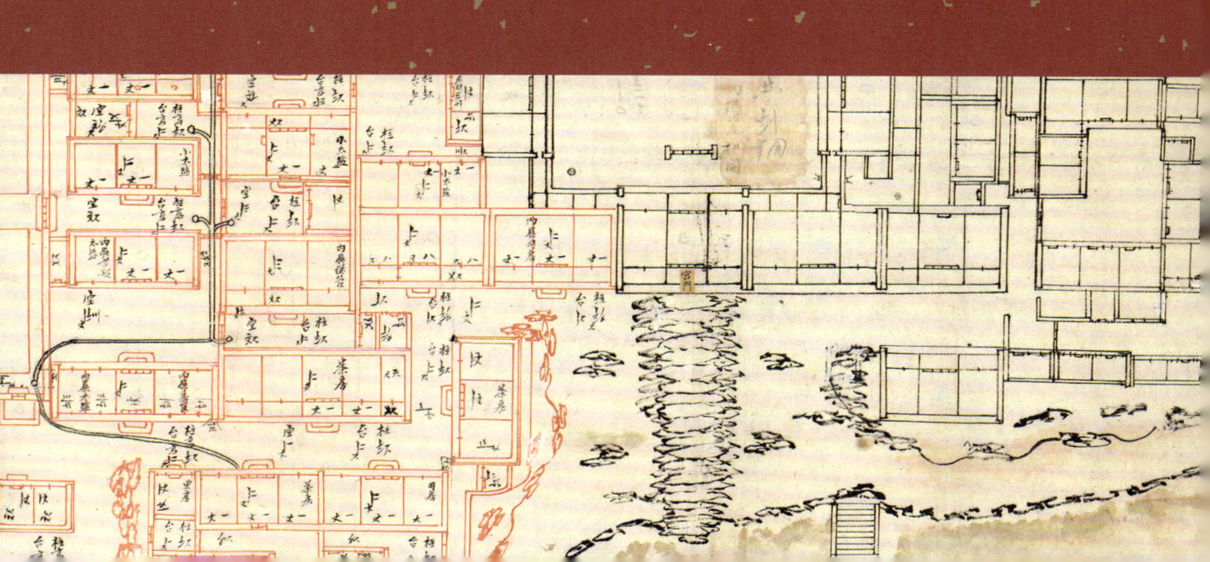

一、国家图书馆

中国国家图书馆是综合性研究图书馆，是国家总书库，履行搜集、加工、存储、研究、利用和传播知识信息的职责。中国国家图书馆的前身是建于清代的京师图书馆。1909年（清宣统元年）9月9日宣统皇帝御批兴建京师图书馆，四品翰林院编修缪荃孙为首任监督，馆舍设在北京广化寺。1916年京师图书馆按规定正式接受国内出版物呈缴本，标志着他开始履行国家图书馆的部分职能。1917年馆移至方家胡同原国子监南学旧址。1928年7月更名为国立北平图书馆，馆舍迁至中南海居仁堂。1929年8月与北平北海图书馆合并，仍名为国立北平图书馆。1931年文津街馆舍落成（现为国家图书馆古籍馆）。1950年3月6日国立北平图书馆更名为国立北京图书馆。1951年6月12日更名为北京图书馆。1975年3月共和国第一任总理周恩来提议并批准兴建北京图书馆新馆，馆址设在北京西郊白石桥，1987年落成。1998年12月12日经国务院批准，北京图书馆更名为国家图书馆，对外称中国国家图书馆。

1. 发现与购藏

国家图书馆所藏样式雷图档基本于民国年间购得，主要来源于两种渠道：一是直接购自样式雷后裔之手；二是购自当时的书局、书社、书斋等。

1930年5月，家住北京西直门东观音寺胡同的雷氏嫡支雷献春，四处求售其先辈庋藏的大量图档。时任中国营造学社社长的朱启钤先生得知消息后，迅速亲访雷宅，一面和雷氏后裔就整体出售图档进行价格谈判，一面专函中华教育文化基金会，建议其出款购存。基金会采纳了朱先生的建议，同年 6 月拨款 5000 元给北平图书馆，用于购回图档。于是，首批样式雷图档共计烫样 27 箱、图样数百种从东观音寺胡同雷宅全数入藏北平图书馆。

1930 年末，居于西城水车胡同的雷氏别支雷献祥之子雷文元也开始出售其先辈所藏烫样，主要包括南海勤政殿、颐和园戏台、地安门三部分。经中国营造学社斡旋，该批烫样仍由北平图书馆购存。在此后的几年中，北平图书馆又先后从雷氏后裔手中购得零星图样。

在北平图书馆收购样式雷图档之前，雷氏后裔已向四处零星兜售图档。所以，北平图书馆从雷家大批购进图档之后，又各处访求，陆续从五洲书局、朝记书庄、亚洲书局、段记号、蔚珍堂、群英书店、德古堂、澄观阁、德友堂等十余家古旧书社购得三千余件图样。其中以五洲书局为最。从 1932 年起，北平图书馆先后 13 次从五洲书局购入工程图档近千件。如今国图仍藏有五洲书局开具的购图发票一张。

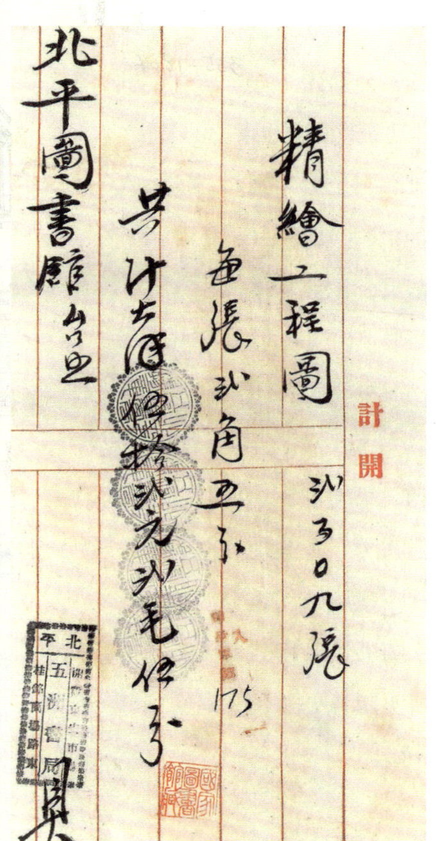

北平圖書館台照

計開

精繪工程圖

每張貳角五分

共計大洋伍拾貳元貳角伍分

北平五洲書局具

民国时期北平图书馆向五洲书局购入样式雷图档的单据

根据单据内容，此次购买二百零九张精绘工程图，每张价格为二角五分，共计五十二元二角五分。此图反映了当时北平图书馆购藏、保护样式雷图档的情况。

2. 整理与研究

从样式雷图档入藏的第一天起，北平图书馆就意识到它对我国建筑史、建筑学领域的重要意义，所以将其设为专藏，并不断补充，直至今日规模。1934年3月，北平图书馆舆图部（今舆图组）统计馆藏样式雷所制圆明园与其他宫殿苑囿陵寝图及模型共计74具、工程图样说明9213张477册。至1937年，北平图书馆共购藏样式雷图样12180幅册、烫样76具。1937年，北平图书馆将购存的76具样式雷烫样寄陈历史博物馆。1952年，所有烫样被转交故宫博物院古建部保管。截至2007年，国家图书馆藏样式雷图档共计14969件。

国家图书馆整理研究样式雷图档的第一人当属金勋先生。金勋（1882—1976），字旭九，满族人，熟悉西郊园林建筑，精于绘事。其父金书田清末在北京天利木厂任事，曾参加同治、光绪年间修缮圆明园、颐和园等皇家园林的工程，负责设计和丈量工作。

1932年6月起，金勋任北平图书馆舆图部馆员，主要从事样式雷图档的整理编目和圆明园的研究工作。在不到一年的时间内，他整理了入藏北平图书馆的第一批样式雷图档——主要是关于圆明园的图档。

1933年8月，金勋在《国立北平图书馆馆刊》第七卷三、四号合刊《圆明园专号》上发表了《馆藏样式雷制圆明园及其他各处烫样目录》和《馆藏样式雷旧藏圆明园及内廷陵寝府第图籍分类目录》两篇文章。这是第一份公开发表的国家图书馆藏样式雷图档目录。金勋在整理图档之余，还勤勉勘察圆明园各处遗址，多方搜集资料，考释性地绘出了《圆明园复旧图》。

1930年12月1—2日，北平图书馆编纂委员会委员向达（署名觉明）在《大公报·文学副刊》发表《圆明园罹劫七十年纪念述闻》。文中介绍了北平图书馆新近购入的圆明园烫样，并对烫样的由来、价值做了简要论述。20世纪50年代，北京图书馆（今国家图书馆）与北京市文物工作队传拓北京地区的石刻数据，其中就包括样式雷祖茔四通墓碑或诰封碑的拓片共八件。1987年4月，北京图书馆舆图组馆员项惠泉和天津大学建筑学院王其亨教授依据雷氏祖茔墓碑拓片，考证了雷发达、雷金玉、雷声澄、雷景修的生平事迹，对朱启钤《样式雷考》做了新的补充，在《故宫博物院院刊》发表了论文《"样式雷"世家新证》。1993年2月，时任舆图组组长苏品红在《文献》发表论文《样式雷及样式雷图》，文中梳理了北京图书馆购藏样式雷图档的经过及数量。

2008年，舆图组申请了馆级课题《清代样式雷图档整理专题研究》，历时两年，完成近十万字的专题论述《清代样式雷建筑图档整理专题研究论集》，包含12篇论文，分别对样式雷图档的定名规则、类型名称、建筑名称、人物称谓、衙署著者、木厂、店铺、图向、废底、多音字、别字以及图档关系进行了深入考辨。

2015年，笔者在《文津学志》第八辑发表了《国家图书馆藏样式雷图档整理述略》一文，对国图自20世纪30年代伊始至彼时的样式雷图档整理研究工作进行回顾和小结。2020年6月，《文津学志》第十三辑以"样式雷专辑"的形式正式出版。该辑收入世家考略、图档研究、检测修复、数字复原、研究述评共5个版块23篇文章。作者不仅有国图古籍馆众多样式雷研究人员，也有天津大学王其亨教授等样式雷研究专家。2021年11月，舆图组副组长翁莹芳成功申请2021年度国家社科基金冷门绝学研究专项《国家图书馆藏样式雷信札整理与研究》，旨在对国图藏样式雷图档中的几百通珍贵的信札进行整理和揭示，最终建成样式雷信札专题数据库。

2024年，时逢样式雷第一代雷发达诞辰405周年之际，4月13—14日国家图书馆于雷发达故里江西省永修县举行了“样式雷世界记忆遗产研讨会”。此次研讨会是全国乃至全球首次对“样式雷”文化传承发展的意义进行系统阐释，为擘画世界记忆遗产活化赋能中国县域经济发展新蓝图，提出打造具有中华文化国际影响力的文化名片的倡议。会后，《人民日报》《中国青年报》《中国政协报》等纷纷对研讨会进行了报道，全社会对于样式雷的研究达到了一个新的高度。

3. 清点与编目

从样式雷图档入藏的第一天起，国家图书馆就意识到它对我国建筑史、建筑学领域的重要意义，编目整理工作也随之展开，1932年6月，图书馆员金勋开始编辑样式雷图档中圆明园部分的详细目录。由于样式雷图档历经多代积累，后由家族各支收藏，又经不同渠道售出，入藏图书馆时已经非常混乱。上万件图档被分成数百包，每包几件至上百件，彼此关联并不明确，且很多未标名称和年代。金勋先生的编目工作非常艰巨。因此，在大约2000件圆明园图档之外，其余各包均以其中某些可鉴别的图档指代，标明件数，按圆明园、长春园、万寿典景、行宫、三海等名分类。早年的卡片数据目前仍有留存。

2006年12月，结合样式雷既有相关研究成果，再考虑到社会各界对样式雷图档的日益关注，国家图书馆决定对样式雷图档进行整体编目。为了实现这个目标，舆图组员工对图档进行了一次全面细致的清点和整理。主要工作内容包括：核对既有千余张卡片数据的信息，如题名、作者、版本、数量等；记录核对过程中发现的问题，如虫蛀、有图无号、编号空缺等现象；重新理顺已经混乱的编号排列；补充登记遗失及原先没有的卡片；在卡片上增加“包内起止编号”一项等。2007 年，清点完成，国家图书馆藏样式雷图档共计 14969 件。

舆图组依据《中国文献编目规则（第二版）》（2005 年）第十章“静画资料”部分内容和《新版中国机读目录格式使用手册》（2004 年），结合样式雷图档编目数据工作的实际情况，制定了《样式雷图档机读数据编制要求》，作为样式雷图档编目的依据。尽管目前的样式雷图档仍然分包存放，但由于最初的存放原则不明确，所以样式雷图档机读数据总款目并不以包为单位，而是以每一件为著录单位；但是，从利于研究的角度考虑，每条数据均标明了原包号和原包名。2007 年，开始编制草片、著录机读数据，至 2009 年完成所有图档的编目工作，目前是一件藏品对应一条数据的状态。

编目是图书馆最基础的业务，工作本身繁琐细碎，需要工作人员细心、耐心和专业。编目同时又是开展其他各项工作的基础，正是基于此次编目，才有了近几年来样式雷图档相关业务的蓬勃发展，数字扫描、图书出版、读者资源、研究机构服务等都呈现良好的发展态势。值得一提的是，全部编目完成并不代表一劳永逸。由于当前研究所限，许多数据信息并不全面，甚至可能存在谬误，这就有待图书馆员以及其他研究机构、学者和读者的继续关注和指正。

2009年，样式雷图档全部回溯编目完成，共计14936条数据。同年，国家图书馆出版社开始承担样式雷图档的整体出版项目，截至2019年底已经完成了圆明园、颐和园、香山、玉泉山、清西陵相关图档的数字化和出版。数字化一方面有利于样式雷图档的留存与保护，另一方面也利于广大读者了解和利用图档。实现数字化后，在没有特殊需求的情况下，读者可以通过阅览电子文献来查看和了解样式雷图档。如此既不阻碍文献的读者服务需求，无纸化服务又有利于纸质文献的保护和收藏。与此同时，数字化成果一方面用于出版，一方面用于各个项目如5D复原等。

样式雷图档数以万计，各图档尺寸不一、差别极大，最小的仅有巴掌大小，最大的约有五平米，最长达六米。因此，图档的保存与保护是图书馆员所面临的艰巨任务。目前样式雷图档主要有折叠、平放和卷轴筒装三种保存方式，均放置于各种规制的布面函套、木制盒子或纸筒中。

2011年至2018年，国家图书馆总馆一期工程改造，2018年年底改造全部完成，样式雷图档实现了专藏专柜的保存。

4. 保护与修复

解放以来，随着社会主义事业的蓬勃发展，北京图书馆的藏书量和藏书品种急剧增长。为扩大藏书空间，全馆千方百计、费尽心力，扩建旧书库，改造办公用房为书库，也从兄弟单位寻找空间。鼓楼西大街皮研所楼、黄城根报库四楼都曾作为北京图书馆的藏书库。1962年10月，北京市政府决定将柏林寺（坐落在安定门内雍和宫东侧，为北京八大古刹之一）全部殿堂划归北京图书馆使用。从此，柏林寺为北图的藏书建设立下了汗马功劳。样式雷图档就是在藏书空间紧张的情况下入藏柏林寺的。由于柏林寺的书库都是殿堂平房，工作人员每到雨季便会担心湿度大对图书保护不利，影响读者阅览。雨季过后，一到9月份舆图组的工作人员就要到院子里晾晒样式雷图纸。后来加大晒图力度，每年晒两次，期间也不同程度地进行清点，更换过一些包装纸。因为样式雷图档是专业的建筑工程图，工作人员由于所学所限，不敢对其随意进行整理，对原有的统计数量和包装纸也不敢随意变更，只好在旁边进行标注。直到1987年新馆落成，样式雷图档才找到了新家，新馆库房恒温恒湿，图纸再也没有发生虫蛀、霉变等现象。

由于年代久远，部分样式雷图档状况较差，修复工作还在持续进行。图档的破损主要有三种情况：一是虫蛀；二是折叠引起的破损；三是图档原有贴页、贴签等散落。此三类破损均得到了不同程度的修复。根据舆图组修复账本记载，样式雷图档进馆后的第一次集中修复是在1965年10月至1966年8月，这次主要是零散的破损修复；第二次在1979年以及1983至1986年，这次主要是分两批对样式雷图档进行装裱修复。第三次也是最近的一次修复，是在机读数据著录完成以后，从2009年一直持续至今。前两次修复一般整包送修，修复过程中存在图幅合并、分离的情况，因此修复前后每包图幅数量存在变化。目前的修复以发现破损为原则，即一旦发现破损即可送修；在有据可循的情况下，才可进行图幅的整合。最初属于一个整体的图幅在流传过程中被分离，研究和修复使其恢复原状。

例如，2009 年送修，实现了图档号 42-006-01 和 42-0006-02 合二为一、图档号 13-0009-01 和 13-0009-02 合二为一的成功案例。

图书馆的修复人员不只在破损发生时提供技术支持，在图档的日常保护和利用中也会提供咨询和指导，例如讨论装具的材质与存放、图档展览前确认展览方式的可行性等。国家图书馆作为收藏机构，对待样式雷图档不同于其他研究机构和个人，后者只是简单地研究利用图档内容，而图书馆的一切整理、研究和利用都是以保护藏品为前提。对民族文化和人类文明而言，珍贵文献的长久保存和延续比一时利用更为重要。

随着全社会对中国传统文化的日益重视，社会力量也加入到古籍保护修复的行列中来。2021 年 6 月，中国文物保护基金会与字节跳动联合设立中国文物保护基金会字节跳动古籍保护专项基金，首批捐赠 1000 万元，并与中国国家图书馆（国家古籍保护中心）合作开展古籍修复、人才培养、古籍活化与数字化等公益项目。其中的“国家图书馆珍贵古籍修复项目”于 2021 年 10 月立项，计划修复 70 件（册）珍贵古籍，目前已基本完成修复工作。此次修复

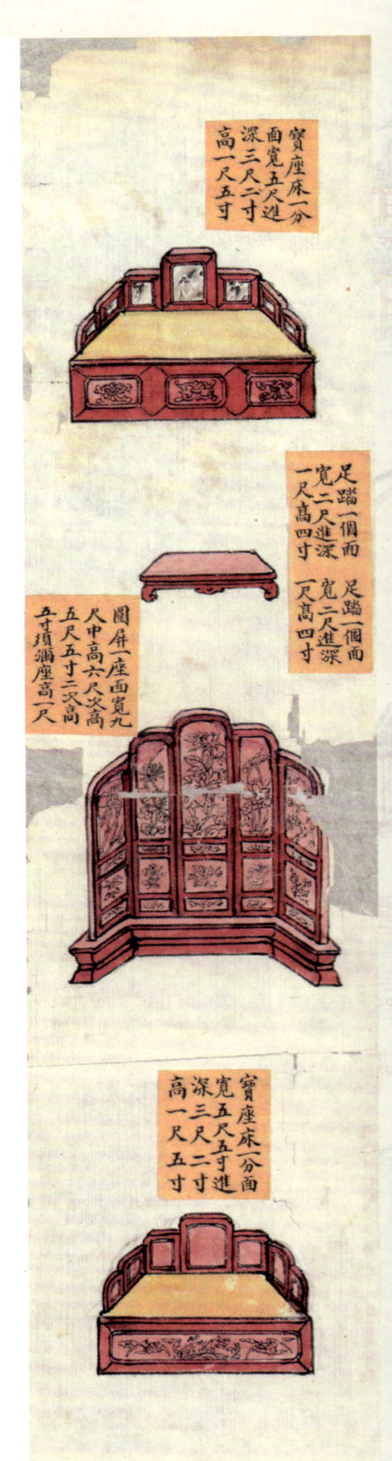

13-0009-01 和 13-0009-02　宝座床足踏围屏立样

1 张，多色，42.6×10.5cm。本图色彩鲜艳，绘制精细，表现了宝座床、足踏、围屏三种家具的规制，并贴黄签注明细部尺寸。

的重点之一就有样式雷图档。该项目持续通过各类媒体传播活动，以创新的形式向公众宣传古籍守护理念。2024年5月26日，笔者参与了"'字节跳动古籍保护专项基金'成果展"直播活动，介绍了已经修复完善的珍贵古籍中的一部分——"世界记忆：样式雷图档"。

5. 对外服务与合作

在保存、保护、整理、研究和利用样式雷图档的同时，国家图书馆还为社会各界提供图档的借阅和咨询服务。目前的服务对象主要是高校等研究机构、图档的其他收藏机构、图档所涉建筑所在单位或相关机构以及学者个人等。相较于国家图书馆作为收藏机构所进行的综合性、整体性以及侧重保护性的研究，各高校、学会更注重专题项目研究，例如圆明园学会和清华大学建筑学院目前的研究均以圆明园为重点、天津大学建筑学院目前的研究以陵寝为主。样式雷图档数以万计，读者服务不是简单地拿、取数据，而是在全面了解馆藏资料、做好大量前期准备工作的基础上，根据相关单位或个人的需求，提供专业、及时、有效的服务。

馆外样式雷研究的最早倡导者当属中国营造学社的创始人朱启钤先生。他不仅多方访求、收购样式雷图档，还开创了样式雷世家的专题研究。1933年，朱启钤所撰《样式雷考》一文成为样式雷世家研究的开山之作。

朱启钤极为器重的建筑英才——刘敦桢先生，著有《同治重修圆明园史料》《易县清西陵》等建筑史学方面的开拓性经典论文。前者不仅是第一篇研究样式雷图档的成果，而且系统性地提出了根据档案文献的研究来鉴别样式雷有关图稿的方法，具有划时代意义。其相关资料来源首推国立北平图书馆所藏样式雷图档。篇末的《同治重修圆明园大事表》中，70% 的相关事件就出自雷思起手录的旨意档、堂谕档和司谕档。

从 20 世纪 80 年代开始，高校的建筑学院和社会上的建筑学会意识到样式雷图档的重要性，逐渐展开了一系列研究。80 年代末，圆明园学会查阅各处收藏的样式雷藏圆明园图档，编纂了《圆明园变迁史微探》一书。1991 年，中国第一历史档案馆编《圆明园》（全二册）出版，书中收录了北京图书馆藏样式雷档案 14 件，为同治、光绪两朝圆明园旨意档、堂谕档、司谕档及做法单等。2000 年，天津大学建筑学院王其亨教授基于国图馆藏样式雷图档申请了国家自然科学基金项目《清代样式雷建筑图档综合研究》。几乎与此同时，清华大学建筑学院郭黛姮教授也带领团队，开启了圆明园课题，期间查阅了大量国图馆藏样式雷图档，最终目标是完成圆明园四十景景点的 3D 复原设计。截至 2014 年年底，课题组已经完成近 50 个经典建筑的复原，超过全部景点的一半。2010 年，郭黛姮教授和贺艳根据国图馆藏圆明园样式雷图档整理出版了《圆明园的记忆遗产——样式房图档》一书。

近年来，同样收藏有样式雷图档的故宫博物院、第一历史档案馆与国图也有较多接洽与交流、合作。样式雷图档所涉及的颐和园、香山、南苑、盘山、承德避暑山庄等单位均和国图有过联系，通过复制或利用相关图档对现存或不存建筑进行修缮、复建等工作。例如，2014 年，北京市天坛公园管理处为开展“天坛系列规划编制和历史文化研究”申请复制样式雷图档中的《天坛全图》等数据，北京市紫竹院公园管理处为筹备“福荫紫竹院历史文化展”申请复制样式雷图档中的《紫竹院天修门罩码头图样》等。

6. 展览与宣传

样式雷图档及烫样入藏国立北平图书馆初期，曾有两次公开展出。首次公开亮相在 1930 年 10 月，国立北平图书馆举办双十节图书展览会。圆明园、三海、菩陀峪等处烫样若干件经过修复后，首次公开展出，尽管只有短短的三天，仍然在学术界引起广泛关注。样式雷图档第一次系统展出是在 1931 年 3 月 21 日至 22 日，为纪念《营造法式》作者李明仲 821 周年忌，国立北平图书馆与中国营造学社联合在中山公园水榭举办“圆明园文献遗物展览会”。会上展出了修复完毕的样式雷圆明园烫样 14 件、画样 29 幅。样式雷图档及烫样的此次展出在社会上引起巨大反响。

在接下来的 70 多年里，样式雷图档鲜有公开露面，一直持续到 21 世纪初。2003 年，样式雷图档入选第二批《中国档案文献遗产名录》，为更多人所知晓。此后有关样式雷图档的专门展览迄今共举办过三次。第一次是 2004 年 8 月，由国家图书馆、故宫博物院、中国第一历史档案馆、中国文物研究所、清华大学、天津大学主办，日本东京东洋文化研究所、美国康奈尔大学东方图书馆协办的“华夏建筑意匠的传世绝响——清代样式雷建筑图档展”在国家图书馆举办。这次展览展示了样式雷图档的研究成果和样式雷世家的杰出成就，集中体现了样式雷图档的全面价值，赢得了社会各界广泛好评，后来陆续在天津大学、东南大学等处巡展。第二次是 2007 年 9 月，为庆祝清代样式雷图档入选《世界记忆名录》和首个国家图书馆日，国家图书馆举办了“大匠天工——清代‘样式雷’建筑图档荣登《世界记忆名录》特展”，共展出153种样式雷图档。这是有关样式雷图档最系统、最全面、展品最多的一次展览。第三次是2014年9月中国国家典籍博物馆开馆首展的系列展览之一——样式雷图档精品展。

在国家图书馆举办的其他大型展览上，样式雷图档俨然已成为必展品。2006年5月至6月，国家图书馆主办“文明的守望——中华古籍特藏珍品暨保护成果展”，其中展出两种样式雷图档。2009年9月，国家图书馆举办“百年守望——国家图书馆特藏精品展”，其中展出3种样式雷图档。2012年6月至7月，文化部主办、国家图书馆承办“中国非物质文化遗产典籍记忆系列展”，其中的“中国传统建筑营造技艺展”展出了31种样式雷图档。

样式雷图档在国内被借出展览也不在少数。例如，2013年5月，北京中国园林博物馆举办第九届中国（北京）国际园林博览会期间，举办了“绝世天工——清代样式雷园林图档展”，其中展出国家图书馆藏《圆明园地盘图》等14种样式雷图档原件以及90张复制件。2013年，山东省博物院、国家博物馆举办“三山五园全球文化巡展”，展出了我馆的高仿样式雷图档。2013年5月，颐和园举办“庆演昌辰——慈禧与德和园演剧文物展”，借用样式雷图档中的《升平署档案·恩赏日记档》《颐和园德和园大戏楼全部地盘样》等12种文献。2013年4月至10月，园林博物馆召开第九届中国（北京）国际园林博览会，其中开设了样式雷专题展厅，并向我馆借用样式雷图档原件并且制作了部分复制件。

在被更多国人认识的同时，样式雷图档也被推荐到国外。从2010年开始，样式雷图档作为国家图书馆馆藏精品，陆续在世界数字图书馆网站展出。2016年2月在澳大利亚图书馆举办“大清世相：中国人的生活（1644—1911）”展览，由中国国家图书馆和澳大利亚国家图书馆合办的展览把样式雷图档作为重头戏。一幅长约6米、宽60厘米的“样式雷”图档《大清门至坤宁宫中一路立样糙底》令所有参观者赞叹不已。这幅图档绘制了紫禁城中轴线从大清门经天安门、端门、午门、太和门、太和殿、中和殿、保和殿、乾清门、乾清宫、交泰殿到坤宁宫的全部建筑的外观图样，上面明确标注了各个建筑的名称和它们之间的距离。图档笔触细腻、色彩艳丽，令人叹为观止。

近年来，笔者通过讲座、直播、文化节目等形式，不遗余力地宣传和推广样式雷图档。如2022年8月依托字节跳动平台优势，笔者与喜饶文化合作录制了“跟着样式雷游颐和园”；2023年3月在天津大学建筑学院主讲《国家图书馆藏样式雷信札整理研究》，5月在北京航空航天大学主讲《走进样式雷》，并在圆明园“国际博物馆日”活动中主讲《样式雷家族与样式雷图档》；2024年4月在江西省图书馆“赣图大讲堂”主讲《大国工匠样式雷》，8月在“圆明园大讲堂”主讲《样式雷与圆明园：揭秘皇家建筑的设计密码》。此外，通过传统文化进校园等活动，笔者与团队在北京小学、中关村第三小学、石景山中学等多所中小学校展开了样式雷宣传普及工作。2022年，笔者担任顾问协助中央广播电视总台拍摄了5集人文历史纪录片《样式雷》，讲述样式雷家族200余年风雨沉浮的故事，展现中国传统建筑史上的辉煌。2023年2月，该片入选中央新影集团2023年重点影视节目片单。

7. 数字化与出版

样式雷图档的数字化和出版，一方面有利于图档的留存与保护，另一方面也利于广大读者了解和利用图档。图档全部数字化完成后，在没有特殊需求的情况下，读者和研究者完全可以通过阅览电子文献来查看和了解样式雷图档，如此既能满足读者服务需求，无纸化服务也有利于纸质文献的保护和收藏。出版则有利于样式雷图档的进一步宣传，可以让更多的读者了解样式雷，也可以使样式雷研究学者以及古建研究者更加便捷地利用图档文献，实现样式雷图档的离馆化服务。

2002 年，样式雷图档的出版被列为全国古籍整理工作的重点资助对象。全国古籍整理出版规划领导小组将样式雷图档的整理出版列入规划并给予经费支持。样式雷图档最终将全部进行数字化，基本按照建筑物所在地如圆明园、颐和园、香山等进行分辑出版。

2009 年至今，国家图书馆古籍馆联合国家图书馆出版社对馆藏样式雷图档进行分卷出版，2016 年 3 月《国家图书馆藏样式雷图档 · 圆明园卷初编（全十函）》出版，荣获 2016 年度全国优秀古籍图书奖一等奖。2017 年 11 月《国家图书馆藏样式雷图档 · 圆明园卷续编（全十二函）》出版，荣获 2017 年度全国优秀古籍图书奖二等奖。2018 年 6 月《国家图书馆藏样式雷图档 · 颐和园卷（全十四函）》出版。2019 年 6 月《国家图书馆藏样式雷图档 · 香山玉泉山卷》及 2019 年 7 月《国家图书馆藏样式雷图档 · 清西陵卷（全十四函）》出版。2020 年 6 月《国家图书馆藏样式雷图档 · 畅春园卷》、2020 年 9 月《国家图书馆藏样式雷图档 · 南苑卷（全五函）》及 2020 年 10 月《国家图书馆藏样式雷图档 · 王公府第卷（全十四函）》出版。后续定东陵卷、故宫及前门卷、万寿庆典卷、三海卷、定陵卷、惠陵卷、其他园林卷、行宫卷、坛庙卷、装修卷、家书卷、拾遗卷等将陆续出版。希望样式雷图档这项全人类的宝贵的文化财富，通过这样一种方式，带着丰富的建筑、历史和文化信息，走出尘封的地库，让更多的学者能全面研究，并通过研究利用让更多的历史遗迹复活。

为了进一步揭示国家图书馆馆藏，为读者使用馆内资源提供多方面的便利条件，2015 年起，古籍馆每年选取 2000 种样式雷图档进行数字化，建设“国家图书馆藏样式雷图档专题数据库”。截至 2024 年已经完成全部样式雷图档的数字化工作。

样式雷资料的揭示，可以使越来越多的专家、学者，甚至普通人士越发认识到样式雷建筑研究对于一些已经消失的遗址复原、残损遗址修复的价值，特别是在圆明园挖掘旧址、复原建筑、保护利用、研究等方面，其社会效益将是不可估量的。

样式雷遗留档案不仅是关于某些具体建筑的档案，而且是中国古代建筑师活动的真实记录。国家图书馆的样式雷图档堪称信史。通过圆明园样式雷图文档案我们看到了以样式雷为代表的建筑师们在皇家园林建筑中的创造。其设计思想、设计理念和技术等内容通过数据库呈现后，将是全球建筑设计、建筑研究、古建修缮等的重要一手资料。

8. 数字复原

为让样式雷这项世界记忆遗产发挥更重要的作用，2007—2009 年，国家图书馆用三年时间完成了样式雷图档的全部编目。

2009年，以样式雷图档为基础，国家图书馆与外界合作对圆明园九州清晏、正阳门等进行了数字复原。

样式雷图档记录的古代建筑中，很大一部分如今已荡然无存，最典型的例子当属圆明园。这座昔日的“万园之园”历经第二次鸦片战争、八国联军侵华战争以及多次国内动乱之后，几乎消失殆尽。近三十年来，圆明园复建工作一直存在争议。作为国家级爱国主义教育基地，圆明园不可能完全复原，否则将失去其教育意义；此外，巨额资金投入以及不可预知的复建效果也是阻碍其复建的主要原因。

幸运的是，我们生活在数字化时代，先进的计算机技术能够以数字化形式复原消逝的古代建筑。从2009年开始，国家图书馆和瑞晶信息技术（北京）有限公司合作，启动了一项“数字圆明园”项目，以馆藏样式雷图档资料为依据，利用5D数字技术对圆明园进行了数字复原。5D又称“智能三维”，将三维、网络和数据库相结合，为用户提供在线三维互动体验，将传统的图文、动画和视频等被动式体验转变为互动式体验和主动式创作。5D技术可以将古代建筑图档、建筑绘画作品进行数字化复原，将平面变为立体、将静止的赏鉴变为互动的体验，给观者带来最直接的视觉感受。相比实景复建，5D技术仅需少量资金投入即可再现圆明园原貌，将其以三维形式展示给公众。截至2011年，“数字圆明园”项目完成了第一期复原，即圆明园九州清晏景区的复原工作。同年10月，国家图书馆举办了名为“从样式雷图档到数字圆明园”的在线展览，展示了项目一期复原成果。

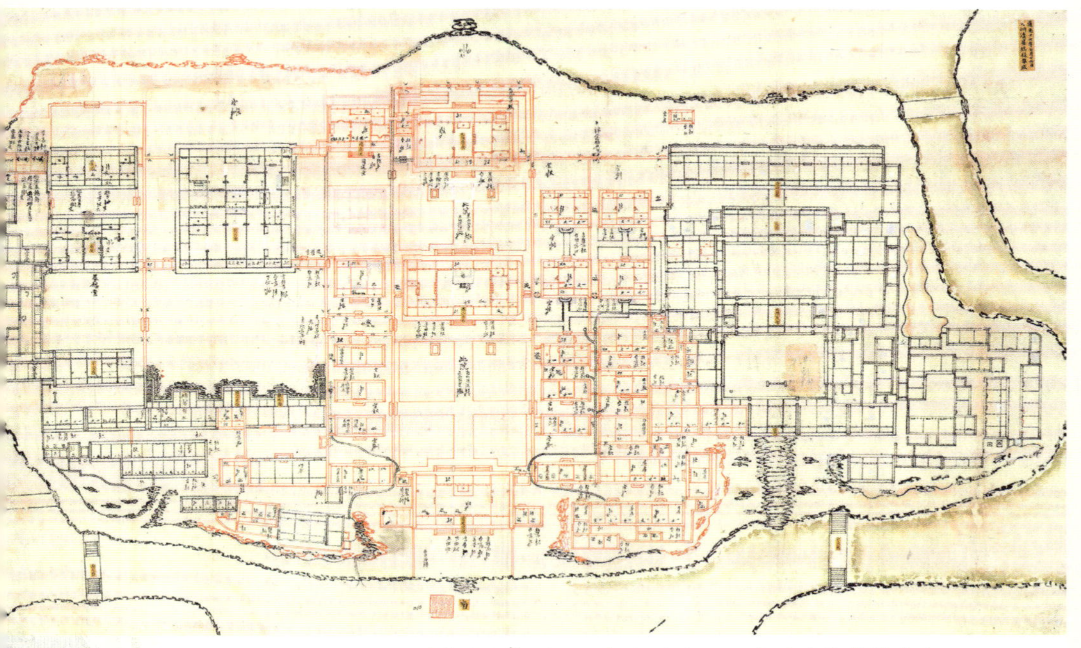

010-0003　道光十七年（1837）七月十六日九州清晏总样准底

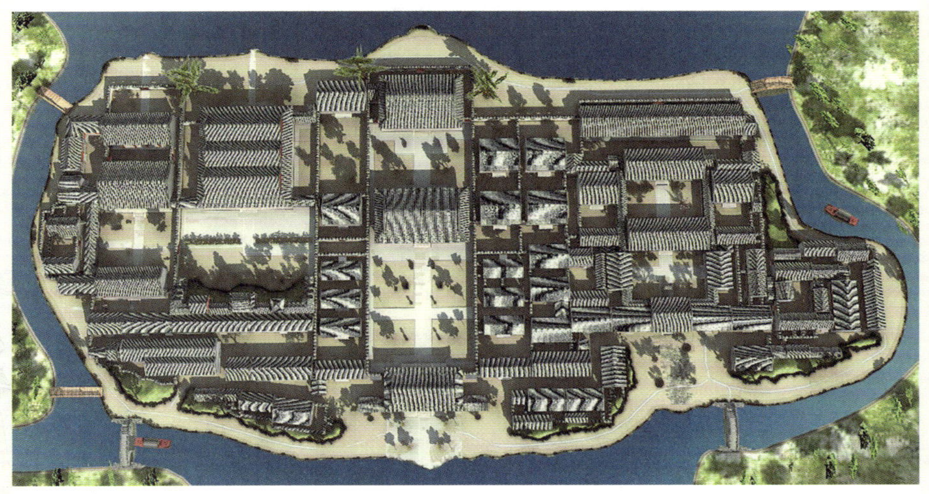

利用 5D 技术制作的道光十七年（1837）七月十六日九州清晏总样立面图

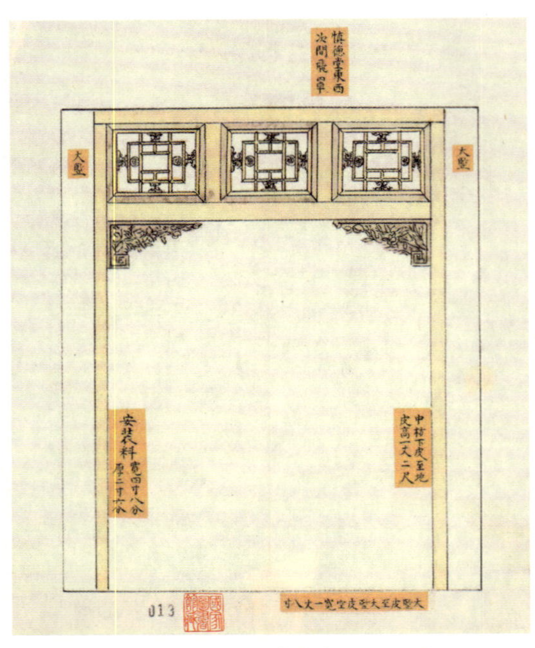

013-0008-04 慎德堂明间飞罩

利用 5D 技术制作的慎德堂明间飞罩立面图

在数字复原相关古代建筑的过程中，样式雷图档发挥了最关键的作用。样式雷图纸提供了最直观的装饰细部、建筑形象和整体格局，样式雷文字档案则提供了尺寸、名称和其他细节；这是任何别的文献都无法比拟的。从另一方面而言，数字复原也使藏在深闺的古代文献资料得以实现资源再生。样式雷图档与5D技术相结合，将平面信息资料数字化、立体化，实现图档资源的数字立体再现，在为中国古代建筑的研究和教育提供可视化平台、弥补国内古建数字化复原空白的同时，也使样式雷图档为更广泛的群体所认识，更好地做到了古为今用，提升了资料的学术价值、社会价值和实用价值。一定程度上来说，这也是对图档资源更有效的保护和利用。

二、其他单位和机构

1. 故宫博物院

故宫博物院是样式雷图档的主要收藏单位之一，其收藏的图档包括图样、文档、烫样等。其中图样及文档部分现藏于故宫博物院图书馆，计2326件（册），此部分多继承自中法大学，还有少量是故宫自购。烫样则存于故宫博物院古建部，计82件，其中76件烫样是1952年国家图书馆转交的。

故宫承自中法大学的样式雷图样系中法大学于1931年购得，后经整理、装裱、登录、造册，并钤有“北平中法大学图书馆”印及合同章。1951年1月，文化部文物局将中法大学所藏样式雷图档拨交故宫博物院文献馆保管，1955 年故宫博物院档案馆（原文献馆）将原藏的有关服饰、首饰、瓷器、木器及前中法大学移交的建筑图样一并转至学术委员会，学术委员会再交付故宫博物院图书馆收藏，并附以接交单云："1955 年 2 月 14 日，学术研究委员会签呈院长请将档案馆所藏有关清代建筑及工艺品的绘画图样移交学术委员会以供研究室参，业经院长批准，档案馆于 2 月 28 日检出有关建筑、瓷器、木器、手（首）饰等画样 3706 件及前中法大学移交建筑图样等 231 件，一并移交学术委员会，于 3 月 21 日交接完竣，并造清册二份……除档案馆所造清册外，并各附前中法大学移交清册二件。"文后有档案馆、学术委员会及图书馆负责人的亲笔签名。

1918 年第一次世界大战结束后，蔡元培、李石曾等动员法国退还庚子赔款，以推动留法教育，加强中法文化交流，联络中法两国人士在留法俭学会、法文预备学校和孔德学校的基础上组建中法大学。中法大学计划由北京中法大学、广东中法大学和海外中法大学三部分组成，并由国立北京大学、广东大学、法国里昂大学负责筹备。其中北京中法大学在西山碧云寺法文预备学校的基础上扩充为文、理两科，于 1920 年最先成立，首任校长为蔡元培。到 1925 年北京中法大学已初具规模，大学部发展为分别以法国文学家、哲学家和科学家名字命名的四个学院，即服尔德（伏尔泰）学院、孔德学院、居礼（居里）学院和陆谟克学院。学校文学科于 1925 年秋从西山碧云寺移至北京城内东皇城根 39 号（现东皇城根北街甲 20 号），并改称服尔德学院，为北京中法大学本部。1926 年，北京中法大学奉教育部第 112 号指令，正式得到认可。1939 年 7 月北京中法大学将理学院、文学院迁往昆明，1945 年 8 月抗战胜利后，中法大学由昆明迁回北京。1950 年暑假之后中法大学停办，该校原有的文史系、法文系合并于北京大学，经济系、生物系合并于南开大学，数学系、物理系、化学系合并于华北大学工学院（今北京理工大学）。至此北京中法大学退出了历史舞台。

中法大学在当时非常重视特色馆藏资源的建设。1937 年，在北平市工务局局长汪申伯的斡旋下，中法大学图书馆还从雷家购得 1000 余件“样式雷”图档，这些建筑图档均为雷氏家族设计的圆明园及内廷、行宫、坛庙、府第样图，有一些为道光以后的宫庭建筑图，在当时乃至今日都具有相当宝贵的价值。中法大学撤销后，这部分图档转交故宫博物院保存。

2. 清华大学

清华大学的样式雷档案现藏于清华大学建筑学院图书馆和资料室中，总数共有 315 件，大致可分为建筑模型烫样、图样和文档三类，涉及的工程有圆明园、清漪园、静宜园、城门楼、陵寝等，从总平面图、单体建筑的平立剖面图到建筑模型、内檐装修图样俱全。

清华大学所藏烫样包括建筑模型烫样 1 件，内檐装修板片 204 件，主要内容为各式落地罩、几腿罩、圆罩、八方罩、栏杆罩和隔扇等，尺寸大小不一，花式繁多，为研究清代皇家建筑内檐装修之宝贵资料。清华大学所藏样式雷图纸 102 件，包括北京诸城门的地盘样、立样、大木立样；圆明园文源阁、九州清晏、含经堂、海岳开襟、西洋楼黄花阵等处的地盘全样、糙样、底样与进呈样；紫禁城武英殿地盘全样和角楼的立样；清代陵寝的相关图样；内外檐装修的彩色立样；石拱桥设计图；以及其他皇家园林、行宫、围场、公所、学堂、值房、船坞的画样。除此之外，还有少量文档，可与图样、烫样互相参照。

清华大学建筑学院所藏的这批样式房档案来源不一。其中内檐装修板片和模型烫样应为当年中国营造学社遗物，有 20 件板片背面还贴有“中国营造学社第壹叁零号”的白色标签。另有 30 件尺寸较大的图纸曾经过精心托裱，上面多盖有“国立清华大学营建学系图书馆”之章，这部分图纸原为清华大学图书馆的藏品，后划归建筑系收藏。建国初期，建筑系图书馆从琉璃厂中国书店购入过一批样式雷图档，现存 45 件。后又从天津某雷氏后人手中购入一批样式雷图档，现存 33 件图样和文档。

3. 中国文化遗产研究院

中国文化遗产研究院是国家文物局直属的文化遗产保护科学技术研究机构，其前身可追溯至成立于 1935 年的“旧都文物整理委员会”；1949 年更名为“北京文物整理委员会”，是新中国第一个由中央政府主办并管理的文物保护专业机构；1973 年更名为“文物保护科学技术研究所”；1990 年与文化部古文献研究室合并为中国文物研究所；2007 年 8 月更名为中国文化遗产研究院。

据中国文化遗产研究院藏《北京文物整理委员会代管北京营造学社图书登记簿》记载，其 1946 年从中国营造学社接收有关古建筑图书、资料、书籍、杂志约一万册以上，其中包括部分样式雷图档。其藏样式雷图档包括《样式雷图样暨雷氏家族谱资料汇编不分卷》1 包 23 册、《样子雷资料辑存不分卷》1 册、《仪鸾殿福昌殿后罩楼海晏堂仿俄馆样式楼装修立样》1 包 7 册、《清惠陵园寝殿阁器物铜活图样册》1 包 4 册等。还有 1933 年雷献瑞、雷献华兄弟出售学社的 11 册《雷氏族谱》及先辈有关信札、文件，以及朱启钤《样式雷图考》遗稿、札记等。

4. 中国人民大学

中国人民大学图书馆收藏样式雷图档一函 64 件，据图档函套信息，该图档 20 世纪 50 年代由中国人民大学档案系资料室花费 50 元自中国书店购得，后转入图书馆古籍部，典藏号为 PG313.1/12。中国人民大学档案系始于 1952 年的档案专修班，于 1955 年成立历史档案系，后经两次调整更名，1985 年成立档案学院，2003 年 12 月成立信息资源管理学院。

这 64 件图档大小不一，小至 11 厘米 ×12 厘米，大则 112 厘米 ×94 厘米，多为 30 至 50 厘米，折叠存放于约 20 厘米 ×30 厘米的函套中。大部分图纸保存状况良好，部分在折痕处有破损，图上的贴签均未脱落。图档绘制方式以墨绘为主，兼有少量朱绘和彩绘。图档内容涉及清代皇家园林、陵寝、都城等，图档中既有地盘样，也有立样，还有装修陈设等各式大样以及建筑表现图。

2020 年 9 月天津大学建筑学院与人民大学图书馆合作清点这批图档，首次进行系统整理，明确其中 35 件图档的项目归属，涉及晚清颐和园、中海、静宜园、静明园、朝阳门、崇陵、定东陵等多处营修工程。2022 年张龙、王博、何蓓洁将整理成果《中国人民大学图书馆藏样式雷建筑图档述略》在《故宫博物院院刊》发表。

5. 其他机构

首都博物馆藏样式雷资料主要为1966年雷氏后裔捐赠北京市文物工作站的8件雷氏先祖像和少量建筑画样。

中国国家博物馆藏少量样式雷图档，为1981年金勋后人捐赠。

1960年8月，“北京历史博物馆”更名为“中国历史博物馆”，“中央革命博物馆”更名为“中国革命博物馆”。1969年9月，中国历史博物馆和中国革命博物馆合并，称中国革命历史博物馆。1983年初，分设为中国历史博物馆和中国革命博物馆。2003年2月28日，两馆再次合并，成立中国国家博物馆。

1981年8月，金勋后人将先生生前所收藏的一批《圆明园图》交售给中国历史博物馆。这批旧图是以《圆明园图》为主，其中还夹杂着一部分东、西陵和北京城郊园林名胜图。据杨文和在《金勋旧藏〈圆明园图〉叙录》中介绍，这些图中属圆明园的旧图约近百余幅，薄棉纸，大部分为界绘。从内容看主要为地盘画样和内檐装修立样，有贴黄签，具有统一风格，山用土黄色渲染，湖泊、河流着淡绿色，泊岸石块、叠石假山用干皴法，具有真实感的效果。内檐装修图绘制精细，运笔挺健，线条洒脱匀净，树石苍老古朴，花鸟禽兽栩栩如生，出自宫廷设计绘图师之手。由此可以判断此批图为样式雷图档无疑。

北京大学图书馆藏样式雷图档30余件，为20世纪30年代日本学者购藏。

中国科学院国家科学图书馆藏少量样式雷图档，为20世纪30年代“东方文化事业总委员会”下辖北平人文科学研究所图书馆收购。

台湾大学图书馆也藏有样式雷图档53件。

美国康奈尔大学东方图书馆，藏样式雷图档《天津行宫地盘样》和《天津行宫立样》2件。

法国巴黎吉美东方艺术博物馆收藏《圆明园地盘全图》一件，王其亨先生判读出其中咸丰朝雷景修原绘，又在同治朝重修圆明园之际经由雷思起和雷廷昌修改利用的痕迹。

日本东京大学东洋文化研究所，现存样式雷图档53件，是1931年荒木清三购于北平书市，另有1656件相关文档。

德国柏林民族学博物馆，藏样式雷烫样4件，为惠陵妃园寝全分烫样及地宫烫样、前门箭楼样、崇陵全分烫样。

2017年6月，北京保利国际拍卖有限公司十二周年春季拍卖会古籍专场展示了《清西陵图》等4件样式雷图档，均竞拍成功，竞买人不详。

2019年6月，中国嘉德国际拍卖有限公司2019春季拍卖会展示了5件清惠陵等处的样式雷图档。

2019年12月，北京匡时国际拍卖有限公司2019秋季拍卖会展示了《慕陵地盘丈尺全图》等7件样式雷图档。

近年，中国园林博物馆也入藏4件样式雷图档。

附录

样式雷图档入藏国家图书馆大事记

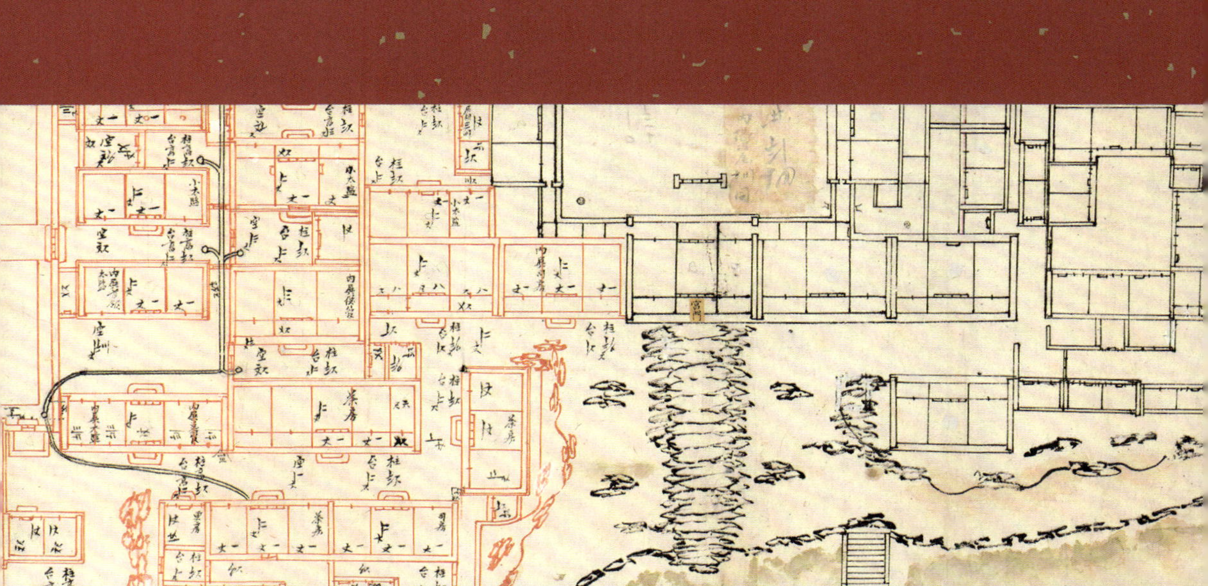

1930年6月，据《国立北平图书馆馆务报告（1929.7—1930.6）》记载，北平图书馆委员会商得中华教育文化基金董事会同意，拨款5000元（最终实付4500元），购得“样子雷家”圆明园三海及近代陵工之模型27箱，还有各项工程图样数百种，且有黄签贴说确为当年进呈原件。

1930年8月，北平图书馆组织人员对新购藏的样式雷图档圆明园部分整理告竣。

1930年10月10日至12日，北平图书馆举办双十节图书展览会，展品包括经过修复的雷氏家藏圆明园、三海、普陀峪陵工等处建筑模型若干件，这是样式雷烫样首次公开展览，在学术界引起广泛关注。

1930年12月1日，北平图书馆编纂委员会委员向达（署名“觉明”）在《大公报·文学副刊》发表《圆明园罹劫七十年纪念述闻》一文。文章介绍了北平图书馆新近购入的圆明园工程模型（即烫样），并对其由来、价值作了简要论述。

1930年冬，经中国营造学社斡旋，北平图书馆再次购藏样式雷烫样一宗，得自分居西城车水胡同的另一房雷氏后裔雷文元。烫样包括南海勤政殿、颐和园戏台和地安门三部分。

1931年3月21日至22日，为纪念《营造法式》作者李明仲逝世821周年，北平图书馆与中国营造学社在中山公园水榭联合举办“圆明园文献遗物展览会”。展品包括1930年以来北平图书馆购自雷氏后裔并已修理装裱的圆明园烫样14具和画样29件。

1931年4月，向达撰《圆明园遗物文献之展览》收录于《中国营造学社汇刊》第2卷第1期。

1931年4月，北平图书馆与中国营造学社合作整理购藏的样式雷图档，共得圆明园图样1800余件、烫样18具。

1931年6月，据《国立北平图书馆馆务报告（1930.7—1931.6）》记载，北平图书馆该年度花费1745元购藏样式雷“圆明园及三海等建筑模型”。

1931年6月，据《国立北平图书馆馆务报告（1930.7—1931.6）》记载，本年度北平图书馆正在进行的工作之一是编撰出版《圆明园史料汇编》，收录样式雷圆明园工程模型、圆明园工程则例、圆明园全图、万春园工程做法等馆藏关于圆明园的相关材料，为研究中国营造学及园林史者所不废也。为此，北平图书馆与中国营造学社配合展开了大量背景研究，例如进一步明确《圆明园史料汇编》的体例等，但是该工作因战事渐起并未完成。

1932年3月，中法大学将所购样式雷图档目录一册送交中国营造学社审定，由学社转授北平图书馆馆员编目，以作进一步整理。

1932年3月，营造学社金勋根据北平图书馆藏样式雷图档等绘成《圆明园复旧图》。梁思敬根据金勋实测圆明园平面图及复旧图，绘成《圆明园透视鸟瞰图》一幅。

1932年6月，金勋调入北平图书馆舆图部任馆员，主要从事样式雷图档的整理编目和圆明园的研究工作。

1932年6月，据《国立北平图书馆馆务报告（1931.7—1932.6）》记载，北平图书馆该年度花费380元购藏样式雷“园陵宫殿建筑模型”。

1932年7月，为保护圆明园古物，北平市政府成立圆明园遗址保管委员会。北平图书馆和中国营造学社受邀参加，多方共同决议制定了“保管章程十四条”，交由市工务局进行。

1932 年 9 月 11 日至 17 日，国立中央研究院历史博物馆筹备处策划举办“圆明园遗物展览”，展出物品包括中国营造学社绘制的《圆明园复旧图》《鸟瞰图》《残余瓦砾》等，北平图书馆金勋先生所绘园中建筑图及西洋楼图多幅。

1932 年 11 月 5 日至 14 日，北平图书馆与故宫博物院、古物陈列所、国立中央研究院历史博物馆筹备处、北平研究院天文陈列馆、古物保管委员会北平分会及中国营造学社等共同举办“北平学术团体联合展览会”，以门票收入救济东北抗联战士。展品包括蓟县独乐寺、宝坻广济寺、北平智化寺之 10 册图与照片，清工部工程做法补图，圆明园鸟瞰图等样式雷图档数种。

1932 年起，北平图书馆先后从五洲书局、朝记书庄、亚洲书局、段记号、蔚珍堂、群英书店、德古堂、澄观阁、德友堂等 10 余家古旧书店购得 3000 余件样式雷图样。

1933 年 6 月，据《国立北平图书馆馆务报告（1932.7—1933.6）》记载，北平图书馆该年度花费 700 元继续购藏样式雷“园陵宫殿建筑模型”，并编辑圆明园工程图详目。

1933 年 8 月，《国立北平图书馆馆刊》将第 7 卷第 3、4 号合刊设为《圆明园专号》，收录金勋编纂的 3 篇目录，分别是《馆藏样式雷制圆明园及其他各处烫样目录》《馆藏样式雷旧藏圆明园及内庭陵寝府第图籍分类目录》和《圆明园四园详细地名表》。这是国家图书馆第一次公开发表馆藏样式雷图档目录。《专号》还收录了圆明园长春园插图 15 幅，包括 9 幅样式雷图和 6 幅铜版画。

1933 年 9 月，刘敦桢参阅北平图书馆藏样式雷关于圆明园的图样、烫样、旨意档、堂谕档、司谕档和其他有关圆明园文档，并撰写《同治重修圆明园史料》一文，发表在《中国营造学社汇刊》第4卷第2期。

1933年10月，北平市政府工务局依据北平图书馆藏圆明园相关样式雷图样完成《实测圆明园长春园万春园遗址形势图》。

1934年2月，北平图书馆为适应国家物质建设之需要，并便利工程界人士参考起见，成立了工程参考室，为图书馆专门阅览室之一。

1934年3月，北平图书馆出版《国立北平图书馆舆图部概况》，统计了馆藏“工程世家样子雷氏所制圆明园与其他宫殿苑囿陵寝图及模型”数量，共计模型74具、工程图样说明9213张477册。书中附有样式雷画样2张和烫样照片2张。

1934年9月，北平图书馆从大树斋购入《西陵顺水峪妃园寝龙须沟尺寸样》《颐和园内治镜阁圆城立样》2件样式雷图纸。

1935年6月，据《国立北平图书馆馆务报告（1934.7—1935.6）》记载，北平图书馆该年度在咨询处设参考组员专任其事，为各处搜集参考资料，所编各种目录中有《馆藏圆明园工程则例资料目录》。

1936年4月，北平图书馆择选馆藏样式雷图档中圆明园、万春园、长春园等处工程图样，参加由北京营造学社、天津基泰工程司、上海中国建筑师学会和上海市建筑协会4个组织联合主办的“中国建筑展览会”，此展览会在上海博物馆举办，本馆馆长袁同礼参加开幕式。

1936年9月，北平图书馆工程参考室由北平迁至南京珠江路942号地质调查所图书馆内，定名工程参考图书馆，仍为平馆附属事业之一。

1937 年 7 月之前，中国营造学社一直致力于搜集散佚市面的样式雷图档，并转交北平图书馆。战事爆发后，北平图书馆结束收购样式雷图档的工作，截至此时共收藏样式雷图档 11830 幅册、烫样 76 具。其中，圆明园图档 2720 幅册，颐和园、香山、静明园等园林图档 840 幅册，其他园林、寺庙、王公府第及内外檐装修图档 3450 幅册，陵寝图档 4820 幅册，等等。该年，北平图书馆将购存的 76 具烫样寄存在历史博物馆。

1938 年 6 月，据《国立北平图书馆馆务报告（1937.7—1938.6）》记载，北平图书馆该年度编目旧藏工程图 300 种，制作卡片目录 700 余张。

1952 年，北京图书馆将此前寄存在历史博物馆的 76 具样式雷烫样转交故宫博物院保管。

1954 年 5 月 4 日起，北京图书馆聘请拓碑人苏庚新对京郊碑刻进行全面拓印，包括位于京西四季青雷氏祖茔内的 4 通墓碑、诰封碑，共得拓片 8 种。

1961 年 6 月 8 日，北京图书馆金石组正式登记入藏样式雷墓碑、诰封碑拓片 8 种。

1965 年 10 月至 1971 年 3 月，北京图书馆图书装订室（现古籍馆修复组）对样式雷图档进行修复。这是中华人民共和国成立后的首次集中修复。

1975 年，颐和园管理处联合中国人民大学清史研究小组成立《颐和园》编写组。10 月，编写组召开审稿会。会后，编写组专赴北京图书馆柏林寺大库查阅样式雷图档 60 余张。

1978 年，清华大学建筑工程系受国家建委和北京市建委委托，完成《圆明园遗址规划设计方案》，参考资料包括北京图书馆藏样式雷图档、金勋20世纪60年代复旧图等。1979年出版内部资料《圆明园的过去现在和未来》。

1979年5月，清华大学建筑系教授周维权发表《北京西北郊的园林》一文。此后数年，周维权、冯钟平、付克诚等以《建筑史论文集》为阵地，又发表了一系列颐和园相关文章。周维权等在研究中调阅了北京图书馆藏部分样式雷图档，并进行了复制。

1979年10月23日，北京图书馆再次启动馆藏样式雷图档的修复装裱工作，当年修复完成10幅。

1979年，清华大学建筑系教授何重义、曾昭奋依据北京图书馆、清华大学等处收藏的样式雷图档以及故宫藏样式雷烫样等绘成《圆明、长春、绮春三园总平面图》。

1980年9月，清华大学建筑系教授何重义、曾昭奋撰写了《〈圆明、长春、绮春三园总平面图〉附记》。

1980年代初，颐和园管理处翟小菊、姚天新赴北京图书馆善本部舆图组查阅样式雷图档，并用海鸥相机翻拍了部分颐和园相关样式雷图样。

1982年12月，天津大学建筑系硕士研究生王其亨赴北京图书馆善本部舆图组查阅样式雷图档卡片目录，并摘抄了其中的陵寝部分。1984年2月至3月，再赴北京图书馆查阅样式雷图档陵寝部分，同年完成硕士学位论文《清代陵寝地宫研究》。此后几年内，继续查阅样式雷图档陵寝部分。

1983年至1985年，北京图书馆又开展了较大规模的样式雷图档修复装订工作，直至馆藏所有样式雷图档基本完成修复装订。

1986年下半年，中国圆明园学会成员方震在北京图书馆查阅了样式雷图档圆明园部分。

1987 年 7 月，北京图书馆善本部舆图组馆员项惠泉和天津大学建筑学院王其亨教授合作撰写《“样式雷”世家新证》，发表于《故宫博物院院刊》1987 年第 2 期。文章依据雷氏祖茔墓碑拓片，考证了雷发达、雷金玉、雷声澂、雷景修的生平事迹，对朱启钤《样式雷考》作了新的补充。

1989 年 10 月、1990 年 10 月至 12 月，圆明园管理处副主任张恩荫在北京图书馆舆图组查阅了样式雷图档圆明园部分。

1991 年 5 月，中国第一历史档案馆编《圆明园（全二册）》出版。书中收录北京图书馆藏样式雷图档 14 件，包括清咸丰、同治、道光三朝圆明园旨意、堂谕、司谕档及做法单等。

1993 年 2 月，北京图书馆善本特藏部舆图组组长苏品红在《文献》发表《样式雷及样式雷图》，梳理了国家图书馆购藏样式雷图档的经过及数量等。

1993 年，圆明园管理处副主任张恩荫出版《圆明园变迁史探微》，利用了北京图书馆藏样式雷图档圆明园部分。

1995 年 9 月，清华大学建筑系教授何重义、曾昭奋出版《圆明园园林艺术》。书中对北京西北郊园林的介绍及圆明三园各景区的复原考证均利用了北京图书馆藏样式雷图档。

1999 年至 2003 年间，天津大学建筑学院王其亨教授团队在国家图书馆复制国图藏样式雷图档上万件。2000 年，王其亨教授基于国图馆藏样式雷图档申请了国家自然科学基金项目《清代样式雷建筑图档综合研究》。

2000 年，清华大学建筑学院郭黛姮教授带领团队，开启了圆明园课题，期间查阅了大量国图馆藏圆明园样式雷图档，截至

2014年底，课题组已经完成近50个经典建筑的数字复原。

2000年6月，国家图书馆与阳光卫视合作拍摄纪录片《国宝背后的故事》，编导葛芸生首选样式雷为拍摄题材。

2001年2月，阳光卫视完成专题纪录片《国宝背后的故事：探访样式雷（上、下集）》的制作、开播。

2001年11月25日，国家图书馆“中国典籍与文化”系列讲座第22讲，王其亨教授主讲“样式雷图档——清代建筑工程的传世绝响”。

2002年6月30日，国家图书馆“中国典籍与文化”系列讲座第45讲，王其亨教授主讲“样式雷与清代皇家建筑设计”。

2002年6月，经国家图书馆善本特藏部丁瑜先生提供线索，王其亨教授等在中国文物研究所（现中国文化遗产研究院）发现样式雷后人捐赠给中国营造学社的《雷氏家谱》、雷思起《精选择善而从》，以及朱启钤《样式雷考》遗稿及相关笔记等。

2003年10月，国家图书馆藏样式雷图档入选第二批《中国档案文献遗产名录》。

2004年7月12日，国家图书馆主办“清代样式雷建筑图档国际学术研讨会”，该研讨会由国家自然科学基金资助。

2004年8月12日至31日，由国家图书馆、故宫博物院、中国第一历史档案馆、中国文物研究所、清华大学、天津大学主办，日本东京东洋文化研究所、美国康奈尔大学东方图书馆协办的“华夏建筑意匠的传世绝响——清代样式雷建筑图档展”在国家图书馆举行。

2004年8月14日至15日，国家图书馆善本特藏部为配合“华夏建筑意匠的传世绝响——清代样式雷建筑图档展”，举办四场样式雷相关系列讲座：葛芸生主讲“但愿不再失之交臂”，王其亨主讲“创造世界文化遗产的建筑世家”，郭黛姮主讲“样式雷在圆明园设计中的历史贡献”，张宝章主讲“样式雷与海淀”。

2006 年 3 月底，国家图书馆向联合国教科文组织世界记忆工程秘书处提交材料，“中国清代样式雷图档”拟申报《世界记忆名录》。秘书处将样式雷图档申报书及相关图片转交国际咨询委员会委员，并上传到该组织的网站供全球浏览。

2006 年 5 月 26 日至 6 月 25 日，国家图书馆主办“文明的守望——中华古籍特藏珍品暨保护成果展”，展品包含《文渊阁地盘立样》《颐和园文昌阁立样》两件样式雷图。

2006 年 6 月 18 日，国家图书馆“中国典籍与文化”系列讲座第 102 讲，郭黛姮教授主讲“样式雷与清代皇家园林”。

2006 年 10 月，国家图书馆善本特藏部舆图组制定《样式雷图档机读数据编制要求》。

2007 年 1 月，国家图书馆善本特藏部舆图组开始著录样式雷图档机读数据，便于读者检索利用。

2007 年 5 月，国家图书馆善本特藏部舆图组探访北京市海淀区巨山村样式雷祖茔，祖茔已无任何遗迹可寻。

2007 年 6 月 11 日至 15 日，国际咨询委员会在南非召开会议，讨论通过样式雷图档进入《世界记忆名录》。

2007 年 8 月 17 日，国家图书馆正式收到联合国教科文组织世界记忆工程秘书处发出的入选通知函和《世界记忆名录》证书。

2007 年 9 月 9 日至 23 日，为庆祝“清代样式雷图档”入选《世界记忆名录》和首个“国家图书馆日”，国家图书馆举办“大匠天工——清代‘样式雷’建筑图档荣登《世界记忆名录》特展”。

2007年9月，国家图书馆善本特藏部配合“大匠天工——清代‘样式雷’建筑图档荣登《世界记忆名录》特展”，编印《文津流觞》（非正式出版物）“样式雷专辑”，收录《“大匠天工——清代‘样式雷’建筑图档荣登〈世界记忆名录〉特展”综述》《样式雷笔下的五台山行宫》等馆内外相关文章13篇。

2008年，国家图书馆古籍馆舆图组成功申报馆级课题《清代样式雷图档整理专题研究》，课题组针对每个专题发表了《样式雷设计图与文字档关系考辩》等12篇文章。

2009年5月，为配合《国家图书馆藏样式雷图档·圆明园卷初编》出版，国家图书馆古籍馆修复组在修复样式雷图档的过程中，成功实现编号42-0006-01和42-0006-02图档缀合、编号13-0009-01和13-0009-02图档缀合的案例。

2009年9月，国家图书馆在百年馆庆之际，策划并制作了大型文化系列纪录片《国图百年·馆藏故事》，其中《皇家建筑专业户——样式雷》有6集，每集15分钟，在中央电视台科教频道播出。

2009年9月1日，“百年守望——国家图书馆特藏精品展”开展，展陈样式雷图档3件：《文源阁立样全图》《圆明园九州清晏地盘样》《普祥峪菩陀峪万年吉地丈尺全图画样细底》。

2009年9月13日，在国家图书馆常设公益讲座“国图讲坛”上，国家图书馆研究馆员苏品红主讲“漫谈样式雷图档”。

2009年12月，国家图书馆古籍馆舆图组完成全部馆藏样式雷图档机读数据著录工作。

2010年开始，国家图书馆提交《履信书屋圆光罩立样》《圆明园九州清晏地盘样》《颐和园排云殿佛香阁地盘图》等样式雷图档，并正式在世界数字图书馆网站公布，供全世界人民浏览。

2010 年 5 月 21 日，国家图书馆古籍馆舆图组《清代样式雷图档整理专题研究》课题组一行 6 人赴清西陵考察。

2010 年 5 月 26 日，中央电视台科教频道《探索发现》栏目为拍摄全面反映圆明园被焚过程的纪录片，赴国家图书馆古籍馆查阅同治时期样式雷奉命为重修圆明园绘制的四十景设计图。

2010 年 9 月，由张恩荫主编、中国大百科全书出版社出版的《圆明园百景图志》，利用了国家图书馆藏圆明园样式雷图档。

2010 年 10 月，国家图书馆接待《1860：圆明园大劫难》的作者、法国著名历史学家伯纳·布立赛（Bernard Brizay），查阅馆藏 4 件样式雷图以及彩绘圆明园图等善本特藏文献。

2010 年 12 月，由郭黛姮和贺艳主编、浙江古籍出版社出版的《圆明园的记忆遗产——样式房图档》，利用了国家图书馆藏圆明园样式雷图档。

2011 年 10 月，在圆明园罹难 151 周年纪念日，为铭记历史，让更多的人走进圆明园，国家图书馆推出名为“从样式雷图档到数字圆明园”的在线展览，目前展示的是“数字圆明园”一期建设成果——圆明园“九州清晏”景区数字复原。

2012 年 6 月 9 日至 7 月 8 日，由文化部主办、国家图书馆和中国非物质文化遗产保护中心承办的“中国非物质文化遗产典籍记忆系列展”在国家图书馆开幕。其中的“中国传统建筑营造技艺展”展出了《圆明园来水河道全图》等 31 件样式雷图档。并于 12 月由国家图书馆出版社出版了国家图书馆主编的《中国传统建筑营造技艺展图录》。

2013 年 4 月至 10 月，北京中国园林博物馆举办“第九届中国（北京）国际园林博览会”，期间举办了“绝世天工——清代样式雷园林图档展”，展出国家图书馆藏《圆明园地盘图》等样式雷图档，包括14种原件和90种复制件。

2013年5月，北京市颐和园管理处举办“庆演昌辰——慈禧与德和园演剧文化展”，国家图书馆藏《升平署档案·恩赏日记档》以及《颐和园德和园大戏楼全部地盘样》等12种包括样式雷图档在内的文献参与展出。

2013年，国家图书馆古籍馆修复组修复样式雷图4件。

2013年开始，北京市海淀区文化发展促进中心打造了“三山五园文化巡展”，至2018年完成了国图站、国博站、济南站、杭州站、香港站、台北站、南昌站等地的巡展。展品包括国家图书馆藏样式雷图档高仿复制件。

2014年9月，国家图书馆主办的“国家图书馆藏样式雷图档精品展”开幕，该精品展是继2012年7月国家图书馆加挂“国家典籍博物馆”牌子后，国家典籍博物馆正式开馆的9大首展之一。

2014年9月，北京市天坛公园管理处开展天坛系列规划编制和历史文化研究项目，复制国家图书馆藏《天坛图》等样式雷图档3件。

2014年12月，北京市正阳门管理处举办正阳门主题展览，复制国家图书馆藏《正阳门关帝庙立样》等样式雷图档3件。

2014年，国家图书馆古籍馆修复组修复样式雷图19件。

2015年8月，中央电视台中文国际频道《国宝档案》栏目制作并播出了《样式雷与重修圆明园》，拍摄了馆藏圆明园样式雷图档。

2016 年 1 月至 7 月，由中国国家图书馆、澳大利亚国家图书馆合作举办的“大清世相：1644 年至 1911 年的中国生活”展在澳大利亚国家图书馆展出，展品包括国家图书馆藏样式雷图档 5 种。半年前，国家图书馆古籍馆修复组修复了拟定用于展览的样式雷图 4 幅。

2016 年 3 月，国家图书馆主编的《国家图书馆藏样式雷图档 · 圆明园卷初编（全十函）》由国家图书馆出版社出版，并于 2017 年 9 月荣获 2016 年度全国优秀古籍图书一等奖。

2016 年 4 月 20 日，《国家图书馆藏样式雷图档 · 圆明园卷初编（全十函）》出版座谈会在颐和园北宫门三山五园体验馆召开。国家图书馆常务副馆长陈力、办公室主任苏品红、古籍馆副馆长陈红彦、国家图书馆出版社社长方自今出席座谈会。

2016 年 6 月，北京市文物研究所承担圆明园遗址的考古和研究工作，复制国家图书馆藏圆明园样式雷图档作为相关工作的重要依据和参考资料。

2016 年 6 月，北京市紫竹院公园管理处为筹备“福荫紫竹院历史文化展”，复制使用国家图书馆藏样式雷图档中的《紫竹院添修门罩码头图样》等 6 件。

2017 年 2 月，国家图书馆古籍馆修复组为配合《国家图书馆藏样式雷图档 · 颐和园卷》出版，修复颐和园相关样式雷图 3 幅。

2017 年 11 月，国家图书馆主编的《国家图书馆藏样式雷图档 · 圆明园卷续编（全十二函）》由国家图书馆出版社出版，荣获 2017 年度全国优秀古籍图书二等奖。

2018 年 6 月，国家图书馆主编的《国家图书馆藏样式雷图档 · 颐和园卷（全十四函）》由国家图书馆出版社出版。新书发布会在颐和园德和园举行，是颐和园申遗成功20周年系列活动之一。原国家图书馆馆长韩永进、办公室主任苏品红、古籍馆副馆长陈红彦出席新书发布会。国家图书馆出版社社长魏崇介绍了新书出版的情况。这些图档对于研究颐和园和清末宫廷历史文化，特别是对于颐和园的保护实践有重要的现实参考意义。国家图书馆古籍馆副馆长陈红彦在由颐和园和天坛共同主办的颐和园、天坛申遗成功20周年学术研讨会上作《国家图书馆藏样式雷图档概述》的报告。

2018年6月，北京大学国家发展研究院拟修缮承泽园古建筑，复制使用国家图书馆藏承泽园相关样式雷图档19件。

2018年6月，国家图书馆古籍馆修复组为配合《国家图书馆藏样式雷图档·清西陵卷》出版，修复《西陵慕陵等工程丈尺做法册》。

2018年11月22日至12月21日，国家图书馆主办“入木三分——田家青著作和作品手稿展”，展示了样式雷烫样慈禧御船“木兰艭”。

2019年6月，国家图书馆主编的《国家图书馆藏样式雷图档·香山玉泉山卷（全二函）》由国家图书馆出版社出版。

2019年7月，国家图书馆主编的《国家图书馆藏样式雷图档·清西陵卷（全十四函）》由国家图书馆出版社出版。

2019年9月，国家图书馆古籍馆修复组为配合《国家图书馆藏样式雷图档·南苑卷》出版，修复《团河行宫地盘画样》。

2019年10月，文化和旅游部恭王府博物馆复制国家图书馆藏恭王府相关样式雷图档55件，对恭王府的古建修缮、复原陈设、王府研究等具有十分重要的意义。

2020年6月，国家图书馆主编的《国家图书馆藏样式雷图档·畅春园卷》由国家图书馆出版社出版。

2020年6月，国家图书馆古籍馆主编、国家图书馆出版社出版的《文津学志·第十三辑》为样式雷专辑，收录国家图书馆古籍馆、天津大学建筑学院、故宫博物院古建部等作者文章23篇。

2020年9月，国家图书馆主编的《国家图书馆藏样式雷图档·南苑卷（全五函）》由国家图书馆出版社出版。

2020年10月，国家图书馆主编的《国家图书馆藏样式雷图档·王公府第卷（全十四函）》由国家图书馆出版社出版。

2022年3月，国家图书馆主编的《国家图书馆藏样式雷图档·定东陵卷（全十八函）》由国家图书馆出版社出版。

2023年8月，国家图书馆主编的《国家图书馆藏样式雷图档·万寿庆典卷（全五函）》由国家图书馆出版社出版。

2024年4月，国家图书馆主办的“样式雷世界记忆遗产研讨会”在江西省九江市永修县举办。

结语

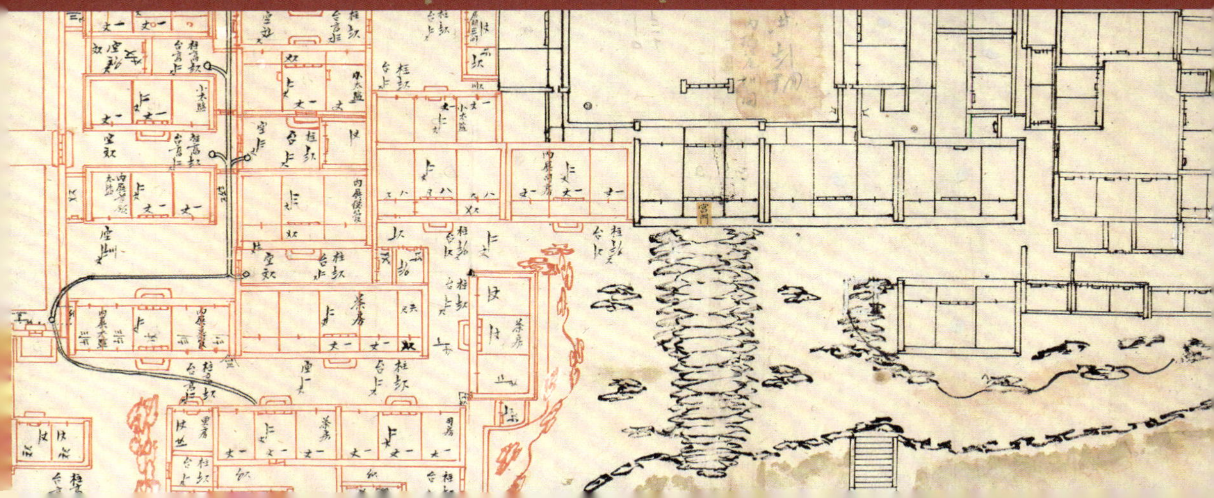

中国学术向来重视文献，因此，新材料的发现往往能带动一个学科的发展，样式雷图档的发现和研究就是一个典型的例子。这批珍贵文献的重见天日,为中国建筑史的研究拓展出更为广阔的天地。目前存世的两万多件样式雷图档，内容上覆盖了清代皇家宫殿、园林、行宫、王府、坛庙、陵寝，绘制时间上跨越了从18世纪中叶到20世纪初期的漫长时段，地域上也涵盖了北京、天津、河北、辽宁、山西等多个省市。作为现存唯一的中国古代建筑工程图档，清代样式雷图档以其系统性、完整性、传统性以及手稿性质，体现了中国古代建筑学的卓越成就，更成为举世瞩目的珍贵宝藏。

这批卷帙浩繁的样式雷图档，包括大量涉及传统建筑行业中选址勘测、规划设计、工程施工、建筑技艺的图样、烫样、文档，大到建筑群性质、规模，小到购料质地、尺寸，都有具体详备的记录，成为我们研究清宫建筑制度和建筑理念、评估清代建筑艺术水平的重要文献依据。相较于其他中国古代建筑史料，样式雷图档最大的优点在于图文相参。可以说，在中国建筑史的研究中，没有比配有文字的图纸更具说服力和清晰度的资料。同时，这批文献所涉及的许多建筑如颐和园、故宫、天坛等仍然留存，就使得这些文献得以与实物形成参照、印证。通过结合相关清代皇家建筑遗存的测绘实践，许多珍贵图档在今天仍然可读可用，其价值仍有巨大的挖掘空间。

一些图档是了解园林原始建筑的珍贵资料，例如圆明园被焚毁前以及清漪园时期的图档。这些图档为我们探究圆明园等珍贵园林原貌提供了重要依据。一些图档是反映园林重修计划和景点变化的重要资料。例如同治时期重修圆明园和光绪十年（1884）重建颐和园的图档。这些资料能为园林景点的维修恢复提供切实可靠的历史依据。

此外，有些图档所记载的内容还从特殊角度反映了清末社会的变化与发展。例如清朝末年，西方舶来品不断进入中国，也带来了西方的文明和技术。最早享用这些新鲜事物的当属皇室。慈禧可谓北京城使用电灯的第一人。至今在颐和园排云殿和乐寿堂还挂着两盏玻璃大吊灯。国家图书馆藏相关样式雷图档有《文昌阁东建修电灯房院图样》《文昌阁以东添盖电灯局图样》以及《颐和园乐寿堂前电气灯架图样》《电气灯木架图样》等，是这一历史情况的生动反映。

除此之外，样式雷图档中包括日记、信函、账单等在内的非工程类图档，记录了样式雷家族的生活细节和具体事务。作为一个绵延数代的建筑世家，样式雷世代传承的历史对于我们探究中国传统家族文化有重要意义，相关文献的史料价值不容小觑。

在样式雷图档的收藏、保护和利用中，以国家图书馆为代表的一批收藏机构发挥了巨大的作用。

第一，整体性购藏。1930 年，在中国营造学社朱启钤先生的建议之下，北平图书馆从东观音寺雷宅购得大量样式雷家藏图档，此后又多方奔走、陆续购藏，这使得国家图书馆成为样式雷图档收藏最丰富的机构，所藏图档共计约 1.5 万件。包括国家图书馆在内的多家收藏机构的大规模收购活动，使得这批文献避免了四处流散、甚至流落海外的厄运，也为之后的保护、整理、研究、利用打下了坚实的基础。

第二，保护修复。样式雷图档入藏国家图书馆之后，便被列为专藏，予以专门的保护和修复。国家图书馆不断改善样式雷图档的存放环境，以避免虫蛀和霉变。还与相关机构合作，对破损或分离的图档进行古籍文献修复工作，以最大限度地恢复古籍的原貌。此外，国家图书馆还开展了样式雷图档的数字化工作，以最大化减少提取原件对于古籍寿命的影响。目前，相关工作还在持续进行之中。

第三，整理编目。图书馆员的整理编目工作，是文献走向系统化、有序化的基础性工作。经过科学的整理编目之后，读者、研究人员便能较为方便快捷地访问相关文献数据。在这一过程中，国家图书馆相关工作人员针对样式雷图档文献的特点，探索出了独特、系统、有效的整理编目方法。除此之外，工作人员还在样式雷图档的整理过程中，不断将这一专题文献与其他相关文献进行联系，挖掘了许多与样式雷图档相关的史料。例如 1958 年，北京图书馆曾与北京市文物工作队合作，传拓北京市内遗存石刻碑文，其中就包括巨山村雷氏族茔的八件碑拓，这八件碑拓对于雷氏家族史的考证有着独特的意义。

第四，向公众介绍。国家图书馆一直致力于以专题展览、公开讲座、合作拍摄纪录片等多种方式，向全社会介绍和展示样式雷，这些活动引起了较大的社会反响，也促使越来越多人关心样式雷、了解样式雷。2006 年，国家图书馆向联合国教科文组织世界记忆工程秘书处提交《世界记忆名录》申报材料，2007 年成功入选，这些工作使得中国建筑设计的理念和方法越来越得到全世界的关注和认可。

第五，国家图书馆与学界合作，共同开展对样式雷图档的开发研究工作，不断拓展着样式雷研究的深度和广度。样式雷图档卷帙浩繁，专业技术性强，具体的整理研究往往需要结合实地测绘和多种清代文献档案，更需要建筑学、历史学、地理学等等多学科交叉的知识背景，整理难度可想而知。因此，国家图书馆曾与天津大学等机构合作，在保护文献的同时，也对其进行研究和利用，揭示样式雷图档的重要价值。在一代又一代学者的不断努力、多家机构的通力合作之下，样式雷图档研究已经硕果累累。

样式雷图档是华夏建筑意匠的“传世绝响”，更是全人类共同的宝贵记忆。不管是基于历史还是现实，样式雷图档都有着不可估量的价值。

就历史意义而言，样式雷图档的史料价值已毋庸赘述，它集中反映了中国清代建筑师们卓越的建筑水平和建筑智慧。在清代建筑制度研究、清代工程籍本研究、传统堪舆理论研究等领域，都有着巨大的史料价值。除此之外，由于涉及面非常广，样式雷图档还为探究清代皇室和社会生活情况提供了重要的文献参考。

就现实意义而言，样式雷世家和样式雷图档的发现，展现了古代建筑领域的中国智慧、中国价值。样式雷在世界建筑领域受到推崇，并成功入选《世界记忆名录》，说明它的魅力是跨越时空、超越国界的，这对于当代中国树立文化自信、弘扬传统工匠精神有着示范性意义。因此，对于中华民族这些伟大的建筑成就，我们不应仅仅停留于发现和保护，更应该积极传承和接续，在具体的实践中探索传统文化遗产的创造性转化、创新性发展，让样式雷图档所反映的宝贵文化遗产在当代建筑学领域“活起来”，探索传统建筑的建筑设计、建筑理念、人居关系对于当代建筑的启示，在建筑学领域弘扬中国价值，倡导中国方案，从这个意义上说，样式雷研究仍然任重而道远。

白鸿叶

2020 年 11 月

参考文献

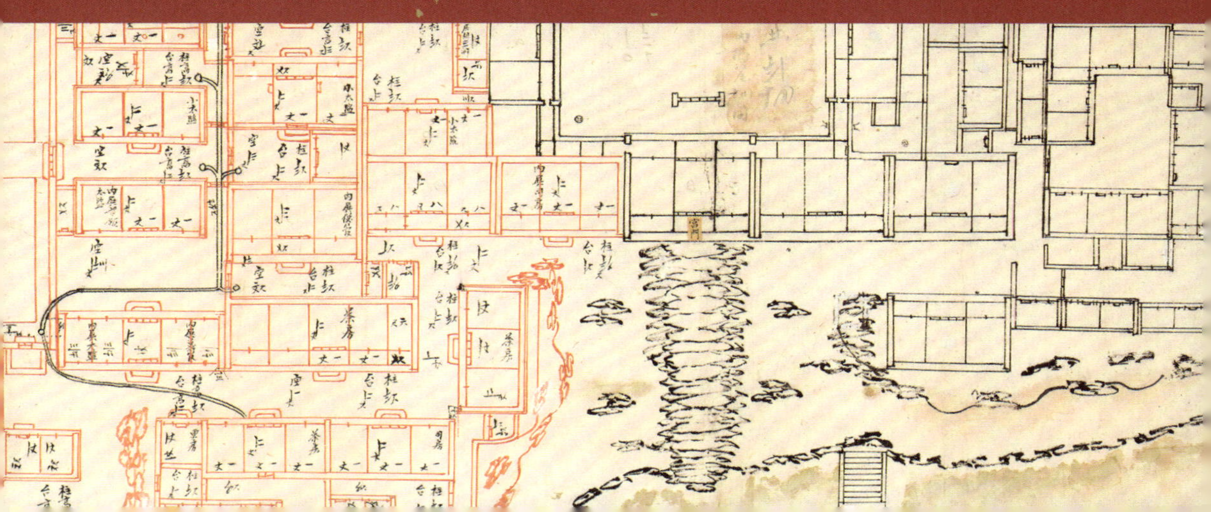

1. 朱启钤：《样式雷考》，《中国营造学社汇刊》1933年第1期。
2. 刘敦桢：《刘敦桢文集》，中国建筑工业出版社，1982年。
3. 杨文和：《金勋旧藏〈圆明园图〉叙录》，《中国历史博物馆馆刊》1985年第6期。
4. 孙文良：《满族大辞典》，辽宁大学出版社，1990年。
5. 蒋博光：《样式雷和烫样》，《古建园林技术》1993年第1期。
6. 李国豪：《中国土木建筑百科辞典·建筑》，中国建筑工业出版社，1999年。
7. 故宫博物院样式房课题组：《故宫博物院藏清代样式房图文档案述略》，《故宫博物院院刊》2001年第2期。
8. 刘畅、张克贵、王时伟：《清代内务府样式房机构初探》，《故宫博物院院刊》2001年第3期。
9. 张宝章：《建筑世家样式雷》，北京出版社，2003年。
10. 张威、陈秀：《朱启钤〈样式雷考〉疏证》，《文物》2003年第12期。
11. 张宝章：《雷动星流》，文物出版社，2004年。
12. 贾珺：《清华大学建筑学院藏清样式雷档案述略》，《古建园林技术》2004年第2期。
13. 徐广源：《清西陵史话》，新世界出版社，2004年。
14. 刘克明：《中国建筑图学文化源流》，湖北教育出版社，2006年。
15. 殷亮：《宜静原同明静理，此山近接彼山青——清代皇家园林静宜园、静明园研究》，天津大学建筑学院硕士论文，2006年。
16. 王其钧：《中国园林图解词典》，机械工业出版社，2007年。
17. 耿威：《清代王府建筑组群构成特点》，《古建园林技术》2008年第1期。
18. 张威：《试说样式房》，《新建筑》2008年第2期。
19. 张龙、高大伟、缪祥流：《颐和园治镜阁复原设计研究》，《中国园林》2008年第2期。

20. 王其亨、张龙：《光绪朝颐和园重修与样式雷图档》，《中国园林》2008年第6期。

21. 嘉禾：《中国建筑分类图典》，化学工业出版社，2008年。

22. 戴承元、陈良学：《京西万寿寺》，《寻根》2008年第6期。

23. 王其亨、张凤梧：《一幅样式雷圆明园全图的年代推断》，《中国园林》2009年第6期。

24. 张凤梧：《样式雷圆明园图档综合研究》，天津大学建筑学院博士论文，2009年。

25. 张龙：《颐和园样式雷建筑图档综合研究》，天津大学建筑学院博士论文，2010年。

26. 王其亨、何蓓洁：《朱启钤〈样式雷考〉校注——纪念中国营造学社成立兼样式雷图档入藏中国国家图书馆80周年》，《建筑学报》2010年第1期。

27. 史箴、何蓓洁：《雷发达新识》，《故宫博物院院刊》2011年第4期。

28. 王其亨、何蓓洁：《历久弥新的启示——朱启钤〈样式雷考〉内在蕴涵探析》，《紫禁城》2011年第2期。

29. 何蓓洁、王其亨：《样式雷与〈雷氏族谱〉》，《紫禁城》2011年第3期。

30. 史箴、何蓓洁：《高瞻远瞩的开拓，历久弥新的启示——清代样式雷世家及其建筑图档早期研究历程回溯》，《建筑师》2012年第1期。

31. 王其亨、何蓓洁：《中国传统硬木装修设计制作的不朽哲匠——样式雷与楠木作》，《建筑师》2012年第5期。

32. 杨菁、王其亨：《解读光绪重修静明园工程——基于样式雷图档和历史照片的研究》，《中国园林》2012年第11期。

33. 王荣法：《古建园林木雕纹饰表现艺术》，《古建园林技术》2013年第4期。

34. 何蓓洁、史箴：《样式雷世家族谱考略》，《文物》2013年第4期。

35. 史箴、何蓓洁：《雷金玉新识》，《故宫博物院院刊》2014

年第 5 期。

36. 吴碧华：《样式雷设计图类型名称分析》，《文津学志》第七辑，2014 年。

37. 何蓓洁：《清代建筑世家样式雷研究》，天津大学建筑学院博士论文，2014 年。

38. 何蓓洁、王其亨：《华夏意匠的世界记忆——传世清代样式雷建筑图档源流纪略》，《建筑师》2015 年第 3 期。

39. 白鸿叶、翁莹芳：《国家图书馆藏样式雷图档整理述略》，《文津学志》第八辑，2015 年。

40. 任昳霏：《样式雷图档中的彩棚》，《文津学志》第八辑，2015 年。

41. 易晴、崔勇：《清代建筑世家样式雷族谱校释》，中国建筑工业出版社，2015 年。

42. 许睢宁、张文大、端木美：《历史上的中法大学（1920—1950）》，华文出版社，2015 年。

43. 苏品红：《清宫的，中国的，世界的——样式雷与样式雷图档的前世今生》，《国家图书馆藏样式雷图档·圆明园卷初编》，国家图书馆出版社，2016 年。

44. 张宝章:《清代样式雷的经典传承——建筑大师雷廷昌生平》，《遗产与保护研究》2016 年第 3 期。

45. 何蓓洁、王其亨：《清代样式雷世家及其建筑图档研究史》，中国建筑工业出版社，2017 年。

46. 徐广源：《清东陵史话》，重庆出版社，2017 年。

47. 段伟、周祎：《雷景修与样式雷图档》，《辽宁工业大学学报（社会科学版）》2018 年第 6 期。

48. 孙连娣：《“样式雷”世家与圆明园的春秋往事》，《北京档案》2018 年第 10 期。

49. 张龙、王博、何蓓洁：《中国人民大学图书馆藏样式雷建筑图档述略》，《故宫博物院院刊》2022 年第 7 期。